工程倫理

ENGINEERING ETHICS

五南圖書出版公司 印行

推薦序 1

　　工程簡單的來說，就是利用材料創造設施來改善人類生活品質的行為，而倫理則是在達到目的的過程中所需遵守的共通規則。當然這些規則會因時而異，但總體來說就是「己所不欲，勿施於人」罷了！例如我們都不喜歡住海沙屋、開泡水車、吃塑化劑、穿會過敏的衣服，那麼我們在從事這樣的工作時就要以專業、務實、敬業的態度去面對。我想這就是工程倫理所要強調的精神吧！

　　本校工學院的學生無論將來從事那種專業，都必須秉持著正確的態度去服務人群。因此在學校老師們有義務將工程倫理的概念灌輸到每一個學生的心靈中，讓他們能堅持專業、堅定務實的達成其工作目標。過程中當然教師們的身教示範是最重要的，同時工程倫理的課程也同樣可幫助學生了解其實際的操作面。因此本校才重視此項教學，期望畢業的學生都能成為社會的中堅，國家進步的生力軍。

　　本校李錦育、李柏旻、趙志燁、林金炳、楊榮華、洪廷甫及黃武章等教授合著之「工程倫理」，內容包含工程倫理概論、國際工程趨勢剖析、專利法倫理、採購法倫理、電腦及資訊倫理、學術倫理及環境倫理等，從空間時間的實務趨勢、數位資訊工具、教育研發角色、到環境社會影響，雖說是針對科技大學工學院學生所需來設計編寫，然實質上已涵蓋科技、經濟、社會與環境等範疇之永續教育。我

們很高興見到此書之出版，它不僅是工學院學生重要之知識教育，也是所有人終生學習之一本經典。

國立屏東科技大學
車輛工程系教授兼學術副校長
戴昌賢

推薦序 2

美國國家研究協會（National Research Council）將「工程」定義為「舉凡企業、政府、學術機構或個人的努力中，應用數學或自然科學的知識在研究、發展、設計、生產、系統工程、或技術操作上，生產出以使用為目的之系統、產品、製程或有技術特質與內涵之服務」。而「倫理」則是一種內隱外顯的價值規範，賦予人們在動機或行為上是非善惡判斷之標準，其涉及社會組織成員間的共識觀念或互動相處的基本模式，除了賴以維繫組織的和諧之外，還規範此一專業社群應擔負的社會責任。「工程倫理」，顧名思義，即是和工程有關的專業倫理，狹義對象為工程師，廣義範疇為工程界。

公共工程主要是以人民的納稅錢所建設的公共設施，對國家發展與民眾福祉，有極大關係。前宜蘭縣陳定南縣長生前常自備榔頭，無預警地到縣內各地突襲檢查，藉以確保提升公共工程品質。其任內所闢建之宜蘭運動公園，所規劃之羅東運動公園、冬山河風景區、武荖坑風景區、縣政中心等，都已成為遠近馳名的景點建設。故陳定南縣長之專長雖非工程背景，然其在公共工程上的積極作為，確已改變當時宜蘭縣的公共工程倫理。行政院公共工程委員會在2007年3月所編印的「工程倫理手冊」，旨在提供工程倫理之實用知識及事例說明，以引導工程人員建立符合倫理規範之行為準則，培養工程人員之專業情操。然而，「工程倫理」除了外在的行政法律規範外，工程人

員是否具有覺知、觀察、分析、判斷等內化能力，也是工程教育應予養成的重要環節。

本校李錦育、李柏旻、趙志燁、林金炳、楊榮華、洪廷甫及黃武章等教授合著之「工程倫理」，內容包含工程倫理概論、國際工程趨勢剖析、專利法倫理、採購法倫理、電腦及資訊倫理、學術倫理及環境倫理等，從空間時間的實務趨勢、數位資訊工具、教育研發角色、到環境社會影響，雖說是針對科技大學工程學院學生所需來設計編寫，然實質上已涵蓋科技、經濟、社會與環境等範疇之永續教育。我們很高興見到此書之出版，它不僅是工程學院學生重要之知識教育，也將是所有人終生學習之一本經典。

國立屏東科技大學

環境工程與科學系　陳瑞仁教授

2011.夏

序

　　臺灣曾有傲人的經濟奇蹟，但在生產高度工業化、專業知識高度分化後，開始意識到環境保護的重要與跨領域整合的重要。本書為針對工程學院學生，在受到完整的專業知能訓練同時，能有「倫理」的辨證與反思能力。

　　承蒙本校校長古源光教授與工學院的歷任院長，在開立「工程倫理」（院通識）課程的支持（戴昌賢教授、王柏村教授、林秋豐教授）。也向葉一隆教授於工程倫理課程推動上的貢獻致上最高敬意。院內資深教授們及作者群的太太們的鼓勵與容忍更是本書完成的關鍵。

　　本書內容為針對科大工程學院學生所需設計，執筆者分別為：工程倫理概論（李錦育教授）、國際工程趨勢（李柏旻助理教授）、專利法（趙志燁教授）、採購法（林金炳副教授）、電腦及資訊倫理（楊榮華教授）、學術倫理（洪廷甫助理教授）、環境倫理（黃武章教授）。

　　最後，期盼對於各界前輩先進與讀者大眾不吝給與指正，未來若有機會再版時，將予以納入本書之中，期求內容更臻完備。

作者群　謹誌於屏東

2011年夏

目錄

1 工程倫理概論

第一節　工程與倫理

　　工程是一項重要且需經學習而得的專業領域，身為此專業的成員，工程師們背負著社會的期待，應展現最高標準的誠實與正直。由於工程對大眾的生活品質直接產生重大的影響，工程師必須提供誠實、無私、公正及公平的服務，並應矢志維護民眾的公共衛生、安全及福祉。工程師的專業行為，必須符合最高的倫理原則。

　　工程倫理最早由土木與電機開始，是一種社會責任。以現存真正足以影響專業人員行為的倫理規範而言，在台灣較為具體的專業社群自律規範：律師倫理規範、醫師倫理規範、會計師的「職業道德公報」；工程有法令「採購人員倫理準則」。而台灣工程界做的較好的公司為台塑（採購人員倫理規範）。而工程自律，如1.中國工程師信條及實行細則；2.中華亞太工程師（APECEngineer, ChineseTaipei）倫理規範；3.中華民國土木技師公會全國聯合會「土木技師倫理規範」。在國際上美、日、歐洲、香港與新加坡都有明顯的守則可以值得我們參考。

　　整個工程倫理的架構包括對個案、工程、第三者的責任（我們的家人，當案主談到會傷害別人，對第三者的告知與保護），對我們的雇主（機構）的責任，反過來機構對我們也有責任。機構的主管或督

導有責任瞭解機構的價值及使命、任務為何，主管或督導有責任要告訴下屬，整個理念能在機構內實施出來，對同事也有責任，幫助同事做出倫理的原則；對專業也有責任，透過實務展現專業的美好…。在美國有很多的專業社會責任不被看重，但現在卻很看重，並注重社會責任與政策。

第二節　倫理的定義、理論與重要性

　　一般而言，倫理是指人際之間符合某種道德標準的行為法則，依此而言，倫理並非指個人本身的修養或行為；倫理乃源自道德原則而可接受之行為規範，而道德則是個人、團體或社群行為是非之標準。總合以上所述，可以得到一個結論：倫理並不等於道德；從最左端的「法律」是倫理的底線外，逐漸往最右端的「道德」移動，在這一個連續帶上就是倫理。（許倬雲）倫理與道德是兩個相關的名詞，也是經常為人混淆的名詞。二者之中，其實有表裡的分別，道德是裡，倫理是表，倫理是行為的規範，其來源則是來自道德的價值。道德經由觀念內化，而表現為行為的規範。因此，倫理具有充分的社會性，也就是個人與個人之間；及個人與群體之間，群體與群體之間，相應而生的行為方式。而筆者則較偏於後者的觀點，認為兩者互為表裡，相輔相成。

　　「倫理」（Ethics）一詞源於希臘文，意謂在多元社會裏，由於價值觀念之分歧，當人的行為與道德標準發生衝突時，評斷人類行為好、壞，是、非，對、錯，善、惡之標準，亦即法律規範之外，個人行為之準據。哲學家把「倫理」（Ethics）定義為「對道德的正規

研究」（the formal study of morality）；社會學家將倫理視為一種文化內的習慣或行為，在倫理學的發展上，有二種主張，一為利他主義（Utilitarians），亦即在決定一項爭論時，選擇對大多數人有益的即可；另外一種主張稱為道德規範（Dentology），亦即做一項決定時是以既訂之原則和規範為依據。倫理學的定義如下所述：

1.倫理學為判斷行為之是非與善惡的學問。

2.倫理學為裁判道德行為的學問。

3.倫理學為研究人之行為品格的學問。

4.倫理學為研究人生本務的學問。

5.倫理學為研究道德價值判斷的學問。

6.倫理學為研究人生理想目標的學問。

7.倫理學為研究人生一般實踐生活的學問。

8.倫理學為研究人生的意義及價值的學問。

9.倫理學為研究至善生活或人生最高目的的學問。

10.倫理學為研究善惡、道德原理、道德判斷及關於行為的學問。

倫理學的定義甚多，但總離不開人，因為人是倫理的主體，及其所衍生出來的道德行為與價值，所以倫理學也就是價值之學或規範之學。倫理學（ethics）是行為的規範，其影響力有如地心引力，沒有人能明顯的感覺到它的存在，但它卻無所不在，且是影響最為深遠的一種力量；倫理是哲學中之一分科，旨在研究人類行為的是非，試圖經由理性的探究，發現可以普遍適用的原理或規則，作為倫理判斷的指針，並使人類的行為有所規範。所探討的即是人類的行為中，有關倫理命題中的述詞性質：「善」、以及相反詞「惡」。這兩種性質不但關涉到人類的行為，同時也可以適用於其他非行為的事物。倫理同時也是一種道德的信仰，以作為對（right）與錯（wrong）、該與不

該的判斷依據。倫理學也是「道德的哲學研究」哲學研究通常把人類追求的理念解析如下：一是人類福祉：何謂理想生活？二是人的內在價值觀，什麼是理想生活的本質？

倫理學的通俗定義為道德學。探討有關「人倫」或「倫常」之事，它意味著人間的各種關係的構成。而且倫理學是用來實踐的，因此在國外又稱為「實踐哲學」（Praktische Philosophie）。基於以上的論點，又可以給倫理學下一個定義：倫理學為研究實踐道德之學，其價值在於揭示人的行為準繩與生活的最高理想目標。倫理學之與道德學發生關係，在於「道德」與「倫常」有密切的關係。老子「道德經」中：「道生之，德畜之。」（第五十一章）闡明了道德對人生的意義。倫理學是以「應該」（should）、「應當」（ought）等的價值陳述（value statements）來討論有關某事是否善、正確或道德的學問。與事實判斷（factual statements）相比較，價值判斷也許更困難判定真或假，但不能說確立價值比研判事實不具重要性。特別是討論人際關係、共同福利、或善惡之爭等的時候，價值的知識是非常有益的。因此，縱然有些人對於「道德是否有客觀性」存有懷疑，但是自古以來，人類社會中就存在有許多「習慣」或「習俗」（拉丁語是moralis），它即是「道德」（morality）的語源，也可說是倫理的基本意義之一。

何謂「道德、倫理、法律」？一般而言：「道德」泛指個人行為與思想的規範（自律）；「倫理」指群體所共同訂定之行為思想準則（自律）；「法律」則指道德與倫理的基本要求和最低標準（他律）。其特性為道德與法律是個人與團體自律，法律、規範是他律；因此倫理也等於群體。因此，「倫理」與「道德」的區分常常因人而異，混淆不清。[倫理]：倫是人倫，理是物理，世間萬物的

條理，稱為倫理。《新書·時變》「‘商君’違禮義，棄倫理」。人類道德的原理。在儒家以為，人際關係中所共同遵守的規範，便是倫理。也就是人倫（人的常道常理<孟子·藤文公上>「使‘契’為司徒，教以人倫。父子有親、君臣有義、夫婦有別、長幼有序、朋友有信」）。《禮記·樂記》「凡音者生於人心者也，樂者通倫理者也。」從語源學的觀點來看，"ethics"與"morals"（morality），或"ethical"與"moral"這兩對英文字，確實可以把它們視為同義字，因為前者源出於希臘字"ethos"，後者源出於拉丁字"mores"，兩者皆意指習慣（habit）與風俗（customs）。認為「道德」與「倫理」各有所指，英文（morals；morality）泛指一個社會中人之各種行為規範、價值意識和品德觀念的總和。道德意示「任何由特殊原因所產生的（倫理）原則」，倫理則是指「一般道德問題的有系統的評論」。

　　Beazley認為「倫理是約束我們行動的原則，道德則是倫理的實踐」；他視倫理為學識（智慧），道德為技能，稱實踐為美德（善、德行），並將此二者的關係以一句話來概括：「學識是知道下一次做什麼，技能是知道如何去做，美德就是去做。」倫理是一個抽象的概念，代表當時社會成果普遍接受的行為價值觀準則，然而倫理會隨著時空不同而演變，因此很難有具體不變的定義。此點哲學家柏拉圖（Plato）的道德觀中也有提到「學識—技能—美德」三者的關係。後人對於老子的道德的說法，有更深入的闡釋，認為：無乎不在之謂「道」，自其所得之謂「德」。道者人之所共由，德者人之所自得。「道德」：才藝善行之稱。《禮記·曲禮上》『道德仁義，非禮不成』疏：『今謂道德大而言之，則包羅萬事；小而言之，則人之才藝善行，無間大小，皆須禮以行之，是禮為道德之具，故云非禮不行。人之才藝善行得為道德者，以身有才藝，事得開通；身有美

善，於理為得；故稱道德也』。儒家又說：「老吾老以及人之老，幼吾幼以及人之幼」。又說：「推己及人」，在儒家的觀念裡，愛有親疏，愛由親始，從尊敬自己的長輩推而及於他人的長輩，體恤自己的幼小廣被至他人的幼小：從自己的父母、妻子、兒女，進而親戚、朋友，由自己血緣至親推廣開來去愛和自己有相關的人。越有道德的人，愛心越擴大，甚而連親疏差別都泯除，這就是民胞物與、物我一體的胸襟。

在以上的概念中，可以了解到：人類在其共同或個人通常習性上，各自實踐有得的道德生活，學者相繼發現，個人或團體的倫理行為並非完全受風俗或習慣的影響，其人事先對何種行為是適當的（fitting）、正當的（right）或必須做的（obligatory）常先有認知。自古以來有關倫理方面的學說，一向是多元的，可能受社會多元化的影響，廿世紀中葉以後，道德多元論的趨向變得更為明顯，不僅新的理論相繼聞世，甚至對倫理、道德、以及道德哲學等名詞本身，也出現新的界定。

三個倫理理論定義〔效益論（Utilitarianism）、義務論（Deontology）、德行倫理學（Virtue Ethics）〕。

1.效益論（Utilitarianism）：此理論源自於Hume（1711～76）、Bentham（1748～1832）及Mill（1806～73），主張行為的好壞與價值取決於其所帶來之結果，後果愈好，行為的善性愈高，反之後果愈差，行為的價值也愈差。即主張行為的好壞須視行為的後果來評判，後果愈好行為的善性就愈高，反之亦然。而所謂善就是幸福、快樂，所謂對（right）的行為就是促進善的行為。相反的，錯的行為乃由於其無效益，企圖帶來不快樂。所以只要能促進幸福快樂的行為都是善的，反之則為惡的。此理論所推崇的

效益原則是主張最大多數人的最大快樂，所以當行為的後果同時會對某些人帶來快樂，卻對其他人造成不快樂時，效益主義的倫理學者是主張可以選擇使大多數人快樂的那項行為，因為大多數人的幸福、快樂是效益主義追求的目標。趨善避惡，為大多數人謀福利就是行善，也是效益主義者實踐倫理的目的，故又被稱為「後果論」或「目的論」。

2. 義務論（Deontology）：最有名的義務論見解是由18世紀德國哲學家Kant認為：對道德法則之服從才是最高的道德價值，將人類至高的道德法則稱為「絕對的律令」是一種良心的道德律，不為達任何目的，而是合乎律則的行為本身就是善。其著眼於行為本身的正當性，是否義當該為；它視義務為絕對的，並不重視行為本身的價值及其所導致的後果；是有別於目的論者堅持將行為的價值與後果列為考量的首要，認為履行義務必須顧及客觀條件「義務論」的第一個優點就在於它給予倫理道德以更大的尊嚴，認為道德不是追求利益，而應該為義務而義務，為道德而道德，為此能使道德有其尊嚴。義務論的第二個優點，就是重視每一個人的自由意志。由於「自由意志」受到肯定，所以每一個人的行為都必須出自自由意志的決定，唯有經過個人同意或決定的行為才算是道德的行為。義務論強調「自律」，但現在人們重視的不是「律」，而是在遵守律則之後，自己會變成怎樣的人。成為什麼樣的人，遠比遵循什麼規律來得重要。從六、七十年代開始，逐漸從「義務論」轉向「德行論」；在西方，是從康德的「義務論」倫理學轉回到亞里斯多德的「德行論」倫理學，在東方則是轉向孔孟的「德行論」倫理學，德行論所重視的是在遵守義務以後，我會變成怎樣的人，能力是否卓越，關係會否和諧；其最主

要的探討問題即在於：我應當成為一個怎樣的人？

3. 德行倫理學（Virtue Ethics）：所謂「德行倫理學」；又稱為「幸福論」（Eudaemonism）；早在西元前二百多年之時的希臘大哲亞里斯多德（Aristotle）即已提出：「人之行為亦有其目標，此種目標為道德之動因，且為一切其他目標之根源，吾人追求此種目標乃為此目標自身之故；而相對於中國儒家的思想對「德行倫理學」則儼然涵蘊更深邃的義理，除了成己、成物、成仁以外更推己及人：如孟子「性善說」「仁義內在」「由仁義行，非行仁義」、中庸「天命之謂性，率性之謂道，修道之謂教。道也者，不可須臾離也；可離、非道也。是故君子戒慎乎其所不睹，恐懼乎其所不聞。莫見乎隱，莫顯乎微，故君子慎其獨也。喜怒哀樂之未發，謂之中；發而皆中節，謂之和。中也者，天下之大本也；和也者，天下之達道也。致中和，天地位焉萬物育焉。」又如（大學）所言「格物、致知、誠意、正心、修身、齊家、治國、平天下」正是由內而外、由個人而至群體、由家庭而至社會（國家、天下）和諧的歷程。

針對現代「倫理學」的趨勢，杜威則指出：「倫理學不再是一門獨立的學科；它乃是融匯了許多有關物理、生物、及歷史等知識於人類生活脈絡中，以描述並指導人類活動的一門學科。」因此在現代文明生活中，倫理是一種統御個人行為的價值體系，關乎個人價值，是屬於個人為自己所訂立的理想生活形態，表現出具有良知或道德感之人所定義的自我價值。而從1960年代起，自古希臘傳承至斯的哲學道統從西方文明的主流地位退出。取而代之的是應用倫理學（Applied Ethics）的發展；倫理學研究者開始思考，如何應用倫理學原則來解決人生的實際問題；因此，有了家庭、親子、環境、生命

倫理……等名詞與專論的出現，來解決社會生活中產生的各種道德問題；例如，市場機制的經濟活動需要倫理規範為之提供道德秩序；現代工業的迅猛發展更需要對生態環境的珍惜保護；生物技術的高速發展提出一系列令傳統觀念感到困惑的生命倫理問題等等。

　　而後有專業倫理的探討，所謂專業指的是一群人組成具有排他性的職業團體他們在執業時必須應用具有某些抽象的知識，解決特定的個案；專業所需的抽象知識，通常是透過專業人員的教育與訓練而來的，由對這些抽象知識的理解，專業人員將之應用在客戶的需求上。因此在探討工程倫理之前，除了是專業以外，更加需要利用道德哲學的理論與研究架構，來探討工程領域中所有的倫理問題；其宗旨即在於解除工程科技與人性需求的衝突，同時深入了解倫理的內涵與真義，以作為人類深思內省的依據。因此對於工程師而言，工程倫理代表對工程的處理能符合專業及社會的期望；而對工程的經營管理者而言，則應視為一種對工程機構及其員工，在其專業上的一種特別責任。因此，由哲學倫理的觀點來看倫理的內容及方法，可分為：

(一)描述性的倫理：比較關心是研究或者是更新團體的道德觀念或制度，通常比較多歷史學家或社會學家的研究做這方面的研究。

(二)形而上的或研究的倫理：主要是在界定說明好壞對錯或道德方面的概念。

(三)規範性的倫理

　1.一般規範的倫理：主要講的是倫理或選擇的原則。

　2.應用性規範倫理：談到如何應用在我們的工作上，對於一些科學家常會思索倫理的議題，對工程者實務上也會去考慮應用的問題，所以需要實際的探討理論與原則並運用在工作上。

(四)非理論或非專業的倫理：主要是從小從家庭、學校或透過訓練時

建立的價值觀念，我們常會想到對或錯，但沒有想到用哲學倫理的概念或名詞來界定我們的說法。當我們和其他專業合作時，我們可以運用哲學倫理的專有名詞，說明背景、原因以及理由為何。當專業守則發展愈成熟，社會學家的研究認為，專業的社會地位愈受肯定，倫理對專業地位來講非常的重要。

而在哲學倫理規範的型態中，則可分為：

(一)一般倫理：在探討人類行為好的原則與規範。

(二)社會倫理：在談社會道德或社會行為、機構團體的好壞與對錯，通常我們在說社會倫理時與社會正義有密切的關係。老師在學校有教一門課程叫社會正義，整個西方哲學的理念對西方的影響，老師也強調要考慮本身的哲學思想，如：儒家、道、墨、法、佛教與基督教等本地之思想的整合，發展我們自己的東西。

(三)集體或團體的倫理：特別在醫院背景或多元專業團隊中，過去認為倫理是屬於個人的，後來發現團隊形成後應對倫理負責。

(四)生物或醫學倫理：特別是醫學科技的發展，像延長生命或器官移植、基因的問題，思考方面這樣做對嗎？這樣做好嗎？不僅對個人或生命的影響，也考慮與環境的影響是什麼？

(五)專業倫理：不僅對社會工作專業而對所有專業的要求，到底要怎麼表現才是好的呢？

(六)社會工作倫理：針對社會工作專業在學術與實務的原則、標準、規範的探討。特別對人思考在做選擇時，我們會想到的對或不對？社會工作者做仔細的思考與選擇。

第三節 工程倫理守則

在專業倫理守則的架構中，所有專業在發展倫理守則應包含的項目。在架構中的目的為：

(一)專業行為的指引

(二)對實務工作者有保護的作用：有時案主對工作者的要求，超出工作者可提供的範圍，這時倫理守則有保護的作用，告訴對方我們可以做的，以及不能做的是什麼？

第二項倫理守則有時提供我們對專業人員的申訴、懲戒的基礎。例如有人認為實務工作者在某些方面，所提供的服務並不符合，或是違反規定而要申訴，這個時候專業守則可以提供審核或審查的基礎。

專業倫理規範則是一系列對從業人員自我約束的倫理原則，目的在提供辨別某一專業領域的從業人員其行為對錯的原則；反映專業人員對正確行為準則的關懷與認定；協助專業人員遇有兩難問題時，有抱持立場的準則；並澄清專業人員與求助者、當事人及社會的責任；同時專業倫理規範也可以使這個專業獲得保障，不致於因專業人員個人的行為而損及這個專業（牛格正，1991）。

雖然倫理規範及倫理守則的重要性及實用性不容忽視，但卻不能解決所有的問題。Mabe & Rollin（1986）提出了六項專業倫理規範及守則的限制：

1.有些問題不能在守則的條文中處理。

2.有些規範在執行上有困難；社會大眾會認為專業協會或公會對某些規範或守則的執行不夠嚴謹。

3.無法在制定規範或守則的過程中，有系統地顧及所有當事人的權益。

4.在法庭上，有可能產生與專業規範或守則相衝突的判決結果。

5.可能發生與專業倫理規範或守則相關的衝突：例如專業倫理規範與一般倫理之間、專業規範與機構政策之間等問題。專業倫理規範或守則無法產生有效解決這些衝突的機制。

6.由於專業倫理規範或守則是針對已發生過的事情做共識性的處理，對新興的問題則缺乏處理的能力。

談到社會倫理的研究，倫理守則彼此的關係，我們都在世界觀（對生命意義、人的意義、生存、死亡的意義），聯合國人權委員會也一樣，全世界共通的看法，也就是我們要談的世界觀。

因此，工程倫理守則可分為：

第一條：個別人員對倫理的思維，涉及道德與法律。

第二條：處理專業，當事人要清楚「專業上能否勝任」，不能勝任就不宜承攬。

第三條：同僚間分工合作。

第四條：工程人員對雇主的應有作為。

第五條：處理客戶或業主，也就是上游出錢的老闆。

第六條：創新的「承包制」工程倫理。

第七條：工程的人文素養，例如挖到史前遺跡要尊重保護。

第八條：與環境、生態和永續發展的關係。

工程倫理的基本守則，共可分為：

第一條：善盡個人能力、強化專業形象。

第二條：涵蘊創意思維、持續技術成長。

第三條：發揮合作精神、共創團隊績效。

第四條：維護雇主權益、嚴守公共誠信。

第五條：體察業主需求、達成工作目標。

第六條：公平對待包商、分工達成任務。

第七條：落實安全環保、增進公共福祉。

第八條：重視自然生態、珍惜地球資源。

1.善盡個人能力、強化專業形象

1-1工程人員應恪守法規，砥礪言行，以端正整體工程環境之優良風氣，並維護工程人員之專業形象。

1-2工程人員不得以任何直接或間接等方式，向客戶、長官、承包商等輸送或接受不當利益。

2.維護雇主權益、嚴守公共誠信

2-1工程人員不得誇大或偽造其專業能力與職權，欺騙公眾，引人誤解。

2-2工程人員應秉持專業觀點，以客觀、誠實之態度勇於發言，支持正當言論作為，並譴責違反專業素養及不當之言行。

2-3工程人員應尊重他人專業與智慧財產，不得剽竊他人之工作成果。

2-4工程人員應隨時思考專業領域之永續發展，並致力提升公眾之認同與信賴，保持專業形象。

3.體察業主需求、達成工作目標

3-1工程人員應秉持誠實與敬業態度，溝通與了解業主/客戶之需求，維護業主/客戶正當權益，並戮力完成其所交付之合理任務。

3-2工程人員應對業主/客戶之不當指示或要求，秉持專業判斷，予以拒絕或勸導。

3-3工程人員應對所承辦業務保守秘密，除非或業主/客戶之同意或授權，不得洩漏有損其權益之相關資訊。

4.落實安全環保、增進公共福祉

4-1工程人員應了解其專門職業乃涉及公共事務，執行業務時，應考量整體社會利益及群眾福祉，並確保公共安全。

4-2工程人員應熟知專業領域規範，並了解法規之含義，對於不合乎規範、損及社會利益與公共安全之情事，應加以糾正，不得隨意批准或執行。

因此，工程人員之特質如下：

1.應持續進修專業技能與相關知識，提升專業品質。

2.應了解及遵守雇主之組織章程及工作原則。

3.應與承包商齊力合作，完成任務，不得相互推諉責任與工作。

4.應了解本身之專業能力及職權範圍，不得承接個人能力不及或非專業領域之業務。

5.應隨時思考專業領域之永續發展，並致力提升公眾之認同與信賴，保持專業形象。

6.應提供必要之技術資料或作業成果說明，以利社會大眾及所有關係人了解其內容與影響。

7.應盡力維護雇主之權益，不得未經同意，擅自利用工作時間及雇主資源，從事私人事務。

8.應致力發展及優先考量採用低污染、低耗能之技術與工法，以降低工程對環境不當之影響。

9.應了解其專門職業乃涉及公共事務，執行業務時，應考量整體社會利益及群眾福祉，並確保公共安全。

10.應運用其專業職能，盡其所能提供社會服務或參與公益活動，

以造福人群，增進社會安全、福祉與健康之環境。

11.應秉持誠實與敬業態度，溝通與了解業主/客戶之需求，維護業主/客戶正當權益，並戮力完成其所交付之合理任務。

12.應熟知專業領域規範，並了解法規之含義，對於不合乎規範、損及社會利益與公共安全之情事，應加以糾正，不得隨意批准或執行。

以上是其需要遵守的工程倫理守則規範，在進行設計時，除了利益迴避外，更須要掌握公共安全的部分，如此才可以得到雙贏的局面。

身為一工程師有時會因受到許多因素而猶豫不決，如產品推出時間、成本考量等許多因素，可能會與道德衝突，遇到此事應該以專業的角度去分析，對自己的想法亦需把持己見，並且告知上級。身為工程師除了培養專業能力，也必須符合最高的倫理原則。許多事情也許沒有完美的解決方案，但必須以這個環境與大眾作為第一的考量並且把持己見。也許是受到長期學習工程類別課程的關係，容易以效率、成本、精確等等的眼光看待一件事。有時在設計與製造過程中如要求得過於完美時，可能不知不覺就對環境造成破壞。尤其是身處在高科技產業，常常專注於產品的製作過程，專注於良率提升方法，即要求產品的完美度，或是想辦法降低成本，而製造過程中產生的廢棄物通常都交由其他人處理，使得製造或設計者通常不知製造過程中對環境會有何影響，忽略了其行為對環境造成的影響力。

第四節　工程倫理的兩難

　　倫理議題的另外一類即為倫理兩難（ethical dilemma in social work），係指一種問題的情境，或是問題無法獲得滿意解決的困境。這是工程師在實務工作中，必須由兩個相近的選擇或在相等的價值之間做二選一的困境。價值的分歧是多元社會的特徵，所以在社會工作專業服務的領域中，工程師常面對許多相互衝突的價值抉擇。工程實務領域操作中出現的倫理兩難如「直接工作兩難」：保密與隱私、自我決定與父權主義、對不同對象忠誠、專業界線與利益衝突、專業與個人價值；「間接工作兩難」：有限資源分配、政府與民間之責任、對法規的遵守、勞資爭議、研究評估、欺騙運用、揭發機構內之不當行為、專業疏失等（Reamer，1998）。

　　社會工作倫理兩難的討論，依照層面的不同而有差異。胡中宜（2003）整理倫理兩難共分為四大類：首先，就衝突的層面來說，可能來自工程師本身的個人價值、專業價值與不同社會價值彼此間的衝擊，導致的倫理抉擇困境，如個人自治相對於相互依賴的價值，此類倫理兩難稱之為「價值的兩難」（value dilemmas）；其次，工程師扮演協助者的角色，在專業體系中規範許多的法定職責與任務，然而義務或職責間發生彼此目標衝突的現象，如保密相對於警告的義務，稱之為「義務的兩難」（duty dilemmas）；再者，工程師以「什麼決定（判斷）對服務對象是最好的」的原則出發從事實務行動，但是什麼是最好的，案主的最佳利益隨著不同觀點，常是相互各存在差異意見的，此類為「德性的兩難」（virtue dilemmas）。最後，工程師所處的環境脈絡是多元的，工程師必須對服務對象負

責，同時也必須對機構與社會大眾負責，但是不同對象的忠誠背後所形構出來的利益、目標如何取捨，例如機構目標與專業目標的衝突，此類稱之為「結構的兩難」（structure dilemmas）。倫理兩難共分為四大層面（見圖1），茲說明如下：

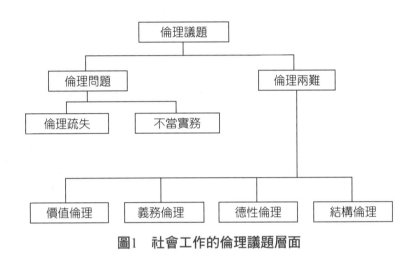

圖1　社會工作的倫理議題層面

👍 (一)「價值」的倫理兩難

倫理包括道德、習慣、習性、和行為等意義。它同時代表著合乎風俗、習性和行為，並且涉及行為的動機以及該行為的好、壞、對、錯，及價值的必要性。隨著社會的變遷，人類的價值觀不斷的轉換，當價值觀念的轉換與速度太快，或是同一社會中標準太多時，倫理兩難就自然形成。社會變遷之下，社會價值亦在改變，不可避免專業的價值也可能隨之改變。當工程師無法確認所秉持的價值是否正確的同時，倫理兩難就會發生。Mcleod & Meyer（1988）提出十項存在著許多的價值體系之衝突，例如「個人價值」與「體系目標」之

衝突、「個人自由」與「社會控制」之衝突、「團體責任」與「個人責任」之衝突、「安全滿足」與「奮鬥刻苦」之衝突、「實用論」與「神聖論」之衝突、「改革變遷」與「傳統主義」之衝突、「異質化」與「同質化」之衝突、「文化決定論」與「個人本能論」之衝突、「相互依賴」與「個人自治」之衝突、「個別化」與「刻板化」之衝突等。

　　直接服務工作中，最困難的是專業協會的政策與工程師深信不疑的信念相衝突；例如一個具有反對墮胎宗教信仰的工程師，在會談時小心提醒青少年案主有關保密的限制後，案主仍告知她不小心懷孕的訊息，且很認真的要進行引產手術。但是，工程師的價值告訴他在道德上不允許鼓勵或促使墮胎行為的發生。因此，如何在個人信念與機構政策間求取平衡，就形成抉擇困境。Loewenberg & Dolgoff（1996）整理出11項助人專業所經常面臨的倫理兩難問題，並予以類型化。這樣的分類，對工程師具有極大參考價值，而其中有關價值兩難的部分有：首先，專業知識對案主的權利，例如專業知識的判斷認為限制青少年的交友行為，以避免複雜的性行為，但是案主的自我決定權是否又會有所衝突。其次，是案主的興趣或工作人員的興趣為優先，例如工作員認為中輟案主適合去中途學園復學，但是案主卻認為她要繼續當「檳榔西施」，不願復學。最後，不作判斷，也就是避免有先入為主的偏見，做專業的決定時，不可以自己的價值觀做為判斷的原則，但是工程師往往本身的價值觀與專業價值是不一致的。

　　最後，文化間的價值衝突也是一類，源自西方的社會工作本質是自由主義、個人主義、民主參與的文化傳統與價值觀。因此，如案主參與、案主自決和保密原則等，皆是個人取向的；而台灣的社會工作雖然大部分是承襲美國的專業體制，但在傳統文化及價值上，如繼

承、愛面子、集體主義等，仍較偏向於團體取向，而這些東西文化價值所產生的差異，便產生倫理的兩難。

👍 (二)「義務」的倫理兩難

工程師在專業體系中，有「法定職責」必須遵守，但是法律常有不及與疏漏之處或解釋認定不一，在規範不明確的情境下，這些狀況就是所謂的法定義務中的倫理困境發生的原因。

Cournoyer（1996）依照工程實務中的「責任類型」區分區六大法定義務：一是「照顧義務」；二是「尊重隱私義務」；三是「保密義務」；四是「告知義務」；五是「報告義務」；六是「警告義務」。另外，若從規範倫理學中的義務論作為來分析社會工作的倫理責任的參考架構，並依照我國社會工作師法與社會工作倫理守則，與美國社會工作人員協會（NASW）的社會工作倫理守則之條文作為論述的基礎，則工程師的法定義務可以分為「消極法定義務」與「積極法定義務」二類。

其中，消極義務包括規定明確者，如：

(1)不得出借證照與他人；

(2)不得與案主產生非專業關係，不謀取私利，不得請託。

(3)不得與專業關係中謀取政治利益或商業利益；

(4)不得與現在的或先前的案主發生雙重關係或多重關係；

(5)不得與案主有肢體接觸或性騷擾；

(6)不得與受案主的禮物作為服務的報酬。

另外，也包括一些規定不明確者義務，如：

(1)不得無故洩漏案主秘密；

(2)在受司法警察詢問時不得做虛偽陳述。其他情況之所謂「無故」或「有故」均在裁量實有模糊的地帶，唯有靠工程師自行的判斷；

(3)應尊重案主的自決權益；

(4)處遇需考量案主最佳利益；

(5)工程師必須代理無決定能力的案主時，應採取合理的步驟，以保障案主的利益與權利，但是何謂「合理」、「不合理」？「誰」又是判斷合理的標準機制。

這些規定明確的部分，工程師理應恪盡遵守，但是實務中最大的困難之處，還是在那些賴以依循的「倫理準則」無法辨明，並且無法進一步了解其真實內涵的部分。因此，釐清這些裁量標準，哪些狀況有哪些判斷標準，依據的理由是什麼？這些疑問釐清後，工程實務過程才能更加透明與明確。至於積極義務部分，其在責任上就無法明確，所以就容易產生倫理辨明上的無窮止境的辯證。另外，工程實務中常會發生兩種以上的法定義務的相互衝突，如在告知同意的部分，做專業的決定時，必須徵求案主的同意，縱使知道案主對其所面臨的選擇和後果並不十分了解，但告知義務所產生的結果，可能是服務對象的抗拒與保留；但同時也認清在必要時有分享案主資料的必要。但是在預知危險與警告義務發生的同時，也就在案主提及危害第三者的同時，保密的倫理兩難將會出現。

其中，不明確義務規範之下的決策困境包括：

1.保密程度與情況：如服務對象告訴工程師「他決定要傷害甲，以發洩心中之怒氣」，則此時工程師可能因為「保密」而傷害甲之安全；「洩密」又可能傷及服務對象的信賴關係。

2.自決的權利與尊重：案主自決涉及「尊重個人」，也就是自決應

為案主個人的權利，自決是案主積極有權選擇的過程。但是面對案主的自決不容干涉時，若與專業判斷有所衝突時，「不判斷」真能實踐嗎？如何決策是一個兩難。

3. 自由意志與環境：個人行為係出於個人之意志，或出於環境的影響。是哲學上討論的倫理價值中，分辨善惡與爭論人性的焦點。這些哲學的論戰常對於工程師協助案主的處遇方式造成不同的判斷。當工程師診斷案主問題時，需要細心加以判斷。

4. 介入方式的選擇：可分為重視過程或結果，就如社區工作講求的「任務目標」還是「過程目標」是相仿的說法。

👍 (三)「德性」的倫理兩難

德性論的解構，即說明工程實務中不應以「義務」為主要的判準，而應積極實踐「美好的狀態」。從品質、完善、德性的觀點思考專業服務，什麼是對案主較有利益的？什麼對專業發展較有助益？這才是好的處遇。但是，「什麼是好的？」，在認定上就產生「德性」的結構性困境，誰來評斷是案主或是工程師？評判的標準何在？常常出現解釋的困境，在社會工作專業中，就會形成許多倫理困境。

德性倫理觀點側重工程師本身的特質與思考，是一種自律的決策取向。換句話說，原則性倫理是在問「這樣的情況是否會違反倫理？」而德性倫理則會問「我這樣做是否讓服務對象受益多少？」。有些工程師會特別注意服務過程中是否違反法律規定；有些則是會將焦點放在是否這樣的處遇措施會讓服務對象獲得利益更多，而不僅是保護自己的利己主義。Jorden與Meara（1990）認為最

理想的工程師，除了必須有正確且謹慎的抉擇外，還必須包括將服務的重點放在如何才是最好的，而不是放在「這樣做是被允許地」。在間接實務工作中，工程師常會在執行政策與方案時遇到資源不足的問題、經費缺乏、預算被刪、福利服務的需求增加，都會讓工程師在分配稀少或是有限資源時很難做決定。許多機構在決定如何分配稀少的資源時，都沒有審慎思考相關的倫理議題，因此分配資源的標準都可能是個人的偏見、利益團體的壓力、或是機構過去的傳統。然而，事實上這些決定都意味著深長的倫理決定，因為其引發有關公平、正義的複雜議題。決定是否是一種效益方法的選擇，工程師也許有個人的專長或喜好去運用某一種方法；然而，同時有其他方法也許對案主或解決問題更為有效。在行為結果中這樣的分配到底是不是符合德性的原則，對接受服務案主或沒有接受服務的對象以及社會大眾，都符合良善、平等、需要、補償及貢獻的多寡。結果是平分？還是公平分配？何謂公平分配又將是另一個難題。誰又來決定這個機會的公平？誰的需要又是最大的呢？而貢獻程度的多寡標準何在？程序正義重要，還是實質正義重要？都是爭議性的議題。

👍 (四)「結構」的倫理兩難

結構意指工程師所處環境結構的差異位置所導致，對專業關係內、外的人所必須面對的忠誠與負責，就會產生如群眾和期望的衝突；也就是說，做專業的決定時常會遇到不一樣的職責要求和期待，包括案主、同僚、督導、雇主、社會與他人，工程師必須考量這許多方面的衝突，以做為專業判斷的參考。另外，同事關係的衝突：某些情境會因對待案主的某些專業責任而與同僚產生衝突，工程

師仍需以尊重、公平、禮貌的原則對待同僚。例如，若同事違反專業倫理，或是有不良的行為時，我們是要將其情事披露？亦或採取保護、放任的原則給予其改過自新的機會？而同事明顯別有其他的企圖（例如收集個案資料以做為其發表論文之用），我們該對其採取何種態度？

　　工程師如何在政府和科層系統的要求下，符合自決與尊重的原則，又能顧及主要照顧者的生活品質是許多社區福利中心的困境。實務中，工程師所面對的兩難通常是許多結構因素的相互交錯。若考察工程師所面臨的價值困境來源來看，我們可以將工程師所面臨的價值困境來源，大致來自於個人、組織、社會三個層面。個人：指工程師個人因品德、能力、責任等因素所形成或面臨的兩難問題。組織：指工程師和機構的主管、督導、同僚和職員所產生的倫理兩難問題。社會：指社會境中的民意代表、上級政府主管、其他工程師、專業團體、案主和案主的重要關係人帶給工程師在價值實踐上的決策困境（圖2）。所以，「倫理」原本是對不同人的相互關係所建構而成。工程師面對如此複雜的社會關係，必須處理同時而來的結構問題。因此，工程師若面對所屬不同結構間的衝突，例如對不同的忠誠對象，不同結構間的期待不同的話，就容易造成倫理兩難。

　　總的來說，倫理困境的思考並不是用來判斷哪個工程師誰有或沒有倫理，而是用來則提醒自己是否該做的事沒做到，不該做的事卻不經意或是毫無意識般地做了。若從系統觀點來看，倫理議題的分析更重要的是，了解到任何一個與服務對象有關的決策都是受到機構、專業、政策與個人、社會五者相互牽制的影響與保障（圖3）。工程師如何同時符合五項要求，能保障服務對象的權益和符合社會工作倫理的規範，是受到相當大的考驗。因此，在不違反政策和機構的

前提下，如何求取服務對象的最大化權益，則是工程師應該努力的方向。

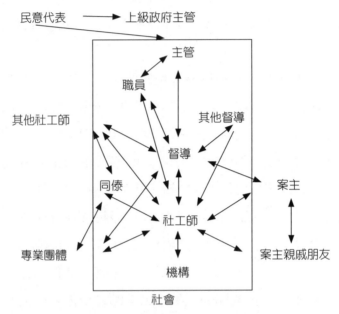

圖2　工程師實務角色組合
資料來源：陳耀崑（1997，p.28）

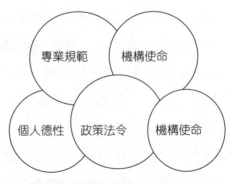

圖3　影響倫理決策之系統

第五節　倫理議題的產生根源與因應

工程實務中面對不同的人、事、物與情境，既然不可避免會發生倫理議題，對社會工作教育而言，去發現這些倫理議題產生的根源為何，就顯得非常重要；再者，又需要運用何種途徑以預防這些倫理問題，是加強外在性的法律規範，還是提升個人的道德意識或倫理的覺察能力呢，值得深思。

👍 (一)倫理問題的產生根源與因應

大體而言，倫理問題發生的原因主要係由於工程師的個人特質、大意忽略倫理的重要性、忘卻倫理規範手則、不清楚目標或義務等。另外關於倫理兩難部分的產生根源，主要還是來自於決策上擁有資訊的缺乏與多元目標的衝突，加上許多社會工作價值在實踐上的困境所造成。

探究「倫理問題」的發生根源，一個正規訓練下的工程師，在養成訓練或是經驗中，都受到外在性的道德規範教育，促使未來執業過程中，能夠信守專業價值。諸如在專業關係建立的過程中，工程師要保持客觀，避免強行介入個人對案主問題有關的價值觀，保持客觀，嘗試同理的進入案主思考，方能真正接納案主避免評斷行為。但是，價值觀的信守卻常會受到情境的影響。在實務過程中，工程師在實踐專業價值會受到挑戰，諸如過度評斷案主行為、尊重自己的選擇等。至於價值到行動過程中，到底有哪些可能的障礙，大致有下述幾種狀況：

1. **尊重與非評斷**：當案主願意分享個人經驗與內在情緒前，必須感受到工程師的接納與善意的態度，案主常自認為自己是失敗者，受到他人負向的評斷，案主就容易內化自身的失敗感，故對於工程師的評斷是敏感的。工程角色不是評斷，而是要理解他們的困難，但是個人的價值涉入無所不在，如討厭性侵害加害人、吸毒者或是犯罪的人，因為他們的行為不是善的。不評斷並非表示贊同他們的想法，而是針對案主的困難，去協助他們面對問題。

2. **自我決定**：擁有適當資源的狀況下，人有能力成長並且改變，應該給予支持，以增加其對於解決問題的能力和生活方式的選擇，這是對案主決定的一種尊重。但是專業目標背後是要以一個「更有效」與「更有意義」的方式來協助案主，無疑地又否定案主自我決定的功能。工程師常在還沒充權案主時，反而卻產生「去權」的反作用，同時增強其無力感，讓充權之路遙遙無期。工程實務中大多數的案主特性。究竟工程師會不會質疑或否認為案主有自決能力，並具有「理性選擇」的條件，這個疑問一直會挑戰著工程師的價值實踐過程。

3. **「真誠」的挑戰**：專業關係中重視彼此「真誠一致」的溝通，案主才放心把未來與困境交給工程員一同解決問題。但對案主的不努力，工程員的情緒可以掩藏嗎？若掩藏後能真誠一致？面對許多違反社會規範的行為時，工程員刻意將價值加以隱藏，對專業關係反而有負面影響，也就是說服務對象會認為工程員講的是一套，但是臉上的表情卻是不一樣，反而造成信任危機。

4. **服務本質的挑戰**：「人在情境中」的觀點，強調環境是影響案主的，包含家庭、社區，都需介入，但是礙於工作機構的目標，或是資源不充足，例如在學校領域的工程師常熟悉地聽到，學校的

回應是「學校就是學校，所以離開學校圍牆外面的事情，就不關我們的事情」。倘若為此，積極為案主謀福利的「服務本質」即受到挑戰。

5. 專業自主：工程師除非是個人執業，否則必須依附在一個組織或團體之下。不同的組織，都擁有其發展或服務目標，個人的判斷與處遇目標所展現出來的「專業自主權」理應尊重；但是，倘若自主決定與機構目標發生牴觸的情況時，這個專業發展的重要價值在實踐中就會發生障礙，工程師決策的自主性在此就可能面臨喪失的危機。

6. 宗教與專業價值的弔詭：社會工作價值中的案主自決，源自於西方對於人的基本信念是獨立自主，人有權決定要過什麼樣的生活。例如，面對案主問題時，佛教信仰工作者本著「大捨」與「慈悲」之精神，協助弱勢族群案主時，有時遭受案主的消極拒絕，其認為是「修行」，否則此生之報業無法完成。因此常選擇被動消極或是拒絕接受救助，面對該救助與不該救助的議題時，就出現兩難。

　　由此可知，在社會工作價值的實踐過程中仍有許多的阻礙，也因此造成工程師在面對這些價值時的困擾，容易產生倫理困境；而且若稍一不慎，亦會出現倫理問題。因此，重新檢視工作價值的意義性與本土性，是解決倫理困境的重要途徑。

　　最後，除上述根本性的專業價值信守的危機之外，實務上常見的倫理問題，主要圍繞在如何讓專業關係合宜、合法、合倫理，例如執業職過程中是否接受餽贈？私人手機電話是否告知案主？案主向工程師借貸？專業界線會透過上述的情境發生而變得模糊，此刻該「作為」還是「不作為」就進退維谷。首先從文化脈絡的角度觀

察，東方社會中的送禮行為，常被視為一種禮貌的行為，亦是案主對有「恩」者的一種社會交換，若是工程師斷然完全拒絕，有可能間接造成案主的失落感與被歧視的感覺。因此，審慎處理才不致影響專業目標的達成，美國的工程倫理守則即規定「社會工作者應避免接受案主的禮物或服務，以作為專業服務的報酬...交易製造了潛在的利益衝突、剝削及社會工作者與案主之間不適當的關係界線……」。因為就工程服務的本質來看，由於這群案主通常是相對弱勢的，案主與工程師之間仍存在不對等的權利結構關係，案主是否被壓迫？是否會造成權利被剝削或是利益衝突的可能，才是作為與不作為抉擇上最需要考量的因素。因此，處理專業關係模糊的倫理問題，有幾點原則可以思考：工程師應該明確在接案一開始時就做好告知同意的動作，倘若真是出自於真誠且無壓迫下，當眾或與同事、案主一同分享禮物，亦不失為一種好的策略。唯工程師仍需進一步表明此舉並不影響專業關係，且須進一步探詢其背後動機，並澄清其非理性期待。

👍 (二)倫理兩難的產生根源與因應

由於工程師面對的是一個多元複雜的情境，在這樣的情境從事助人服務，會存在對立或是兩種以上的價值或是目標，倫理規範的優先序位就會引起變化，這些情境統稱「倫理兩難」。根據Lowenberg & Dolgoff（1996）兩難發生根源的分類，不外乎有：

　1.專業知識與案主權益的衝突；

　2.職責和期望的衝突；

　3.徵求同意的困境；

　4.意義含糊和不確定；

5.保密和隱私權的高漲；

6.有限資源的分配；

7.案主興趣和工作者興趣的衝突；

8.不作價值判斷；

9.專業關係的有限性；

10.有效處理方法的選擇；

11.同事關係的衝突等。

　　至於工程師如何解決上述實務上發生的倫理兩難情境，許多學者紛紛提出各種倫理抉擇的取向與指標；1980年代美國本土的情境倫理學派反對訂出倫理規範，因為其認為倫理規範不足以應付複雜、多變的情境。由於個別的工程師，發生在倫理情的境因個案狀況不同，卻有不同程度與層面的考量差異；但一個原則與通融性的判斷標準，卻仍對倫理兩難的解決有其一定的依循參考功能。在實務上常見的基本倫理兩難，不外乎是「保密」、「案主自決」與「案主需求與組織科層或政策法令衝突」等議題。如何解決這些困境？有何抉擇原則與思考方向？值得詳細討論。

　　首先，在「保密」與「通報」或「提出警告」的衝突方面：第一，若是工程師在接案前就明確做好告知同意的內容時，爾後工程師危及保密義務的發生機會就會減少。第二，確認從業人員的法定通報責任與其法源基礎何在，並進一步思索「告知之善」為何？善的考量目的無非是在保障案主的利益或是第三人生命的保障；或是若案主的會談內容牽涉違反法規之情事，工程師完成提出報告義務後是否有其他替代福利措施可以協助，經過完善評估後，若通報之善可以掌握，在此狀況之下工程師就容易取得較有利之決策位置。若從此類兩難的抉擇原則來看，「生命保障」優先法則等攸關案主基本權益

的保障，相對於「案主自決」或是信任關係、隱私維護更凸顯其重要性；換句話說，若尊重隱私守密後卻會危及案主或是第三人的生命，則為不當決策。

準此，保密責任是有其「有限性」，若工程師於接案開始時，取得告知同意的授權，爾後即便案主決定告知其違法行為，此時工程師的舉報行為就比較沒有道德與法律上疑慮。唯整體而言，本質上信守隱私保密當然還是專業人員必須遵守的義務職責，否則恐將危急專業形象。

再者，在「案主自決」的價值原則之下，卻常會與專業主義、機構政策，案主利益等目標相互衝突。在此狀況之下如何取捨？在專業的信託關係中，案主有權利被告知未來將接受的服務內容、設定的目標以及處遇的效果與限制，然後由案主自願性的作決定；但是，自決必非無限制的，Reamer（1998）認為若站在幾個理由之下，案主的自決權其實是有條件的，例如案主的資訊不足、理解能力有限、缺乏判斷能力、取得案主同意、案主自傷或是傷人、處於明顯危機狀況、違反法律政策等。不過，個人的生命故事如何扮演，個人當然可以自由的選擇，這是自由主義哲學的核心主張，在一定利益的保障或不影響他人之權利之下，充分協助案主自決，亦是一種賦權案主的形式。然而，工程師尊重案主自決，並不表示工程師就完全不需盡力或是提供服務，而是在告知案主各種選擇方案後，工程師仍需持續聯繫與追蹤，並評估現有資源的供給程度與目標改變狀況，如此才是符合有責信的服務。

最後，「案主需求與組織科層或政策法令間的衝突」該如何解決？美國的倫理規範提供了一些思考，諸如「對雇主和受雇組織的承諾」、「致力於改進受雇機構的政策、程序及服務的效率與效

果」、「確保雇主能了解社會工作者應遵守美國工程師協會的倫理守則的義務」、「社會工作者不應讓受雇機構的改革、程序與規定或行政命令牴觸社會工作倫理的實踐」、「社會工作者不應從事包容、促進或配合各種形式的歧視」。準此，在自由意志下工程師同意遵守法律或機構規定之義務是凌駕於個人價值或原則，否則工程師當然可以選擇異動工作或選擇積極的改變機構及社會政策（Reamer，1998）。不過，除維護機構與社會政策外，若工程師覺察組織政策或社會政策危及案主的權益時，應先尋求制度內解決。再者，更應該為了案主的權益作倡導，透過社會行動策略，促進法令的修正，聯結工程實務與社會政策的對話，否則徒然眼見組織或社會政策對案主的剝削，卻無任何作為，工作專業存在的社會基礎將不復存在。

　　在美國有很多機構探討倫理，在紐約有一中心出版期刊有一本「專業的公共責任」一書，有對專業與社會責任的探討，在書中指出社會工作員是社會的良心，對於社會上貧窮者或需要幫助的人，有特別的使命。在價值上，呈現出：

1.服務所引申出來的原則—幫助需要的人；

2.社會正義—工程員可以挑戰社會的不正義；

3.人的尊嚴或價值—例如：內在的內涵、你是否值得信賴？工程的品德？勝任的能力？是否適任？

4.勝任的能力—工程在能力範圍內所提供的服務或不能做的服務，在專業發展上強化專業，特別強調文化的多元性，需尊重不同的文化；例如：原住民、外勞等，比方有些範圍我們不瞭解，我們必須受過特別的訓練或知識才能做，不能超越本身的能力，特別在一些語言或文化上，在提供給個案雙語或多重文化的服務，對個案是好的，此訓練提供服務的好處是瞭解他們。

在實務工作上有一些責任的限度，例如：雙重關係，工程不可以與個案有性關係（雙重關係），在美國精神科醫師或一些專業規定，不可以與個案結婚，有的規定一年後或兩年內才可以結婚，而工程專業必沒有硬性規定，例如：工作者有的在社區，有的執行政策方面的…每個情況都會有不同，另一個很重要的提醒，在西方文化中例如身體的接觸，不小心碰觸會變成騷擾，在老師的文化背景見面擁抱親臉是可以的，但在有一些文化則不可以，所以沒有硬性規定要怎樣，工程員與督導（主管）也要很小心，不可以隨便吃飯；但主要仍是在實務工作者本身的經驗判斷。

第六節　倫理決策的模式

倫理模式不僅在學校教學生，在社會福利機構或機構內倫理委員會，也會用此模式參考，作為倫理抉擇或倫理兩難之參考。這個模式廣泛被運用，這個模式所要呈現的就是方式論，當我們遇到一個情況的時候，我們透過什麼樣的方法、步驟把倫理的問題透過思考得到一個判別的結果。

倫理學者常會製造帶出一個環境讓雙方思考、探討，而非很生氣的、情緒化的爭吵，他就提供彼此尊重的對話模式及方法，讓彼此從各種不同的角度探討議題。不只是對話的機會，而是提供雙方用專業倫理的名詞，探討整個經過，思考倫理的價值觀、倫理的原則、標準，做出適合並恰當的抉擇。所以透過不同的想法，例如：生命的尊嚴、神聖或生活的品質，彼此會去探討，整個過程包括從理論、價值、原則、標準去證明（辯證），你的理論價值與立場。在助人

中，自由主義的人會認為這是我的錢，為什麼要幫助你，我給你是我出於善意，並非是我的責任。自由主義者的辯論，我出於善意捐給她，為什麼不給其他人，因為是我的選擇，我並沒有責任與義務給你。

第七節　倫理委員會

　　倫理委員會發展的過程及功能，因為倫理問題愈來愈複雜，因此在社會福利機構發展出倫理委員會，幫助處理倫理相關問題，倫理委員會在公立或私立機構都很重要。倫理委員會多數是在機構內，對倫理議題清楚，對機構瞭解，而發展出來的委員會。

　　專業倫理委員會除專業人員外，還會有個案代表參加，例如：醫院有不同專業代表組成，倫理委員會在1982年正式成為世界性重視的趨勢，在澳洲、中央等單位都在探討，因為整個發展趨勢對社會服務更為重要，在發展倫理委員會的過程，最重要的步驟是透過教育，這個訓練就像目前的研討會，有些單位在試用階段即要求上這些課程，讓所有人都知道它的倫理守則是什麼。

　　這些倫理委員會透過審查程序對一些案子進行複查工作，透過多元的專業人員讓案子達成非常完整的看法，然後做成決定。有些案子已結案，但仍可再複查，假如這個案子以後還會有，可以建立一套標準，讓以後的人可以遵循，這樣的作用幫助工作人員建立他們的能力，也可以預防他們耗竭，這樣的過程不一定要怎樣做，但可以幫助我們去思考如何做較合適，可以增加工程員的專業及能力。當倫理兩難與機構有關，機構應該去發展避免造成機構的困擾，這樣的審查過

程幫助專業人員增加能力，發展專業實務工作標準。有些隱密的機構也對倫理問題有興趣，主管（老闆）有責任將倫理帶出，他們發現如果主管注意這個問題，也會對機構有幫助，在營利機構，如果你對顧客表達愈重視倫理，也會獲得正向的回應。

第八節　案例分析

案例一、商業競爭與產品品質

飛快機車公司總經理：李總經理

飛快機車公司業務部經理：林經理

飛快機車公司設計製造部總工程師：陳總工程師

案情說明：

飛快機車公司一直是市場上銷售甚佳的機車公司，但是今年因為受到景氣影響，各家車商紛紛推出新車款以吸引消費者購買，雖然飛快機車公司也投入相當多的研發成本與人力在新車款的研發上，預計年中推出新車—「超快」，但是依據業務部林經理與同行傳出的消息指出，對手廠商預計將於3月即搶先發表新車，由於該車款的功能、定位與客層與「超快」相似，如果被他們搶先一步發表銷售，勢必影響「超快」的業績。因此，李總經理立即與業務部及設計製造部開會研商對策，陳總工程師報告目前新車已完成設計，原型車也已經大致

準備要進行安全測試工作，估計測試加上修改的時間可能需要半年以上。但是，與對手競爭無法等個半年，於是李總經理便指示安全測試只要先做主要的部分就好，一些次要的部分等到以後顧客回應時再慢慢修改。劉總經理也認為新車搶先發表對於公司的利益較有幫助，如果仍存有一些瑕疵，應可考慮日後以客服或維修的方式辦理。但是陳總工程師對於新車的安全性始終認為有疑慮，但新車車況應該不會發生問題，因此他對會議討論的決議便不敢作太大的堅持。

思考重點：

案例中的3個人物，在同業的競爭壓力下，將未完成安全測試的新車提早銷售，沒有考慮到民眾的安全考量，完全沒有遵守工程倫理。在李總經理方面，一個決裁者沒有做對的決定，只以利益為主，尚有許多的不是之處。林經理身為部屬，當主管做錯誤的決定，沒有適時給予規勸，還附和之，實為失當。而陳總工程師應為做了解安全測試對新車的重要性，但他卻為了長官草草決定，沒有盡到應負的責任。3個人皆有不是的地方。

請依據工程倫理基本守則敘述，需要遵守的工程倫理守則規範有哪些？

1-1工程人員應恪守法規，砥礪言行，以端正整體工程環境之優良風氣，並維護工程人員之專業形象。

2-4工程人員應秉持專業觀點，以客觀、誠實之態度勇於發言，支持正當言論作為，並譴責違反專業素養及不當之言行。

3-1工程人員應尊重前輩，虛心求教，並指導後進工程人員正當作為及專業技術。

3-3工程人員應對於同僚業務上之不當作為，婉轉勸告，不得同流合污。

4-2工程人員應盡力維護雇主之權益，不得未經同意，擅自利用工作時間及雇主資源，從事私人事務。

5-1工程人員應秉持誠實與敬業態度，溝通與了解業主/客戶之需求，維護業主/客戶正當權益，並戮力完成其所交付之合理任務。

7-1工程人員應了解其專門職業乃涉及公共事務，執行業務時，應考量整體社會利益及群眾福祉，並確保公共安全。

7-2工程人員應熟知專業領域規範，並了解法規之含義，對於不合乎規範、損及社會利益與公共安全之情事，應加以糾正，不得隨意批准或執行。

7-3工程人員應提供必要之技術資料或作業成果說明，以利社會大眾及所有關係人了解其內容與影響。

7-4工程人員應運用其專業職能，盡其所能提供社會服務或參與公益活動，以造福人群，增進社會安全、福祉與健康之環境。

案例二、工程設計之智慧財產

老字號工程顧問公司老闆：董事長

老字號工程顧問公司工程師：某先生（因能力優良，獲21世紀機電施工公司高薪挖角）

案情說明：

原任職於老字號工程顧問公司的某先生是位電機技師，他是國內頂尖大學的碩士，同時也是國外著名學府的博士，當他在老字號工程顧問公司服務期間，所研發設計之交控系統曾獲得該年度之經濟部創新研發獎，是位不可多得的人才。

21世紀機電施工公司由於承作老字號工程顧問公司負責設計之交控系統，覺得某先生所設計之交控系統真是優異，這麼完美的設計概念怎麼會有人會想的到呢？於是就以3倍年薪外加800張21世紀公司的股票，挖角某先生至21世紀公司服務。21世紀公司除了委請某先生進行交控系統的設計外，同時也發現某先生在老字號公司所做的其他研發同樣也是棒的不得了，所以希望某先生將這些理念及研發成果應用在21世紀公司的其他業務中。某先生覺得這些東西雖然是在老字號公司服務期間所研究出來的，但是當時老字號公司董事長認為實用性不高，並未予以採用，同時自己又是該項研究的主持人，大部分的構想皆出自自己的理念，再加上同仁的配合才得以完成相關成果。既然老字號公司的董事長不採用，而有關該研發的智慧財產權也沒有明確的規定，所以某先生認為，再21世紀公司將這些理念進一步的延伸發展應該是沒問題的。

思考重點：

某先生要考慮到智慧財產權與維護雇主的權益等問題，就算為研究的主持人，但是沒有雇主的財力與人力資助，這個發明也不會成功，某先生不得利用組織團體來利益自己。他應該思考雇主與新生公

司進行購買智慧財產權合約，這樣比較適當。至於跳槽的事就要看某先生自己的決定了，但是要跳槽時損害原顧主的權益是不應該的。

　　請依據工程倫理基本守則敘述，需要遵守的工程倫理守則規範有哪些？

　　1-6工程人員不得擅自利用組織或專業團體之名，圖利自己。

　　2-5工程人員應尊重他人專業與智慧財產，不得剽竊他人之工作成果

　　4-1工程人員應了解及遵守雇主之組織章程及工作原則。

　　4-2工程人員應盡力維護雇主之權益，不得未經同意，擅自利用工作時間及雇主資源，從事私人事務。

　　5-1工程人員應秉持誠實與敬業態度，溝通與了解業主/客戶之需求，維護業主/客戶正當權益，並戮力完成其所交付之合理任務。

　　5-2工程人員應對業主/客戶之不當指示或要求，秉持專業判斷，予以拒絕或勸導。

　　5-3工程人員應對所承辦業務保守秘密，除非或業主/客戶之同意或授權，不得洩漏有損其權益之相關資訊。

案例三、機關審核工程文件

　　地方政府機關技士：A先生

　　營造廠技師：B技師

　　工程顧問公司工程師：C小姐

案情說明：

　　A先生任職於地方政府機關，其主要工作為政府道路工程的業務承辦人，他的手上正有一件工程已發包進入施工階段。依據契約，營造廠於施工前必須提送施工計畫，以及相關圖說送審後方可據以施工。但是A先生在多次收到營造廠提送的送審文件中，屢次發現許多錯誤及不合理之處，因此退回要求修正後再提送。經過幾次審查修正過程，施工廠商B技師開始不耐煩，認為A先生是故意刁難，於是便主動聯繫A先生，希望了解計畫有何不足之處，並希望可提供協助。B技師在與A先生討論後，了解有些部分並非自己能力可以完成之項目，於是詢問A先生是否可以介紹適當人選予以協助。此時A先生想到自己的朋友C小姐在本工程原設計顧問公司上班，對於相關工程應該有所了解，因此建議B技師去找C小姐協助。而在C小姐個人協助下，營造廠的施工計畫果然很快的通過審查，並且可以順利進行施工。B技師為了答謝A先生予C小姐的協助，邀請兩位一起吃飯並且給予C小姐相當豐厚的報酬。

思考重點：

　　請依據工程倫理基本守則敘述，需要遵守的工程倫理守則規範有哪些？

結論

　　倫理問題與倫理兩難的實務情境以及產生原因，為解決此一困

境有賴工程師的內在省思與專業體系的外在規範。對於實務工作者而言，理解專業服務的義務、目標、法律、角色，以及個人價值在與服務對象接觸過程中所產生的效力，對解決實務的倫理問題與倫理兩難會有相當助益。我們必須反省，其實價值介入是時時存在，並且多方面影響著助人的過程和結果，稍一不慎就可能危急專業規範，會發生不當實務。

第一、我們可能違反了案主自決的權利；

第二、往往在案主還未真正覺察這些價值之前，就被鼓勵做出和自己內在價值觀相反的行為，會造成案主內在的罪惡感；

第三、許多案主會抗拒加諸在他／她們身上的價值觀，甚至不再接受工程師的協助；

第四、工程師無法覺察自己所持有的價值觀對於和自己價值觀有衝突的案主，就不能適時提供必要支援，甚至有可能將自己的價值觀加諸案主身上；

第五、工程師有時強調機構或是文化的價值觀，而這個價值觀常與案主的價值觀或是案主利益有所衝突。綜觀上述情境，專業人員更應該自我警惕自己在提供專業服務的過程中，如何避免強行介入個人對服務對象問題有關的價值觀，而應保持客觀理性，進入服務對象的內心世界與問題核心，去理解其需求所在。

習題：

一、試述倫理學的定義為何？

二、何謂「道德、倫理、法律」？

三、試述專業倫理規範及守則的限制。

四、試述工程倫理的基本守則。

五、社會工作的倫理兩難四大層面為何？

六、根據Lowenberg & Dolgoff（1996）分類兩難發生的根源。

參考文獻

一、中文部分

內政部（1997）。**社會工作倫理守則**。內政部。

內政部（1997）。**社會工作師法**。內政部。

毛家鈴、張珏（1996）。**倫理困境與護理決策過程**。護理雜誌，43(1)：40-45。

牛格正（1991）。**諮商倫理**。台北：心理。

包承恩、王永慈等譯（2000）。**社會工作價值與倫理**。台北：洪葉（譯自：Reamer Frederic, Social Work Values and Ethics）。

朱延智（2009）。**企業倫理**。台北：五南。

金文森、江政憲（2009）。**工程倫理**。台北：五南。

江玫君（2007）。**企業倫理**。台北：高立（譯自：Hoffman and Frederick: Business Ethics Readings and Cases in Coporate Morality (3rd Edition)）。

吳松齡（2007）。**企業倫理**。台中：滄海。

胡中宜（2003）。**外在規範與內在自主：社會工作的倫理決策**。新竹：玄奘人文社會學院。

胡慧嫈（2000）。**社會工作專業化之信託制度研究**。東海大學社會工作博士論文。

胡慧嫈、曾華源（2002）。**社會工作專業告知義務倫理議題之探討**。收錄於王永慈等主編，社會工作倫理應用與省思。頁141~164。

徐震、李明政（2002）。**社會倫理與社會工作倫理**。台北：五南。

張宏哲（2003）。**社會個案工作倫理問題**。收錄於許臨高主編，社會個案工作：理論與實務，頁512-572。台北：五南。

張宏哲、張信熙（2002）。**家庭社會工作實務倫理議題：老人保護**。收錄於徐震、李明政主編，社會工作倫理，頁273-291。台北：五南。

張勁燕譯（2005）。**工程倫理**。台北：高立（譯自：Martin and

Schinzinger: Ethics in Engineering (3rd Edition)）。

陳耀崑（1997）。社會工作從業人員倫理判斷傾向之調查研究。師
　範大學公民訓育研究碩士論文。

萬育維（2002）。社會工作倫理。收錄於萬育維，社會工作概要。
　台北：雙葉。

葉保強（2008）。企業倫理（第二版）。台北：五南。

鄔昆如（1997）。哲學概論。台北：五南。

黎正中譯（2008）。企業倫理。台北：華泰（譯自：Ferrell、
　Fraedrich and Ferrell, Business Ethics：Ethical Decision Making
　and Cases）。

簡春安（1995）。社會工作倫理教育的現況與未來。收錄於劉可屏
　編，社會工作倫理研討會實錄。台北：輔仁大學。

鍾美育譯（1992）。社會工作的倫理判斷。台北：桂冠（譯自：
　Frank Loewenberg & Ralph Dolgoff）。

蘇景輝（1996）。社區工作。台北：巨流。

二、英文部分

Banks, S. (1996). *Ethical and values in social work*. London:
　Macmillan.

Cournoyer , B.(1996). *The social work skills workbook*. Brooks/Cole.

Clark, C.(2000). *Social work ethics: Politics, principles and practice*.
　New York: Palgrave.

Gandhi, O.P. (1990) Biological Effects and Medical Applications of
　Electromagnetic Energy. Prentice-Hall.

Kraus, John D. (1988). Antennas 2nd Edition. McGraw-Hill. Chapter 5.

Jordan, A. E., & Meara, N. M.(1990). Ethics and the professional
　practice of psychologists: The role of virtues and principles.
　Professional Psychology: Research and Practice, 21(2), pp.107-114.

Lowenberg, F. & Dolgoff, R.(1996). *Ethical decisions for social work*
　Practice. Itasca: Peacock.

Mabe, A. R. & Rollin, S. A. (1986). The role of a code of ethical
　standards in counseling. *Journal of Counseling and Development*,

64, pp.246-252.

Reamer, G.(1995) *Social work ethic and values*. New York: Columbia University Press.

Reamer, F.G (1998). The evolution of social-work ethics. *Social Work*, 43(6), pp.488-500.

Rhodes, Margaret L. (1986). Ethical dilemmas in social work, Practice, London,

R.K.P. Shardlow, S. (ed) (1989). *The Values of Change in Social Work*, London, Rout ledge.

2 國際工程趨勢剖析

第一節 國際工程的概念及市場

　　國際工程的概念及市場涵蓋的領域相當廣闊，包含了理論體系又覆蓋實用的方法及經驗，其相關資料參考了國際貿易、市場行銷學和國際上相關的資訊；另一方面，也參考中、外工程承包公司的成功作法和經驗，希望對相關工程畢業之學生，及學校在國際工程市場教學有所助益。作為基本管理、國際企業、國際市場、國際工程等相關專業方向的學生，做為在國際工程趨勢剖析相關專業之教材使用。

　　主題包括以下大項：

1.國際工程制度、經濟、政治法律以及文化環境之影響。
2.進入國際市場的三種主要方式。
3.國際工程組織的三種主要模式。

2-1.1 國際工程制度、經濟、政治法律以及文化環境之影響

　　國際工程市場相關的人員所面對的問題經常會更多且更複雜。一般國內的工程人員，面對的是單一國家中的同質性市場，而涉及到國際工程市場時，相關的人員所應付的是在不同國家的不同市場。　這

些市場經常會隨著國家的經濟發展狀況、文化與風俗習慣,以及交易形態的不同而改變。

　　台灣政府E化的網頁中,相關於國際貿易的內容中就建議:「市場高度自由化,國際化下,善用政府資源,使得企業在變化多端的國際環境中,更能洞悉市場趨勢,掌握國際的脈動,讓企業在國際社會更具競爭力!」在面對國外市場中,國際工程市場相關的人員除了握有的初級資料(primary data)之外,有時候不容易再蒐集到更好的次級資料(secondary data)。以與台灣有相當淵源的美國為例,在美國相關的工程人員可以從很多的研究機構中,獲得可靠的次級資料,但是仍有許多國家沒有相關機構,無法獲得更深入的資訊。因此有些國際工程機構會在許多國家設立分支機構,以進行運作。以鄰近的日本為例,日本鹿島建設公司,其公司在戰後再次進入海外國際市場的是1954年緬甸國內第2水電站。這當中當然包含很多相關國際工程人員的資料收集等,日本鹿島建設公司把這個做為進軍國際市場的契機,之後藉而在印尼、新加坡等東南亞各國進行了水庫、發電站等工程。此後與日本企業一起向海外發展中東和近東產油國及南美等,擴大了市場。然而,大多數的企業只有少數幾個國家運作。因此,就算次集資料是有用的,有時卻必須經常從不同來源處取得,因為每個國家都有國家上的偏見,使得資料很難去做整合或比較。

　　相較於日本,台灣國內的市場更是有限,需要去理解如不擴大國際工程市場,對公司、企業的發展將會有很大的限制。但其實在過去的美國,甚少企業注意到國際貿易。對外銷售對美國境內之公司而言,僅視為而額外之銷貨收入,其主要之市場還是在美國國內,且美國國內市場是充滿機會而且安全性高,經理人根本不需要去學習他國語言,亦不需面對他國貨幣及匯率變動,面對他國政治及法律之不確

定性，改變產品以迎合他國消費者需求及期望，而現今情況已有所改變。

工程會副主委亦是台大土木系教授陳振川教授，在藉擴大內需培養國際競爭力專訪中談到：「由於營造產業牽涉到材料、機具、設備等層面，背後有的其實是一個產業鏈，所以，當一個國家把工程業推上國際舞台後，連帶地，也把背面的整個產業鏈一起帶了出去。」更談到以日本為例，由於日本的公共建設已經發展到相當的程度，因此必須透過擴展國際市場的方式以發展日本的工程產業。其中更引申到「不是只要讓工程人員有口飯吃，日本企業看到的是後面的整個工程產業鏈、生產鏈的問題。」這，就是一個更全面的看法。

現今，全球競爭已日趨激烈，由於大眾傳播、交通工具及市場走向的演進，使得這個世界的距離正加速地在縮小中；在某些國家、地區的產品（如美國、德國及日本汽車工業）熱切地被其他國家人民所接受。各國的企業正加速進入到國際市場中，意味著國內市場的機會也逐漸的減少中。雖然還是有少數產業暫時還不需面臨外來競爭的威脅。部份企業想藉由保護政策以抵制外來競爭的浪潮，但就長遠觀之，這種保護主義僅會增加生存成本及保護無效率的國內企業，對國內產業而言，最好的生存之道就是持續地改進其產品，並將其產品推廣至國外市場。

許多公司對國際化競爭風險遲遲未採取因應措施，以致於錯失進入部份歐洲、環太平洋地區等成長市場之機會。僅著眼於國內市場之企業不僅失去進入他國市場之機會，亦漸漸失去了國內市場之佔有率。國內企業從來沒想過那些國外競爭者會突然出現在自家的後園。諷刺的是，儘管今日企業國際化的需求較以往為甚，但凡高負債、高通貨膨脹、高失業率的國家，造成這些國家政治不穩及匯率波

動,而這些問題,限制了交易之進行並使美國企業暴露於許多風險之下。有些政府對國外企業增加了許多規範,例如要求與地主國合夥人合資或要求雇用一定人數之該國國民或限定產品利潤等,甚者,某些國外政府採高關稅或採貿易壁壘的方式,以保護其國內產業。最後,貪污的問題有越來越嚴重的趨勢,某些國家的招牌,其得標者往往是行賄金額最多的公司。

　　全球企業(global firm):企業藉由在一個以上的國家營運,以取國內競爭者所無法獲得的研發、生產、行銷及財務的成本優勢及聲譽。全球企業將全世界視為單一市場。該企業不重視國界而於其認為最適當之地區取得資本、原料及零件並製造、行銷其產品。舉例來說,福特的「world truck」宣稱車體在歐洲製造而底盤在北美製造,組裝在巴西,而車體零售則於美國境內。奧的斯電梯門控制系統於法國生產,小機械零件則於西班牙製造,電子系統取自德國,而馬達驅動則於日本製造,最終則於美國整合。因此,全球企業意味著在以全球為基礎之下藉由規劃、營運及協調所有活動以取得優勢。當然這並不意味著中小型企業必須得營運於十幾個國家才得以成功,中小型企業可以其他方式進行全球化。事實上,企業藉由網際網路從事活動,不論他們有意或無意都將促使他們全球化。

　　隨著全球化的進展,國際行銷學中提及,企業必須瞭解以下幾個基本問題:

- ・在國內、經濟區及全球中企業市場定位?
- ・企業的全球化競爭者是誰?
- ・企業的策略及資源為何?
- ・企業要在何處生產?
- ・產品的原料來源?

‧企業應該與世界其他國家建立何種策略聯盟？

在工業、汽車、食品、服飾、電腦及軟體以及其他類產品中許多全球性品牌皆已大幅的成長。世界的經濟全球化。世界貿易與投資成長快速，其中歐洲、中國、環太平洋地區、俄羅斯以及其他地區開放了許多非常具有吸引力的市場。全球化企業在這一段期間也將會再大幅崛起。

國際工程市場的體系中，在向國外發展前，必須先瞭解國際市場的限制。行銷學中提及的**關稅**（tariff）等相關稅收中，關稅可能是設計來充裕國家稅收或保護國內廠商。出口商也可能會面臨到**配額**（quota）亦即進口國對進口之特定產品給予數量限制。配額的目的是為了減少外匯支出或保護國內產業與就業機會。**禁運**（embargo）或**杯葛**（boycott）則是最嚴厲的配額限制，它全面禁止特定產品的進口。可能會面臨外匯管制（Exchange control），亦即該政府對於外匯交易金額與外匯匯率予以管制。公司也可能面臨非**關稅貿易障礙**（nontariff trade barriers），像是於招標時對公司的歧視，或限定產品規格等，使產品喪失競爭的能力。同時，某些力量有助於國際間的貿易。例如，關稅暨貿易總協定和各式的區域自由貿易協定。

世界貿易組織及關稅暨貿易總協定：關稅貿易總協定（簡稱GATT）其具有五十四年歷史的條款，目的在透過降低關稅與消除其他國際貿易障礙以促進世界貿易。區域自由貿易區：一些國家已經成立自由貿易區或**經濟共同體**（economic communities），亦即一群同在國際貿易規範下，追求公司目標的國家所組成的群體，例如**歐洲共同體**（European Union，簡稱EU）。美國及加拿大自1989年起分階段撤銷了貿易障礙。1994年一月，北美自由貿易協定（NATFA）建立了一個橫跨美國、墨西哥及加拿大的自由貿易區，該協定創造了一

個擁有3.6億人口以及生產及消費金額達6.7兆美元的單一市場。其他例如中南美洲之六國聯合自由貿易區（MERCOSUR）包含了六個會員國，含阿根廷、巴西、烏拉圭、巴拉圭等主要會員以及玻利維亞及智利等聯屬會員國，涵蓋的人口為3億人，每年的合併產值為1兆美元，這些國家組成了僅次於歐洲共同體以及北美自由貿易協定後的第三大貿易聯盟，目前歐洲共同體與MERCOSUR正在會談關於自由貿易協定之事宜。

訂定自由貿易區的方針讓人感覺充滿機會，但自由貿易區相同也會引發部份困擾。例如因自由貿易協定將造成更多貪圖低廉工資的製造業外移他國，以致於失業率增加。相對環保人士的隱憂，企業為規避本國較嚴屬的環保規定而遷移至環保法規較不嚴格的國家地區，在現今地球村的觀念是無法永續經營的。

參與國際工程相關工作時，要特別了解及清楚，每一個國家皆具有其特色，一個國家是否能接受不同的產品及服務以及是否能吸引國外公司的青睞。端視其經濟、政治及法律、文化環境而定。

台灣歷經多年努力，終於在2008年12月9日經世界貿易組織（WTO）決議，通過加入其複邊協定「政府採購協定」（Agreement on Government Procurement，以下簡稱GPA），行政院於2008年12月25日通過我加入GPA案，12月26日送請立法院審議。立法院院會於2009年1月6日進行一讀並交付委員會審議，4月1日外交及國防委員會、經濟委員會、交通委員會聯席會議審議通過，並於4月17日朝野協商通過，立法院院會於2009年5月15日二讀通過。總統於2009年6月8日批准，我國於2009年6月15日將同意加入書通知WTO秘書長，2009年7月15日GPA對我國生效。在尚未加入WTO前所實行之方式為，依政府採購協定在1993年時之關稅暨貿易總協定（簡稱GATT）

烏拉圭回合談判議定，是屬一非強制性之協定，由WTO各會員國依其意願選擇加入後，在相互開放經談判議定之政府採購市場，其範圍涵蓋中央機關、中央以下次一級地方機關、事業機構所辦理之工程、財物及勞務採購。但在加入GPA後，以開放清單內的機關，達到門檻金額的採購，且都必須依互惠原則讓其他GPA會員國的廠商有機會參與；同樣的，其他會員國也會本著互惠原則及國民待遇的精神將市場開放給我國的廠商；惟基於文化、教育、國防安全等特殊考量之政府採購案件，可例外地排除適用GPA規定。

行政院在「提升工程產業國際競爭力方案」中提及，簽署GPA之後，國內會有2千多億元的政府採購市場向國外開放，而全球其他GPA簽署國則有6兆8千億元的政府採購市場，對台灣廠商開放，因此應積極掌握契機，加強輔導國內產業進軍國際市場。內容包括：健全產業發展、加強廠商輔導及獎勵、改善產業環境、強化技術研發及資訊整合、提升廠商國際競爭力、增進產官學界的互動及健全人力培訓機制及20餘項執行事項，並納入以推動生態工法、加強老舊市區都市更新等方式增進公共工程商機的議題。

依政府工程會統計的結果，在台灣向WTO提交之GPA採購清單上所載開放政府採購金額之門檻計算，台灣自2000年以來，政府採購案件中，符合對外國企業開放採購的案件數量及金額持續成長。以2006年為例，其採購金額比2005年增加了新台幣1,300億元，成長幅度達35.66%。在開放外國廠商參與政府採購案件占所有政府採購案件之比重觀察，2006年其比重達74.07%，亦創下新高。由此可知台灣龐大之政府採購市場商機，引起各國企業及其政府之重視，相對的台灣企業對國際市場也會有相當的成果。

根據WTO秘書處估計，參與GPA簽署國的政府採購市場總值每

年高達5.55兆美元,其中屬於GPA採購門檻以上,相對須開放供其他國家參與的採購金額,每年亦達3,900億美元,相當於新台幣12兆元。對於台灣企業而言,想參與國際工程相關事業,加入GPA實為開啟一扇重要的大門。

在預算達兩億五千萬元以上的中央公共工程中,開放國外廠商進入台灣的市場,是以較屬於當地(local)的產業,因此外國廠商進入台灣市場後,還是需要台灣本地企業的協助及合作,並且在合作當中,也可以藉而提昇我國工程的水準,實為雙贏政策。現階段國際的工程環境都在改變中,如美國企業部份就是以統包的方式來進行各項工程建設,也就是在接受到訂購之後,企業將所有部份自行去整合後,最後交出產品於客戶中。藉由與國際工程企業的合作,也可將台灣的技術與相關工程人員帶入國際市場。工程會副主委陳振川教授也談及,台灣正面臨國際化的轉型階段,尤其在簽署GPA後,工程領域相關人員也可藉此面對國際的挑戰,希望增進我們在國際上的競爭力。

經濟環境市場

國際工程市場中須瞭解各國的經濟情況,主要以產業結構及所得分配這兩個主要因素決定該國是否具有市場吸引力。產業結構塑造出該國對產品及所需之服務、所得水準和就業水準。較常見的四類產業結構的型態:

- 自給自足經濟:從事簡單的農業者多為經濟自給自足型。方式為消費自己的產出物,再將剩餘的產物作為交換簡單的產品與服務。此型態的經濟條件只能提供較少的市場機會。
- 原料出口經濟:大多為擁有一種或多種天然資源,但希望利

用其資源以補其不足。且收入的大部份來自於出口擁有的天然資源。此種形態多為需要大型設備、工具與器材及卡車等市場。

- 工業化經濟：工業化經濟形態中，製造業佔了國家經濟10%到20%的比重，例如埃及、菲律賓、印度及巴西。

- 工業經濟：工業經濟形態主要是製成品與投資資金的主要出口國。企業之間貿易商品，並出口至其他國家，以換取所需之原料和半成品。如此工業國家的製造活動多樣化，並擁有龐大的中產階級使其成為各式各樣產品的最佳市場。

第二個經濟環境市場影響之因素為國家的所得分配。自給自足經濟的國家大部分家庭的所得水準都非常低。相對的，工業化經濟的國家可能有低、中、高所得的家庭。也有國家只有非常低或非常高所得的家庭，然而即使是在低所得國家，也可能會有極富有的少數上層家庭。並且，在低所得以及開發中國家，人們也會去購買對他們很重要的商品。

政治法律環境

國際工程市場另外必須考量各國際間在政治法律環境上的落差，企業在決定要不要到某個國家營運時，必須要考慮到以下四個政治法律因素：該國對國際採購的態度、政府官僚程度、政治穩定性以及貨幣管制。

該國對**國際採購的態度**（attitude toward international buying），部份的國家能接受外國公司，但還是有一些則對本國之外的國家身懷敵意。**政府官僚體系**（government bureaucracy），即地主國政府有效運作以協助外國公司的程度，包含海關有效率、良好的市場資

訊，以及其他協助。政治穩定性（political stability）亦是另一個問題。政權會轉移，有時則非常激烈。即使政權未轉移，政府也可能做出某項順應民意的決定。國家的貨幣管制（monetary regulations）。賣方希望能將他們的利潤變成有價值的貨幣。理想上，買方可以用賣方的貨幣或其他貨幣支付。除此之外，賣方也可以接受當地**受外匯管制貨幣**（blocked currency）並利用該貨幣購買他們需要或可以銷售到其他地方的商品，以換取賣方所需要的貨幣。除了外匯管制外，匯率的變動也帶給賣方相當多的風險。

文化環境

每一個國家都有自己的風俗、規範和禁忌。在規範行銷計畫之前，賣方必須檢視各個不同國家的消費者對某項商品的想法和概況。瞭解文化傳統、偏好與行為，可以避免企業犯下困窘的錯誤，進而取得跨文化的商機。

非所有的公司都得國際化才能生存。例如，許多公司只是地域性企業，他們僅需在當地市場經營良好即可。在國內市場經營較容易也較安全。經紀人也不需去學習他國語言及法令，也不需去擔心匯率變動及面對他國政治或法律的不確定性，或者去重新設計該公司產品以符合他國人民的期望與需求。然而，在全球產業中經營的公司，由於他們在特定市場的策略性地位嚴重受到其全球市場地位的影響，因此如果想成功的話，必須與全世界競爭。

許多企業幻想與中國超過十三億的人口做生意。舉例來說，高露潔公司希望能於中國銷售牙膏並進而控制全世界最大的牙膏市場，因為中國人民並無刷牙習慣，故該公司認為潛能無限，中國農村的居民每天刷牙比例僅有20%，因而高露潔公司以及其他競爭者推出促銷

及教育計畫，計畫內容涵蓋廣告活動、學校宣傳以及贊助口腔保健機構。此一3.5億美元由當地牙膏品牌公司統治的市場，經由如此的努力後，高露潔的市場佔有率由1995年的7%成長到今日的24%。

　　以上內容在國際工程市場中，國際貿易制度、經濟、政治、與法律以及文化環境如何影響企業的決策企業必須瞭解全球市場環境，尤其在評估國外市場的經濟、政治及法律以及文化特色。決定是否要到海外發展以及思考其所面臨的潛在風險與利益。及決定產品的國際銷售，以及思考究竟要進入幾個國家市場，先進入哪一個國家的市場。權衡可能的投資報酬率與風險程度來做出決策。

　　可能的全球市場必須以下列幾個因素來評等，包括了市場規模、市場成長性、營運成本、競爭優勢與風險程度。利用表所列出的指標，目的在於決定出每個市場的潛力。

表　市場潛力的指標

1.人口特性	4.技術因素
人口規模大小 人口成長率 都市化程度 人口密度 人口的年齡結構與組成	科技水準 目前生產技術 目前教育技術 教育水準
2.地理特質	5.社會文化因素
國家實體大小 地形特色 氣候條件	主要價值觀 生活型態 種族群體 語言分歧
3.經濟因素	6.國家目標與計畫
平均每人國民生產毛額 所得分配 國民生產毛額成長率 投資對國民生產毛而的比率	產業優先性 公共基礎建設投資計畫

2-1.2 進入國際市場的主要方式

　　一旦決定國際工程的市場在何處時，就必須決定如何進入或以何種方法進入其市場。國際工程市場的特性和一般消費市場有些不同的特性：主要為購買者數目大少、購買者和供應商之關係、購買的需求所影響的波動、人員接觸、互惠及租賃方式等。

　　出口（exporting）是進入國外市場最簡便的方法。公司在母國生產所有商品，公司可能為國外市場需求而修改產品，也可能不修改。出口牽涉到公司產品線、組織、投資，或使命的變動是最少的。

　　公司通常透過獨立的國際行銷中間商來間接出口，作為國際化的開頭。間接出口所需投資較少，因為公司不需要一支海外推銷團隊或者一組接洽人員。所牽涉的風險也比較小。國際行銷的中間商（包括國內出口商或代理人、合作組織、出口管理公司等）多半會提供有關的技術與服務，因此賣方通常較不易犯錯。

　　公司可以用數種方法來直接出口：可以設定海外銷售分支機構來處理銷售、配銷，甚至推廣。銷售分支機構可以在國外市場有更多的知名度與計畫控制力，並可作為展示中心與顧客服務中心。公司也可以在某些時候派遣本國的銷售人員到國外，尋找商業機會。最後，公司可以經由外國的配銷商或代理商進行出口業務，其中配銷商買下並擁有貨物，後者則負責替公司銷售。

　　第二種進入市場的方法是合資（joint venturing），亦即與外國公司合作生產或行銷產品或服務。合資與出口的差異在於，公司跟合夥人合作銷售或行銷國外。他跟直接投資的差異在於，其關係是與某人建立的。合資的四種型態是：授權、合約製造、管理合約，以及聯

合所有權。

授權（Licensing）是製造商邁入國際市場的一個簡便方法。公司與國外市場的被授權人簽訂協議，被授權人支付一筆費用或權利金，取得產品製造流程、商標權、專利權、商業機密、其他等等之權力。公司因此得以較小的風險進入國外市場；被授權人則取得生產的專業經驗或者知名的產品或品牌而不用從零開始做起。

合約製造（contract manufacturing），亦即公司與國外的製造商簽訂契約，由國外製造商生產其產品或提供服務。

合約製造的缺點是，減低對製造過程的控制，以及損失製造上的潛在利潤。好處是可以迅速開始營運、風險較低，以及最終與當地製造商形成夥伴關係或買下當地製造商。

管理合約（management contracting）：在管理合約之下，本國公司提供管理技術給提供資本的國外公司。國內公司出口的是管理服務，並非產品。

管理合約是進入國外市場的一個低風險方法，並且能在開始營運時就產生收益。如果公司最後有權購買被管理公司的部分股權，這樣的合約更是吸引人。然而，如果公司可以把稀有的管理才能用在更好的地方，或是藉自行投資可以獲得較多的利潤，那麼這樣的安排是不智之舉。管理合約也限制被管理公司在某段期間內不得不經營自己生意。

聯合所有權（joint ownership）係指一家公司與國外投資者，合作建立一家當地企業，他們分享此企業的所有權與控制權。公司可能收購當地一家當地企業，或雙方組成一個新的事業。共同所有權可能是經濟或政治的理由造成的。公司可能缺乏財務、實體或管理資源，而無法單獨進行投資。或者是外國政府要求以共同所有權為進入

市場的條件。

聯合所有權也有某些缺點，合夥人可能不同意過度投資、行銷或不同意其他政策。美國的企業習慣將成長階段的獲利再投資，而當地的企業較偏好取回這些投資獲利；美國公司較強調行銷的重要性，而當地企業則僅僅仰賴銷售行為。

直接投資（direct investment）對國外市場介入最大。其意謂在國外設置組裝或製造廠房。如果公司已獲得出口經驗，且如果外國市場夠大的話，外國的生產設施有很多的好處。公司可以透過多種方式降低成本，例如廉價的勞力或原料、外國政府的投資獎勵，以及運費的節省等。公司可能因為創造就業機會，而改善在地主國的形象。通常，公司與政府、顧客、當地供應商，與配銷商建立更深入的關係，因此能夠針對當地市場修正產品。最後，公司保持對投資的完全控制權，因此可以發展出符合長期國際目標的製造與行銷策略。

直接投資的主要缺點是，公司面臨了許多風險，像是受管制或貨幣貶值、衰退的市場，或政權的轉移等風險。在某些情況下，要在地主國營運，別無選擇，必須要接受這些直接投資的風險。

今日，無論企業規模大小，再也不能僅僅是國內市場，現今許多產業已是全球產業，也就是已有許多企業已經進入全球市場以降低成本並達成其品牌認知，在此同時，國際市場也因為匯率的變動、政權的不穩定，保護關稅以及貿易障礙等等因素而充滿著風險，在既定的潛在獲利與國際市場風險之外，企業需要一種有系統方法以做出國際行銷決策。

綜合以上內容探討進入國際市場的三種主要方法，決定進入所選定市場的方式，究竟採用出口、合資或直接投資。普遍開始以出口進行，然後是合資，最後直接投資於國外市場。出口是指企業藉由國

際行銷仲介機構（間接外銷）或公司外銷部門、分支機構或銷售代表及機構（直接外銷）運送及銷售其產品以進入國外市場。而合資意謂著企業與國外公司共同投資以製造或行銷產品及服務進而進入國外市場。授權意謂著企業與國外被授權人簽訂合約，藉以提供製造程序、商標、專利權、商業機密、或其他有價值之物，以收取費用或權利金的方式進入國外市場。

第二節　國際工程市場的社會責任與道德及技術移轉和適當的技術

2-2.1 國際工程市場的社會責任與道德

　　談到社會責任（socially responsible）時，有少數早已付諸行動，這些社會先鋒們推動著「價值觀導向（values-led）」或「有良心的資本主義（caring capitalism）」的概念，他們的使命就是要讓這個世界更美好。

　　有良心的資本主義這種理念對那些創立者來說究竟出了什麼問題？根據一位分析家的陳述，認為「生意人就是軍事工業集團的工具，並將獲利視為一個骯髒的名詞」，自己也說「曾經有段時間我不得不承認自己是生意人，但我卻說不出口」，Roddick「我們不曾想過我們是美國或英國企業的一份子，如果想過的話，我們願意把手砍掉，我根本與大企業不相容」。

要同時兼顧價值觀與獲利這兩條底限並不簡單。

1980年代社會責任企業的經歷給了我們一個很好的教訓。以致造就了一群行動主義的新生代企業家,這些新生代企業家並不像以往的那些擁有雄心壯志卻痛恨資本主義社會行動者一樣,這些人受過良好的商業管理教育,並富有公司創立者解決問題的熱情。摘錄一些例子如下:

要賣什麼是很重要的:不僅僅是使命感,產品與服務也必須具備社會責任。

以從商為榮:

不像1980年代的先趨者一樣,這些新生代的創業者自認為自己是生意人,並且感到驕傲,這些人接受過良好的商業訓練,Honest Tea公司的創立者Seth Goldman在耶魯大學時就曾經贏得商業競賽,之後並與他的教授一起創立這家公司。Wild Planet的執行長Daniel Grossman是史丹佛大學的碩士。Sustainable Harvest公司David Griswold僱用商學院的畢業生,因為他深信成功就是「依靠競爭,並且善用商業規則。好的文憑就是一切」。

承諾去改變:

並經營他自己擁有的都市發展諮詢公司,以服務非營利單位、機構、學校以及政府。同時兼顧雙重底限(價值觀與獲利):現今的企業家以建立一家可行、會獲利的企業使命。「如你不能兩者兼顧的話,那你就不能成功」,他所建議生產環保產品的策略使World公司業績成長,就是雙重底限最好的例子。

「對社會責任的承諾並不能作為作出錯誤決策的藉口,假如我們

為了履行社會責任而失去生產低毛利產品，因而不具競爭性並吸引投資者，這反而對社會責任造成傷害」。

別用欺騙的技倆：

對這些公司而言社會責任並不是用來作為行銷或改善形象的工具。

詐欺行為可分為三種，包括詐欺式訂價、促銷及包裝。**詐欺式訂價**（deceptive pricing）包括不實的「工廠價」、「批發價」廣告，抑或是標是一個假的高價格後再大減價：**詐欺式促銷**（deceptive prom）包括過分渲染產品的特色與性能、引誘消費者到店裡購買已經缺貨的廉價品，或者是舉辦虛偽不實的競賽活動：**詐欺式包裝**（deceptive packaging）則包括透過精美的包裝以誇大包裝內容、產品包裝不實、使用令人產生誤解的標示、抑或是產品尺寸大小的不實標示。

企業被指控銷售過量的**私有財**（private goods）而忽略**公共財**（public goods）。當私有財增加時，人們需要更多的公共服務，而這些服務往往不是垂手可得的。例如，當私人汽車數量（私有財）增加時，就必須有更多的高速公路、交通管制、停車場、以及警察服務（公共財）。私有財過量銷售將導致「社會成本」。以汽車來說，社會成本包括交通阻塞、空氣汙染，以及交通事故所產生的傷亡等。

我們必須設法恢復公共財以及私有財之間的平衡。其中一種方式是要求製造商肩負起他們營運活動造成的社會成本增加。例如，政府可要求汽車製造商建造且具備更多安全特性，以及配備防止空氣汙染控制系統的汽車。如此一來，汽車製造商勢必提高車輛的價格，以彌補額外增加的成本。然而，假如消費者發現這樣的汽車訂價過高而不

願購買時，該製造商可能會因此而難以存活，以至消費者需求將轉向那些兼顧私有財與社會財成本支出的製造商。

企業所受到的另一種指控是文化的汙染。人們的感官一再飽受廣告的攻擊，商業廣告干擾主題嚴肅的節目、印刷刊物中的廣告喧賓奪主、美麗的自然景觀亦為戶外廣告看板所破壞。這些廣告持續地以物質主義、性、權力，或是地位等訊息污染著人們的心靈。雖然大多數的人們並不覺得廣告會使人感到厭煩（某些人甚至認為廣告是電視節目中最精彩的部份），但有些評論者則要求廣告應做徹底的改變。

另一個批評是企業運用太多的政治勢力。某些參議員支持石油、菸草、汽車，以及藥品業者的權益，而使大眾權益受損。廣告者被指控對大眾媒體擁有過大的影響權力，限制大眾媒體獨立及客觀的報導自由。

企業的經營活動常被某些人指責為經濟及社會的弊病，許多草根性的活動不時出現以使企業不逾矩。其中兩種主要的活動為消費者主義（consumerism）及環境保護主義（environmentalism）。

消費者主義

美國企業已經三度成為有組織的消費者運動的目標。第一次消費者運動生於1900年代初期，該項活動肇因於物價上漲，第二次消費者運動發生於1930年代中期，因經濟大蕭條以及另一個藥品醜聞期間的物價大幅度上漲所起。第三次的消費者運動於1960年代開始，消費者的知識水準提高，而商品變得更為複雜並且更具危險性，故對美國的整體機構組織體制感到不滿。

消費者主義（consumerism）就是一種結合人民與政府機關之行動已改進消費者權益，並打破由賣方所主導市場之行為。

消費者不僅具有防止自身受到傷害的權利，也有盡量防止自身受害的責任。消費者不可單單期望保護的責任落在別人身上。

環境保護主義

消費者保護人士所致力的行銷系統是否有效地滿足消費者的需求，而環境保護主義則關心行銷活動對於環境所造成的影響，以及滿足消費者需求與慾望時所耗費的成本。環境保護主義（Enviromentalism）是一種結合人民與政府機關以保護並改善生活環境之行為。環境保護主義者並非反對行銷以及消費活動。他們只希望人與組織在運作時能更加關心環境。

美國第一波環境保護浪潮起自於1960年代及1970年代，起因於環境保護主義者及相關消費者關心掠奪式採礦、森林的砍伐、酸雨、臭氧層的消失、有毒廢棄物，以及垃圾問題等所造成的生態系統損害而發起。他們也因休閒遊樂區愈減少、空氣骯髒、水質污染，以及化學品氾濫的食物所引起的健康問題等感到憂心。

第二波環境保護浪潮起自於1970年代及1980年代，此波環保浪潮係由政府所主導，為了因應產業活動對環境造成衝擊，此一期間政府立法訂定許多環保法規，而某些產業也因法令的訂定而痛苦萬分，鋼鐵公司以及水電公共事業被迫投資數十億美金於污染控制設備以及較昂貴的燃料上；汽車產業被迫在所推出的汽車中，配備昂貴的廢氣排放控制設備；包裝業者被要求降低非必要的材料的使用量，以降低廢棄物的產生。這些產業通常憎恨環境保護法，特別是法案有時因為推出或實施過於迅速，使得公司來不及作適度的應變。許多公司宣稱，他們必須吸收這樣的高額成本，而使其競爭力降低。

前兩波的環保浪潮如今已合併形成第三波環境保護浪潮，此波

浪潮促使企業將環境保護視為公司的責任，如今環境保護已從保護轉變成防止，從規範轉變為責任，有越來越多的公司將環境的永續性（environmental sustainability）列為公司政策，並發展出兼具環境永續及產品獲利策略。一位策略分析師評論道「發展全球經濟永續性的挑戰：地球能永遠負荷的經濟……這是一個巨大的挑戰但也充滿著許多的機會」。

永續性是一個嚴厲且困難重重的目標。

圖中的內容可測試公司環境永續性進展階段。最基本的階段為防止污染。防止污染與控制污染不同，控制污染意味著生產過程仍有廢棄物產生，而公司將其清除。防止污染的意義就是消除或減低廢棄物的產生。防止污染的觀念與綠色行銷（green marketing）計畫不謀而合，其主要強調公司應開發不危害生態環境的產品、可回收以及可分解的產品包裝，更好的汙染控制以及節省能源的生產過程。

	內部	外部
明日	**新環保科技** 我們的產品所具有的環保功能是否受既存的科技所限制？ 是否能經由新科技加以改善？	**永續願景** 我們公司的願景可否指引我們去解決社會及環保問題？ 我們公司的願景可否指導我們去開發新技術、新市場、新產品及新的生產程序？
今日	**防止污染** 公司現實的生產過程中，到處會產生重大的廢棄物及廢氣？ 我們可否藉由減少廢棄物來源，或將廢棄物再利用以降低營運成本及風險？	**產品管理** 假如我們將產品整個生命週期視為公司責任，那對產品設計與開發的涵意為何？ 將產品對環境的衝擊降低時，可否同時增加產品價值或降低產品成本？

圖　環境永續性衡量表

在1970年的地球日（Earth Day），新興的環境保護運動者首次發動大規模的運動，以教育人們污染的危險性。此舉為相當艱困的工

作，因為當時大多數人對環保問題並沒有太大興趣。然而，經過多年之後，環保主義者終於獲得廣泛群眾的支持。人們每天所聽到讀者的是有關一大串的環保問題，全球溫室效應、酸雨、臭氧層的破壞、空氣及水污染、有毒廢棄物的拋棄、固態垃圾的堆積等，並謀求解決之道。

　　新環保主義引發消費者重新思考他們所購買的是怎樣的產品，以及向怎樣的公司購買。將近87%的美國人關心環保，Roper Starch將這些具有環保意識的消費者稱為「美鈔環保者（greenback greens）」，也就是這些人比較偏好出錢來支持環保，而甚少捲起袖子去當環保志工。這種消費者態度的轉變引發了一種所謂「綠色行銷」的新主流，由公司開發並行銷一些對環境負責的產品。投入「綠色」理念的公司不僅追求環境的整頓與清理，並致力於污染防治管理。真正的「綠色」作業要求公司落實廢棄物管理的3R，一即減量（reducing）、再利用（reusing），以及再生（recycling）。

　　在各行各業中已經有相當多的製造商回應環保的訴求。例如，3M公司推行污染防治有利計劃（Pollution Prevention Pay），實質地降低汙染與成本。

　　服務業也加入「綠色」的行列，研究指出，遊客願意多付8%的費用以求能在講求環保的飯店裡住宿。

　　甚至零售商也爭相加入「綠色」的行列。例如Grow Biz公司花費了一億美金以銷售二手的設備，一些如「再玩一次（Play It Again）」、Once Upon a Child等皆為其接洽之零售連鎖店。

　　網際網路的誕生也助長了綠色運動，某位分析家說「網路購物今那些忙碌具有環保意識的消費者成為環保行動者（environmental activism）」。

線上慈善購物中心如GreaterGood.com、ShopFor Change以及iGive等，捐贈消費者線上購物價款的一部份給慈善團體，如綠色組織或其他等，而消費者只要輕輕按下所欲捐贈的對象，如拯救熱帶雨林網站（The Rain Forest Site），則捐贈金額將入到該團體的帳戶內。

在這新環保主義的初期，環境保護者以及立法者有點擔憂某些公司幾乎濫用可回收（recyclable）、可由微生物加以分解（degradable），以及對環境負責（environmentally responsible）等等的訴求。或許同樣令人擔憂的是，當越來越多的行銷人員使用「綠色」的行銷訴求，使得愈來愈多的消費者認為這些不過環境保護者已經邁入一個成熟且更深、更廣且更複雜的階段，一位分析師提出「有著老鷹與山林美景的廣告，將不再吸引環保意識複雜的觀眾」，「人們想要知道的是公司將環境保護價值納入其製造程序、產品、包裝，以及整體公司文化的一環」。

某些公司對消費者環境關切的回應，僅僅是為了規避新的法規，抑或僅僅要讓環保人士閉嘴。但某些較開明的公司所採取的行動，則不僅僅是因為有人強迫他們如此做，抑或是獲取短期的利益，而是認為那是他們該做的事。他們確信今日對環境保護的遠見，將使他們在明日獲得報償，對公司本身及消費者都同蒙其利。

環境永續性第三階段就是公司能展望未來並且從事新環保科技的研發。許多公司或許在防止污染與產品管理這兩階段表現不錯，但是礙於現有技術的限制而無法更上一層樓。

公司最後會進入永續性願景此一最後階段，以作為未來發展的準則。進入此階段將意味著公司必須將環境永續性的觀念納入產品、服務、作業程序以及政策之中，並且開發新技術以達成環境的永續性

展，亦即永續願景就是包含前面所說的三種階段：防止污染、產品管理以及新環保科技。

今日大部分的公司僅投資於防止污染的工作上，如圖16-1左下角的象限，而一些較具遠見的公司則已進入產品管理以及新環保科技的階段，僅僅只有少數的公司具有永續願景。僅僅強調圖16-1某個象限或已達到兩至三個象限，則仍嫌短視。

環境保護者給予全球行銷人員許多挑戰，如同國際貿易壁壘的消逝以及全球市場的蓬勃發展，環境問題對國際貿易帶來前所未有的衝擊，在北美、西歐等已開發國家，現今已發展出非常嚴苛的環保標準。北美自由貿易協定（NAFTA）的權責之一就是解決環境問題，而歐洲聯盟的生態管理及稽核法規（Eco-Management and Audit Regulation）提供了自我規範的環保準則。

在最近的民調顯示，近92%的消費者認為一間好的公司除了獲利之外，也應扮好其身為法人公民（corporate citizen）的角色，而且超過三分之二以上的受訪者表示，如果兩家公司產品價格及品質差不多，他們會選擇擁有社會責任公司的品牌或零售商，為此公司將付諸行動，舉凡支持公益以及將公司使命與社會責任、公司應盡職責相結合。在過去十年裡，因果關係行銷（cause-related marketing）已成長了五倍。

但哪些指導方針可引導公司以及行銷經理處理道德及社會責任的問題呢？

一種處理哲學是這樣的，這類議題應當由自由市場機能與法律體系來決定。在此原則之下，公司及行銷經理不必對道德判斷負責。公司可在體系允許的情況下，可問心無愧的運作。

第二種處理哲學是體系不承擔責任，而是由個別公司及經理人

員來承擔。這種哲學較開明,它建議公司應有一個「社會良心」。公司及經理人員在進行決策時,不論體系是否允許這樣作為,都應該根據較高的道德標準。歷史早已提供了無數的個案,說明即使法律許可,並為市場體系所接受,但公司的所作仍是極不負責任的。

每家公司及每位行銷經理必須發展一套對社會負責及具道德的行為哲學。在社會行銷觀念下,每一位經理必須在合法的和被市場體系接受的範圍之上,發展一套根據個人正義感、公司意識,以及消費者長期福祉的標準。清楚且負責任的哲學體系將可協助行銷經理應付行銷及其他人事活動所引起的相互糾葛的問題。

就如同環境保護主義問題,道德問題對國際行銷人員而言是項特別的挑戰。商業標準及實務常常隨國家之差異而有顯著的不同。例如:雖然賄賂與回扣在美國是非法的,但在許多的南美洲國家卻是標準的商業行為。問題是,公司是否應該降低公司其道德標準,以便在低道德標準的國家有效地競爭。

許多產業商會及專業人員協會已經制定了道德準則,而許多公司正採行公司自訂的準則。公司也正發展道德計畫,以教導經理人重要的道德議題,並且協助他們找出適當的應付之道。他們每年召開道德研討會以及建立道德委員會。

再者,超過兩百家的主要美國公司,有任命高階的道德主管負責處理道德議題,並協助解決員工遭遇的道德問題以及不自在的道德情況。

許多公司已經發展出新穎的方式以教育員工有關的道德議題:

然而,擬妥的道德準則及道德計畫並無法確保所作所為皆合乎道德。道德及社會責任需要整體公司人員的投入與參與,並且成為整體公司文化的一環。

　　在新的千禧年裡，對行銷經理而言，未來無疑將充滿許多的機會與挑戰。從電信、資訊科技以及網際網路、健康保險以及娛樂等各領域、都將提供豐富的行銷機會。然而，社會經濟、文化，以及自然環境等種種力量，卻增加了對行銷活動的限制。能夠在擔負社會責任下創造新消費者價值的公司，必將能夠征服整個世界。

　　環境保護主義就是一種結合人民與政府機關以改善生活環境之行為。現代第一波的環境保護主義浪潮係由環保團體以及關心的消費者所發起，然而第二波浪潮係由政府所主導，藉由法令的訂定以監控產業活動對環境衝擊，邁入二十一世紀，前兩波的環境保護主義浪潮產生了更強大的第三波浪潮，這波浪潮中公司肩負起不讓環境受傷害的社會責任，公司現今已經採納環境永續性的政策，即企業應採行管理方法以發展兼顧環保及生產利潤之策略。

　　許多公司對於這類的社會運動及法律抱持反對的態度，但他們之中的大多數現在已經意識到消費者需要正面的資訊、教育與保障。一些公司已經遵行開明行銷的政策，意即強調企業應注重行銷制度之長期績效，開明行銷包含五個主要原則：消費者導向行銷、創新行銷、價值行銷、使命感行銷及社會行銷。

　　在越來越多公司提供公司政策及指導原則以幫助該公司經理處理行銷道德問題。即使是最好的道德指導原則也無法解決道德決策時所遭遇的問題。但有些原則卻是行銷人員可以選擇的。一種處理原則是這樣的，這類議題應當由自由市場機能與法律體系來決定。第二種處理原則是體系不承擔責任，而是由個別公司及經理人員承擔。每家公司及每位行銷經理必須發展一套對社會負責具道德的行為哲學。在社會行銷觀念下，每一位經理必須在合法的和被市場體系接受範圍之上，發展一套根據個人正義感、公司意識，及消費者長期福祉標

準。

因為商業標準與活動會因國情不同而變化，國際行銷人員也將面臨道德問題挑戰。現今行銷人員越來越多輿論，是故訂一套全世界共同的道德標準的承諾是重要的。

未來台灣也可以比照美國工程界的模式，讓產業與銀行可以共同整合出倫理規範，讓負責公共工程的人員可以很坦然地去做事。「沒有不當的壓力，工程師才能很勇敢的去推動工程，這樣也才能讓工程界的環境更健康，大家做起事情來也更順利。」，希望未來工程建設能夠透明化，減少貪污情事，並且大家在工程倫理上能樹立更高的標準，這麼做除了對推動工程有好處，對整個國家的國際形象、政府的效能，也都會有很大幫助。

2-2.2 技術移轉和適當的技術

技術移轉是一種過程，移轉技術到一個嶄新的地方並在那裡實行，從一個熟悉的環境移轉到新環境。技術包括硬體（機器與安裝）及技巧（組織、管理步驟）。

全球化營運的技術移轉

在全球市場競爭的產業環境中，沒有一家企業能夠逃避全球化營運發展的趨勢。發達國家企業為了尋找更具競爭力的生產資源，為了更接近市場客戶，已紛紛到全球各地投資設廠。但海外設廠除了需要資金投入以外，必然也涉及技術移轉的議題。許多赴海外投資設廠的外商，也面臨分工定位的問題，尤其需要將多少技術移轉海外子公司，更是一項難以拿捏的決定。

學者對於技術移轉績效的研究發現：

(1)有效的技術移轉為人員密集而非文件密集，因此人際溝通互動與合作研究將極為重要。

(2)影響技術移轉成效的因素有：技術的複雜程度、技術提供者與接收者的組織環境、技術提供者的移轉能力與技術接收者的吸收能力、技術接收者使用新技術的動機與策略目標

(3)一般後進地區移轉過新的技術，其技術移轉績效較低，原因是：移轉成本高、吸收效果差、使用成本高、擴散效率低等。

技術移轉的標的組成：

・實體系統（外顯知識）

・管理系統（外顯與內隱知識）

・技術與知識（複雜的外顯與內隱知識）

・企業價值觀（不可言喻的內隱知識）

但技術移轉的最終目的還是在於發展接收者的核心能力。

移轉過程中的知識流動

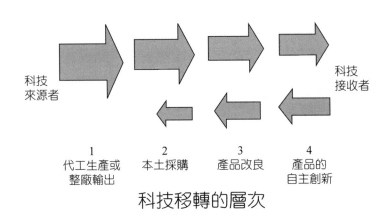

科技
來源者

科技
接收者

1	2	3	4
代工生產或 整廠輸出	本土採購	產品改良	產品的 自主創新

科技移轉的層次

技術移轉模式

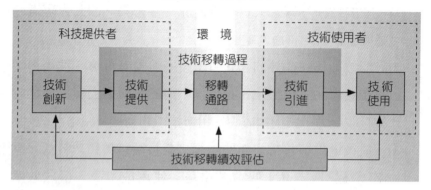

(1)跨國間能力與技術的移轉,一般需要經過很長的時間,因此移轉者的動機與長期承諾,將至為關鍵。

(2)技術移轉的模式方法、組織環境、文化差距,都會影響技術移轉的效率。

技術移轉所受到的限制因素:

・提供者的技術移轉經驗

・接收者的技術能力

・技術移轉模式的溝通與協調機制

・供需雙方的利益衝突程度

・技術本身的合宜程度

第三節 國際的新興市場-BRICs

高盛公司在2003年的一本報告紅透半天邊,將四個國家捧上天,形成「金磚四國」這誘人的名詞。金磚四國是指巴西、俄羅

斯、印度及中國四個有希望在幾十年內取代七大工業國組織成為世界最大經濟體的國家。這個簡稱來自這四個國家的英文國名開頭字母所組成的詞BRIC（Brazil, Russia, India, China），其發音類似英文的「磚塊（BRICK）」一詞。

新興工業化國家是指那些經濟上還沒有達到第一世界的標準，但是在宏觀經濟學的角度已經超過了其他發展中國家的國家。新興工業化國家的另一個特點是這些國家正在經歷快速的經濟增長（通常是出口導向型）。新興工業化國家通常還有一些其他的共同特點：

　1.社會自由和民事權利的增長

　2.從農業到工業經濟的轉換，特別是像製造業的轉換

　3.逐漸增長的開放市場經濟，允許同世界上其他國家進行自由貿易

　4.來自外國的大量的資本投資

　5.足以影響某些區域的政治領導地位

　6.貧困率減少

巴西、俄羅斯、印度及中國的經濟發展前景極好，四國將在2050年位列世界最強經濟體（高盛公司的研究報告）四個國家將擁有超過全球40%的人口和14.051萬億美元的國內生產總值。無論從任何方面講，它們都將成為世界上最大的經濟實體。尤其又以最後兩塊最受矚目，這兩個具有悠久歷史的文明古國，既有輝煌的過去，且地大物博，都相同被西方強國欺壓，人口數亦是全球之一二名，因此可見將來在市場上的發展是無可限量。這些國家均有大國再起之架式，由其「新興經濟成長國家」就可得知是因搭上「現代經濟成長」的列車，才逐漸綻放光芒。

發展潛力-包括其規模大小、佔世界經濟的地位，及到目前的實際成長績效以及今後發展之預測。

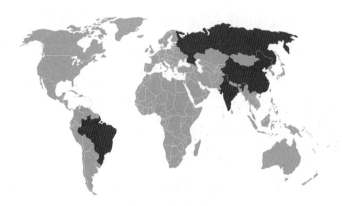

圖　新興的工業國家-BRICs

Brazil,

圖　新興的工業國家-巴西

巴西聯邦共和國

　　巴西聯邦共和國是拉丁美洲最大的國家，人口數居世界第五。其國土位於中南美洲與大西洋之間，面積為世界第五大，巴西擁有遼闊的農田和廣袤的雨林。

　　全境大部份為熱帶氣候，亞馬遜平原為赤道多雨氣候，巴西高原為熱帶乾濕季氣候，最南部為亞熱帶濕潤氣候，偶見霜雪。亞馬遜平原降水豐沛，東北部地區略為乾燥。

　　巴西農業、採掘業、製造業和服務業較為發達，勞動力充足。巴西國內生產總值（購買力平價法）在拉丁美洲位居第一，對世界市場影響日益擴大。主要出口商品有：咖啡、大豆、鐵礦石、橙汁、鋼鐵、飛機。巴西的GDP年平均增長率達到5.4%，人均GDP為9351美元。

　　巴西建國以來久，一直以英國、美國和日本等先進國家的重債務國，加上70年代的經濟政策的錯誤，更加債務激增。80年代更被通貨膨脹莫大的積累債務而困擾，貨幣變成了紙片一樣；在1999年發生了的巴西貨幣危機，由於IMF和美國的應急貸款才得以迴避更嚴重的窘境，2002年之後當時的政權進行擴大發展國家的貿易，巴西才朝向解除積累很長的債務問題的。此後的經濟復甦，2007年還清對國際貨幣基金組織的債務，從債務國轉變了債權國。

　　巴西的重工業，尤其航空產業繁盛，在1969年就設立有其相關產業，現在占有有近一半的小型噴射機市場的生產，主要出口以歐美各國和日本為首等世界各國的市場，其技術能力也得到著很高的評價。

　　巴西因為有廉價的勞動力和豐富的天然資源，2004年的國民生產總值（GNP）占世界第9名，在南半球及南美的國家中，為最大的經濟規模。咖啡的出口量，是世界第1位。但因咖啡的生產過剩，導致國際價格暴跌。為了減低對咖啡生產的依賴，改成獎勵對玉米、大豆和甘蔗等的栽培。由於甘蔗大量的栽培，2007年時生質酒精生產，除了內需生產量有富餘外，還能進行出口外銷。在生質酒精的世界市場中，巴西所佔的比例達到7成以上。在能源資源短缺現在，巴西的能源市場的存在感比起2000年初，變得急劇地增大。巴西國內水資源豐富，水力發電佔的比例大。除了與巴拉圭共同建設的世界最

大的水庫外，國內各地亦有相當的水庫數量。

圖　Itaipu水庫。前方是巴拉圭，後面是巴西。

Russia,

圖　新興的工業國家—俄羅斯

俄羅斯聯邦

俄羅斯聯邦通稱俄羅斯、俄國，是世界上面積最大的國家，地域跨越歐亞兩個大洲。作為前蘇聯的主要加盟共和國和其最大的繼承國，俄羅斯聯邦雖然沒有能力繼承蘇聯的超級大國地位，但俄羅斯聯邦還是一個國際承認的十分有影響力的世界性大國，亦是世界第二軍事強國。為聯合國安全理事會常任理事國，對議案擁有否決權。

第二次石油危機後油價下跌導致貿易經常帳惡化，促使1980年後發動數項經濟改革，並停止經濟援助古巴、東德及東歐在內的其他共產主義國家。在蘇聯解體後的十多年間，俄羅斯聯邦依然掙扎著建立現代化的市場經濟以及實現較強的經濟增長。2006年底，俄羅斯完成了持續八年的增長，從1998年的金融危機開始年均6.7%的增長率，儘管其間人口呈高負增長。

俄羅斯聯邦依然十分倚賴天然資源的出口，特別是佔總出口80%的石油、天然氣、金屬以及木材。目前俄羅斯已成為全球最大的天然氣出口國及OPEC以外最大的原油輸出國。

2005年底，俄羅斯國民生產總值由1999年的1570億美元恢復增長到約7500億美元，黃金外匯儲備由1998年底的不足100億美元增長到1822億美元。直至2006年底更已突破了2800億美元儲蓄大關，成為世界上擁有最多外匯儲蓄的國家之一。

印度共和國，通稱**印度**，是南亞地區最大的國家，面積為3,287,590（包含全部有爭議的領土）或3,201,446（包含有爭議並實際控制的領土）平方公里，居世界第七位。

圖　新興的工業國家—印度

India,

　　印度是世界上人口第二多的國家,擁有人口11億(2005年),僅次於中國。印度民族和種族眾多,號稱「民族博物館」,印度各個民族都擁有各自的語言, 另外,印度也是一個多宗教的國家,世界上幾乎所有宗教都能在印度找到信眾。

　　印度經濟以耕種、現代農業、手工業、現代工業以及其支撐產業為主。全國仍有四分之一人口無法溫飽。印度製造業出口已經開始下滑,全國很多地區電力供應依然不足。印度有很多精通英語的人口,目前是21世紀全球最主要的資訊服務業生產國、電腦軟體出口國以及眾多軟體工程師的祖國。

　　印度實行民主政治的同時,還並行著準社會主義,國有企業民營化和部分領域開放對私人以及外國投資的設限,至於相關的政治爭論將持續不斷。

　　印度2008年國內生產總值3兆美元,在世界排行第四,僅次於美國、中國和日本。 社會財富在印度這樣一個發展中國家極度不平衡,全國10%的人口掌控全國33%的收入。印度有6億多勞動人口,其中50%從事農業或農業相關行業,28%從事服務業及相關產業;從事工業的佔18%。以佔GDP比例來看,農業佔GDP的19.9%,服務業和工業分別佔60.7%和19.3%。印度已經成為軟體業出口的霸主,金融、研究、技術服務等等也即將成為全球重要出口國。印度最重要的貿易夥伴是美國、歐盟、日本、中國和阿拉伯聯合大公國。

　　產業結構以農業和服務行業的比率較高,而有逐漸走向減少農業而轉向服務業之傾向。

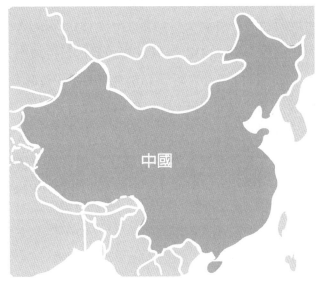

圖　新興的工業國家—中國

China

　　中國、俄羅斯、巴西和印度已經或者正在改變自己的政治體制,以適應全球資本主義。

中國和印度分別將成為世界上最主要的製成品和服務提供者，而巴西和俄羅斯相應的將成為世界上最主要的原材料提供者鑒於巴西和俄羅斯可以為中國和印度提供所需的原材料，金磚四國將更加廣泛的合作。

巴西盛產大豆和鐵礦石，而俄羅斯有極為豐富且豐沛的石油和天然氣資源。

據預測，「金磚四國」將有能力組成強大經濟集團，從而取代現在八大工業國組織的地位。

爭議

(1)中國和俄國缺乏完整的民主制度可能會在未來形成問題；(2)中國大陸可能與台灣發生衝突是隱憂之一；(3)俄國的人口正穩定地下降可能對它造成影響；(4)巴西的經濟預測已經持續幾十年了，但是到目前為止都不符投資者的期望；(5)金磚四國的貧窮人口廣大。

這些會對經濟造成阻礙因為它會影響政府財務，增加社會不安，以及限制國內經濟需求。國際衝突、國內的不穩定、政治政策、疾病與恐怖主義的爆發，都是阻礙這些國家經濟發展的可能原因。最後，金磚四國的經濟發展可能會對全球環境帶來無法預測的結果。

印度與中國

這兩個具有悠久歷史的文明古國，既有輝煌的過去，且地大物博，都相同被西方強國欺壓，人口數亦是全球之一、二名，因此可見將來在市場上的發展是無可限量。不過，兩國的發展是先後有別的，中國先在1978年底拋棄共產主義朝向自由經濟，開始發展經

濟。印度這個以種姓制度嚴格分層的國家，一直到1991年才進入經濟改革，兩國的經改褒貶互見；中國在亞洲曾統治許多國家，現在的國家版圖也縮小不少，但因中間經過一些戰亂分合，中國從未不切實際地緬懷那些光榮歲月。目前在國際間的地位已舉足輕重，但中國人是小心翼翼，深怕飛得越高、摔得越重。相對的印度被認為患了殖民地後遺症，懷念早期在大英帝國殖民下的光輝歲月，近年更在西方國家的大捧特捧下，希望藉其制衡中國；雖然中國和印度兩國的民族複雜、貧富不均，但由於印度國內宗教互爭嚴重、基礎建設落後，繁榮只表現在表象的證券市場，這就是兩國的崛起過程中不同之處。

中國若堅持以中共一黨獨裁專制，不注重人權及自由，其虛幻的泡沫經濟下不難保證，亦很快成為泡沫，甚至崩潰。反觀古老民主國家印度，脫掉社會主義進入自由經濟，有神論的文化生活和宗教信仰，反而較中國演進的較為踏實。

中國與俄羅斯

中國與俄羅斯所將面臨的機會與挑戰予以介紹：

中國在各項的補助及存款的增加，其消費者的購買力驚人，中國這個快速成長的經濟體鼓勵世界各國的企業到中國設廠。除了昔日共產黨的宣傳外，現在的廣告看板也傳達著「給中國一個機會」這樣的訊息。

中國市場雖然充滿著潛能，但是現今在中國經商仍存著許多障礙。例如許多地方政府對特定產品的差別待遇。此外配銷通路尚未健全，以致僅能依靠上千間小商店零星的倉儲能力。另外公共基礎建設的不完善，導致從廣東經由鐵路運輸物品至北京耗十一個月。一些聰明的企業，如Allied Signal 以及柯達，嘗試與中國政府單位或企業合

夥,以滲入中國國內配銷通路聘經由他們僱用有經驗的人員,以此跳過所面臨的障礙。

　　美國企業最主要關切的問題就是中國不良的人權紀錄。Levi Strauss就是基於此一考量才從中國撤出。但其他美國企業卻認為中國工業化將會改善中國的人權問題。因此3M的發言人說:「支持商業化將使中國人民獲得經濟及政治的自由」。

　　現今的俄羅斯充滿著商機,擁有1.45億人口及國內生產毛額成長7.2%以上;人口結構年輕、教育程度高並充滿文化氣息;年輕的中產階層正在崛起,商業活動興盛。

　　俄羅斯如今依靠著國內經濟的復甦,新興的中產階級正從以往的共產主義的無產階級中誕生,分析家預估約有一千二百萬到三千萬的俄羅斯人民,屬於中產階級,約佔全俄羅斯人口數1.45億人的8%到20%。

　　從1988年瀕臨崩潰邊緣,如今俄羅斯隨著人口的增加以及經濟的成長,使的該國成為極具吸引力的新興市場。在1997年至2000年之間,俄羅斯的國內生產毛額增加約38%,約合6231億美元,同期間美國的國內生產毛額僅增加20%,約合100億美元。與其它新興國家相較,俄羅斯人民的文化素質遠勝他國。該國人民亦極力擁抱科技;現今電視已深入俄羅斯家庭,而雙向通訊對俄羅斯來說僅僅剛剛起步,但成長迅速。

　　俄羅斯市場並不是十全十美的。此一快速成長的市場官員貪污仍舊非常普遍,並且缺乏基本的商業管理措施,該國的貨幣流通性也不足而企業文化普遍不歡迎美國企業。

　　雖然美國企業認為俄羅斯目前的現況已較以往有所改善,但他們仍舊會經歷到其他新興市場所面臨的挑戰。除了貪污以及貨幣流通的

問題之外，文化及社會習慣的差異，也會影響商業活動的進行。

南非與印尼

　　南非（South Africa）是非洲經濟最發達的國家，人均國民收入為3630美元，也被認為是最具經濟增長潛力的國家之一。南非經濟開放程度較高，具有完善的基礎設施，以及豐富的礦產等自然資源。

　　南非有著發展經濟的有利條件和獨特優勢，其黃白金、錳、釩、鉻、鈦、硅鋁酸鹽的儲量均居世界第一位，鑽石、石棉、銅、鈾以及煤、鐵、鈦、雲母、鉛等的蘊藏量也極為豐富。目前南非黃金、鑽石、釩、錳、鉻、銻、鈾、石棉等的產量均居世界前列。礦業、制造業、建築業和能源業是南非工業四大部門，南非農業也較發達，蔗糖出口量居世界前列，旅遊業資源豐富，設施完善，是南非第三大外匯收入和就業部門。

　　印尼（Indonesia）　經濟專家認為，由於擁有豐富的自然資源和大量的廉價勞動力，印尼的經濟發展具有巨大潛力。2007年第三季度，印尼的經濟增長率為6.5%，是1997年以來同期增長最快的。印尼政府預計，今年全年有望實現甚至超過增長6.3%的預定目標。印尼總統蘇西洛前不久向國會提交了明年經濟增長6.8%的計劃目標。

參考：

表：中華民國進出口貿易國家（地區）名次表2010/01-2010/06

代碼	中文名稱	英文名稱	貿易總額（含復運資料）			出口＋復出			進口＋復進		
			名次	金額	比重（%）	名次	金額	比重（%）	名次	金額	比重（%）
CN	中國大陸	CHINA	1	54,567,916,707	21.677	1	38,162,413,628	28.932	2	16,405,503,079	13.690
ID	印尼	INDONESIA	11	4,900,238,797	1.947	13	2,095,736,324	1.589	11	2,804,502,473	2.340
IN	印度	INDIA	17	3,087,398,652	1.226	15	1,632,693,157	1.238	14	1,454,705,495	1.214
BR	巴西	BRAZIL	21	1,805,314,011	0.717	18	882,738,352	0.669	25	922,575,659	0.770
RU	俄羅斯	RUSSIA	23	1,721,199,773	0.684	25	472,905,803	0.359	18	1,248,293,970	1.042
ZA	南非	SOUTH AFRICA	32	946,701,699	0.376	30	372,306,344	0.282	32	574,395,355	0.479

行政院公共工程委員會：「提升工程產業國際競爭力方案」

壹、背景說明

　　近年來，工程產業面臨國內整體經濟環境之影響，以及國外大型公司透過共同投標分食國內重大工程市場之衝擊，業者的生存空間日益受到壓縮，無論是營造、建材以及規劃設計等相關產業皆面臨經營的困境。同時，我國已於九十一年加入世界貿易組織（WTO），面對全球化競爭時代的來臨，政府應如何健全產業環境，並協助業者從國際化的眼光重新調整競爭策略，進而提升產業國際競爭力，實為工

程產業當前最重要的課題。

此外，我國簽署政府採購協定（GPA）之後，未來國內將有新臺幣二千億餘元之政府採購市場向國外開放，而全球其他政府採購協定簽署國則有約新臺幣六兆八千億餘元之政府採購市場對我國廠商開放，政府應積極掌握契機，加強輔導國內產業進軍國際市場。 行政院公共工程委員會（以下簡稱本會）為協助營建產業因應未來工程市場之衝擊，於九十年七月至十二月間，即委託財團法人台灣營建研究院進行「提升台灣營建產業國際競爭力之研究」，該研究分別由產業發展方向與政策、產業環境建置、營建技術能力及人力資源等四個層面，分析提升國內營建產業國際競爭力之問題，並研擬四十項具體推動措施。

本會嗣以上述研究所獲致之結論為基礎，擬具七項採行措施及二十四項執行事項，並按完成之時程，區分為預定於一年內完成之近程執行事項及預定一年以上完成之中長程執行事項，經邀集業界及各相關部會討論後，彙整成「提升工程產業國際競爭力方案」。

貳、執行目標

一、建立優質產業環境，增進產業創新研發能力，促進永續經營與發展。

二、掌握國際市場與競爭發展趨勢，強化產業體質，提升工程產業競爭力。

參、採行措施

一、健全產業發展

二、加強廠商輔導及獎勵

三、改善產業環境

四、強化技術研發及資訊整合

五、提升廠商國際競爭力

六、增進產官學研之互動

七、健全人力培訓機制

肆、考核及獎勵

一、本方案各執行事項，各主（協）辦機關應積極加強推行，貫徹實施。

二、本方案各執行事項之主辦機關，應於每月底前將執行情形填送行政院公共工程委員會彙整。

三、本方案各執行事項之修正，由行政院公共工程委員會視實際需要會同各執行事項之主（協）辦機關檢討辦理。

四、本方案之執行績效，由行政院公共工程委員會會同各主（協）辦機關進行年終檢討，並由行政院公共工程委員會將檢討結論函送各機關作為相關執行人員考績之參考；評估績效優良機關之執行人員，機關應予以獎勵。

伍、執行事項

一、近程執行事項（一年內完成）：

👍 (一)健全產業發展

1. 綜理審議中長程之公共建設計畫：因應全球工程產業市場萎縮，廠商長期投資經營不易，透過綜理審議國內公共工程建設，釋出長期穩定之公共工程商機，促進廠商據以規劃中長程發展。

2. 成立「營建業諮詢委員會」：由學者、業界代表及政府代表組成「營建業諮詢委員會」，研議國家營建產業相關政策，提供意見作為政府政策制定之參考。

3. 建立汰劣存優之市場機制與競爭環境：落實廠商分級制度、廠商評鑑制度、廠商之獎懲制度等配套措施，建立具有獎優懲劣機制之廠商管理制度。

4. 協助廠商加強運用中小企業信用保證基金：協助營造業加強運用中小企業信用保證基金，針對擔保品不足之工程業者，提供工程保證金之信用保證。

👍 (二)加強廠商輔導及獎勵

1. 協助工程產業因應加入WTO之產業環境變化：協助工程產業因應加入WTO之衝擊及產業環境變化，進行相關因應措施之研

究、蒐集國際工程產業相關資訊,提供相關因應對策。

2.訂定優良廠商之獎勵辦法:訂定優良廠商之獎勵措施,給予優良廠商優惠及獎勵,提供產業較有利的發展機會與空間,並促進產業良性之競爭機制。

3.運用海外發展援助協助廠商開拓國際工程市場:由我方援助之工程案,將積極洽商由我國廠商優先承攬或參與競標,並鼓勵廠商赴邦交國投資設立工程承包公司,直接在該國承攬或開拓可能之商機。

4.鼓勵參與國際宣傳活動,增進廠商國際交流經驗:鼓勵國內相關業者,赴國外參加展覽或研討會議,增進廠商國際交流經驗,拓展國內廠商國際知名度,並藉以瞭解海外市場狀況。

5.政府協助提供廠商專案融資或低利貸款:研議以有償委任方式委託金融機構辦理貸款,協助具發展潛力之廠商,取得專案融資或低利貸款,以期在國際工程市場中具有較佳競爭條件。

👍 (三)改善產業環境

1.制定技師及工程技術顧問公司:檢討現行有關外國技術顧問公司於我國境內設立分公司之相關規定,並避免因加入WTO之後可能造成對於國內技術顧問公司之不平等待遇。

2.落實技師專業簽證責任制度:推動「公共工程專業技師簽證規則」,落實技師專業簽證責任制度,提高公共工程品質及維護公共安全。

3.政府採購:透過政策推廣公共工程採用統包方式辦理,促進廠商提升整合能力與工程技術之效益;推廣最有利標制度,建立選擇

優良廠商之機制。

4.鼓勵大型公共工程採用BOT方式辦理：透過政策推廣重大公共工程如交通建設、都市更新、水利設施、環境污染防治設施及運動設施等採用BOT方式辦理，以促進民間參與公共建設，並在不增加政府公共工程經費支出情形下，創造公共工程建設商機

👍 (四)強化技術研發及資訊整合

1.技師及工程技術顧問公司：透過相關公會等民間機構及駐外機構，同步取得國外工程產業資訊，並利用網路資訊系統，適時提供國內廠商查詢即時有效之國際工程發展動向及市場資訊。

2.建立系統性之技術研發與移轉機制：建立由政府主導之公共工程創新與移轉機制，作為鼓勵工程科技研發及落實研發成果移轉之架構中心，以及引入與推廣國外新科技之窗口，同時並建立適用國內工程科技資料庫。

3.提高公共工程技術研發之經費：由重大公共工程主辦機關依業務需要編列相關研發經費，並從政府與民間業者兩方面著手，共同推動工程技術研發。

4.加強生態工法推廣及技術研發：公共工程納入生態共生概念，由政府推動民間配合，推廣生態工法及技術研發，並訂定相關技術規範。

5.建置就業服務與職業訓練資源網路：配合政府建置之全國就業e網及職業訓練資源動態網，提供廠商徵才及參加職業訓練參考。

二、中長程執行事項（一年以上完成）：

👍 (一)提升廠商國際競爭力：

1.鼓勵廠商發展國際工程市場：為促進產業發展國際化，研議提供相關優惠方式，輔導並鼓勵廠商進軍國際工程產業市場。

2.持續推廣替代方案之獎勵措施：鼓勵公共工程採用替代方案，給予廠商實質獎勵，發揮專業與創新之能力。

👍 (二)增進產官學研之互動

1.推動國際化交流：整合產官學研之相關組織，與國際組織進行計畫性交流，讓產業透過國際間相互認證，例如技術認證、學歷認定等，蒐集產業相關之市場動態資訊，並持續推動產業發展國際化各階段之工作。

2.強化民間機構協助產業發展：透過「營建業諮詢委員會」整合工程產業相關公會、協會、法人研究機構等民間團體之功能，積極發揮影響力量，協助產業發展。

👍 (三)健全人力培訓機制

1.加強工程人員之在職教育：定期對現有工程人員施予在職訓練，並對於已經取得執照或證書等之工程人員，建立回訓或證照換發機制。

2.加速培養國際工程產業領域之專業人才：由各大學相關系所邀請
　具實務經驗之資深工程人員擔任教師，開設因應國際化相關課
　程，並透過產學合作方式，健全產業人力培訓機制。

更新日期：2008/07/01

習題：

（　）1. 新興的工業國家—「BRIC」，其中「B」所指的國家為
　　　　(A)Brisbane　(B)Brazil　(C)Brabant　(D)Brugge。

（　）2. 新興的工業國家—「BRIC」，其中「R」所指的國家為
　　　　(A)Russel　(B)Ruse　(C)Russia　(D)Rusk。

（　）3. 新興的工業國家—「BRIC」，其中「I」所指的國家為
　　　　(A)Indaba　(B)Index　(C)Indict　(D)India。

（　）4. 新興的工業國家—「BRIC」，其中「C」所指的國家為
　　　　(A)Chin　(B)Chino　(C)China　(D)Chad。

（　）5. 新興的工業國家—「BRIC」中，世界上面積最大的國家為
　　　　(A)B　(B)R　(C)I　(D)C。

（　）6. 新興的工業國家—「BRIC」中，在1973年因能源危機後，
　　　　汽車工業開始朝向以生質能源為主的國家為　(A)B　(B)R
　　　　(C)I　(D)C。

（　）7. 新興的工業國家—「BRIC」中，目前是21世紀全球最主要
　　　　的資訊服務業生產國、電腦軟體出口國以及眾多軟體工程
　　　　師的國家為　(A)B　(B)R　(C)I　(D)C。

（　）8. 下列哪一項「不是」為企業在決定到某個國家營運時，必
　　　　須要考慮到四個政治法律因素之一？　(A)該國對國際採購

的態度　(B)人民觀念　(C)政治穩定性　(D)貨幣管制。

（　）9. 下列哪一項為「非」常見的四類產業結構的型態　(A)自給自足經濟　(B)原料出口經濟　(C)商業經濟　(D)工業經濟。

（　）10.「政府採購協定」之英文縮寫應為　(A)GBA　(B)GPA　(C)BGA　(D)PGA。

參考文獻

行政院公共工程委員會（2004）

Map from Google（2010）

彭南儀譯（2009）。淘金印度。天下雜誌股份有限公司。

譚大純譯（2003）。行銷學。台北：普林斯頓國際有限公司（譯
自：Marking: an introduction, 6th ed. Gary Armstrong, Philip
Kotler）。

Michael J. Baker (1999). The Marketing Book 4th. Butterworth-
Heinemann.

Stanly J. Paliwoda and Michael J. Thomas (1999). International
Marketing 3th. Butterworth-Heinemann.

3 專利法倫理

第一節　工程倫理及專利概論

3-1.1 工程倫理介紹

　　過去幾年中，應有一些工程上的醜聞案利引起媒體的極度關切，在學習工程的人來說，工程師們都慢慢開始意識到自己專業責任。因為案例的發生，促使這些工程師們開始明白到倫理道德在工程界所扮演的重要性，也能深刻的體驗到他們的專業對社會大眾的影響非常的深遠。工程師的工作都會衝擊到公共衛生及公共安全，甚至影響商業行為。

　　在這些倫理當中，我們就必須有法律來做制裁，我們的認知當中，必須強調法律在工程倫理上是重要的角色。基本上，許多工程及商業交易都會有相關法律規定，如國際法、聯邦法、洲法及當地法律等。雖然這些法律實質是實用性非思想性，但都建立在倫理規範之中。這些倫理中，有以下四派的學說：

1. 效益倫理學（又稱功利主義或後果論）：追求多數人最大效益來評斷行為好壞的學說。
2. 義務倫理學：主張人所做出的行為是否成創造最大利益，都須遵

守一般的基本義務。

3. 權利倫理學：強調人們都有道德權利，任何的行為違反了這些權利時，是不被倫理所收接受的。

4. 德性倫理學：把正當的行為是為美德的表現，不正當行為是為惡習表現。

這些倫理學說中，在個人倫理或是公司倫理上，都會發生到一些不好的層面問題，然而我們從幾個層面來看：

(一)從工業基礎上來說，在研發工業、技術工業及製造工業…等等上，有許多的實際案例都會無意間的侵犯到智慧財產權的問題，因而在此探討到專利法的基本介紹。

(二)在於工程師本身來說，待在一間公司上班，替公司設計出一套程式或者是設計出一個物品等等，然後公司送出了智慧財產權的申請，結果公司為了貪圖自己利益，未給任何的獎勵或者是獎金等等，就遺忘了此設計者工程師，這樣也會造成侵害的問題發生；若是工程師自行把此設計透露給外界廠商知道，自行收取自己廠商給予之獎金，這樣也是違反的倫理上之意義，然而也是會造成侵害公司福利之權利。上述提到此問題也就是保密的問題，保密也是一種專業的特徵，是所有的工程倫理守則都要求遵守的。為何要保密，因公司的經營模式，公司的產品和供應商等等資料都會影響到公司在市場上的競爭能力。公司的競爭者就會利用此資料從中獲利、或者是迎頭趕上，不然就利用此資料做出不利公司的決定。若是因為此原因造成公司提出訴訟，工程師本身自己無法排除責任，連帶的都須負上自己的法律責任，因此須好好的遵守工程倫理上之守則。

(三)就工程的本質來說，目的是設計產品、結構與製程。工程的問題

是以產品的生產是否合乎績效、美感及價格的衡量標準（規格）來界定。只要有合乎規格標準化的，任何解決方案皆可。當然重要的是在這些解決方案中，都會有更好的方案可以來達到較好績效或降低成本的問題。然而解決這些問題之後，接踵而來的就是販賣到市面上之後，所衍生出來的專利問題，從工程的目的來看，在設計及結構這兩種程序來說，往往就會有其他的客戶或是民眾去法院提出告訴，說你的產品侵害到他的專利權，造成他的專利權損害。

(四)最後我們從研發角度來看，當我們在公司做研發工作時，在市場尚須先做足一定的功課，瞭解到社會大眾需要甚麼，此公司的專長為何，但要注意一點避免到侵害權利的問題；接著是為設計概念，有了全盤面的市場調查之後，各工程師開始做出設計產品的動作，得須符合大眾所需求的，此時也須注意到避免有仿冒的嫌疑發生；再來為製作產品階段，此步驟得須好好的注意到製程當中是否有瑕疵的步驟，也得須注意到精準度的問題，不過此程序也可能會有侵害權利的問題，所以在設計階段時得須好好的注意及觀察；最後為品管的步驟，好好的管理產出後的產品，此步驟很重要，因為這是需供應給社會大眾的，所以此步驟不能馬虎。

　　由上述的簡介中，會有人提到說「智慧財產權」為何？眾說紛紜，有人稱為工業財產權，也有人稱為智能財產權，知識財產權。不同的名詞也代表不同的意義。但對大眾來說，最簡單稱為「人類智慧結晶」，並符合智慧財產權相關法律，如專利法、商標法、著作權法、營業秘密法等等所保護的要件，就構成了智慧財產權。

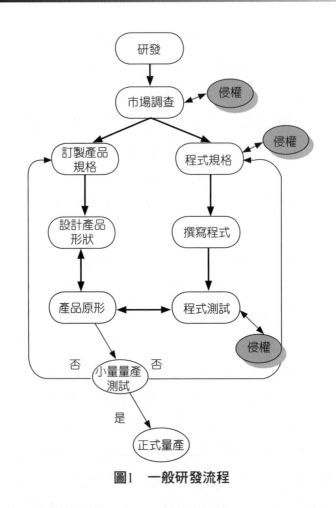

圖1　一般研發流程

　　這些的法律規定保護重點，如：「專利法」為新穎性、進步性與實用性（新式樣專利只要求新穎性與創作性）；「著作權法」是人類精神創作、原創性、為表達而非觀念與附著在一定媒介之上；「商標法」為特別顯著性，具有使用的意思與指定所適用的商品；「營業秘密法」則為秘密性、價值性與採用適當地保護措施；「積體電路電路佈局」為原創性與非普遍性。智慧產財權觀念包含以下之權利：

　　1.文學、藝術及科學作品

2.演藝人員之表演、錄音及廣播

3.人類之發明

4.科學上之發現

5.產業上之新型與新式樣

6.製造業、商業及服務業所使用之標章、商業名稱及商業標記

7.不公平競爭之防止

8.其他產業、科學、文學及藝術領域內，由人類智慧所產生之權利

3-1.2 專利介紹

所謂專利（patent），依照世界智慧財產權組織（WIPO）所言，是由政府所發的一張紙文件，其上面載明某特定發明，並創造出一種法律狀態，使該發明僅能在文件上所指發明權人之授權下，方可利用。而所謂〈專利保護客體〉，係指是否准予專利之物品或方法而言。

由於專利是國家對發明創作的一種鼓勵辦法，在制定關於專利的法律條文時，對於何種發明創作該給予專利，何時擴大專利保護客體，給予專利權後又該如何保護等等問題，國家通常會斟酌產業發展情況，有何利弊得失，決定政策上的抉擇；例如飲食品、微生物新品種及物品新用途，依我國專利法上在過去是不能申請專利，而此次修法，為符合關稅暨貿易總協定（GATT）與貿易有關之智慧財產權協議書（TRIPS），已開放得申請專利，即為適例。（現行專利法第二十一條第二項）

近年來，全球人民對專利了解，越來越有概念，對於專利申請都抱著積極態度，這幾年間全球專利申請數量都是為成長趨勢。我國而

言，在2007年間專利的申請量為8萬1千多件，2008年期間申請量成長到8萬3千多件，年成長率為2.16%。

專利之數量為衡量創新活動之中重要指標，巨大申請量，可得知全球激烈競爭下，各國專利發明，代表國家文明先進程度，可以取得競爭之優勢。此法機關為經濟部，專利業務，由經濟部指定專責機關辦理。

第二節　專利權介紹

3-2.1 專利權定義

圖2為為專利法架構圖。

i.專利制度是政府授予申請人專有排他之專利權，以保護其研發發明創作，並鼓勵公開研發成果，使大眾能利用的制度。

ii.專利權是一種排他權力。專利權人在一定期間內，享有專有排除他人未經其同意而製造、為販賣之要約、販賣、賞用或為上述的而進口物品之權；或專有排除他人未經同意而使用該方法及使用、為販賣之要約、販賣或為上述目的而進口該方法直接製成物品之權。

iii.專利權授予須經審查，由於專利權具有強大排他權能，必須經由專責機關實體審查或形式審查程序，才授予專利權。

iv.專利權屬於無形財產權，得為讓與、繼承或設定質權之標的。專利權係指國家給予有限權利，因無形不能佔有，亦無所在地等性質，並非一般所有權，稱之為無體財產權。

v.以下專利申請示不予成立：

1.動、植物及生產動、植物之主要生物學方法，但微生物學之生產方法，不在此限。

2.人體或動物疾病之診斷、治療或外科手術方法。

3.妨害公共秩序、善良風俗或衛生者。

專利法架構圖

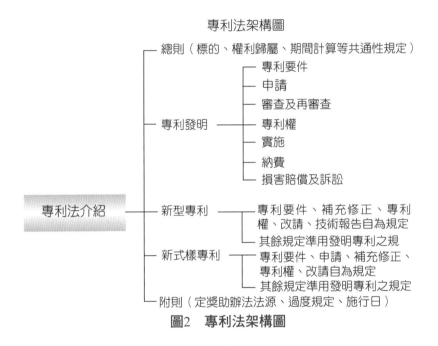

圖2　專利法架構圖

3-2.2 專利權之性質

專利之種類

專利的構想需知：

1.創作動機（為何有這個想法）

2.先前技術背景（之前是否有人做過類似的東西？）

3.此發明增進效益（與先前技術比較）

4.實例效果說明（與先前技術比較）

5.圖示說明

專利目的為鼓勵、保護、利用發明與創作，以促進產業發展，特制定本法。分為下列三種：

I.發明專利

「發明，指利用自然法則之技術思想之創作」；發明專利須利用自然界中固有規律所發展的技術思想創作，定義意旨為專利發明應具有技術性（technical character），以及發明解決問題的手段須是涉及技術領域的。

發明專利分為『物的發明』及『方法發明』兩種，以「應用」、「使用」或「用途」做為申請標的用途發明視同方法發明。

II.新型專利

「新型，指利用自然法則之技術思想，對物品之形狀、構造或裝置之創作。」表現在物品的創作，故新型專利僅限於物品的創作性，其專利標的限於形狀、構造或裝置，不包括方法、用途、動植物、生物科技及不具確定形狀之物質。

III.新式樣專利

「新式樣，指對物品之形狀、花紋、色彩或其結合，透過視覺訴求之創作。」新式樣專利權範圍為圖面所揭露整體設計為主，結合圖面所指定物品使得主張權利；不能將圖面所揭露物品外觀形狀與花紋割裂、拆解，也不能將形狀一部份或花紋一部分與其他部分切割、拆解而主張權利。

專利權的發生與期限

　　申請專利權期間為政府授予申請人發明、新型或新式樣專利之排他權能的期間，敘述如下：

I. 專利法第五十一條第二項及第三項規定：「申請專利之發明，自公告之日起給予發明專利權，並發證書。發明專利權期限，自申請日起算二十年屆滿。」

　　專利法第一百零一條第二項及第三項規定：「申請專利之新型，自公告之日起給予新型專利權，並發證書。新型專利權期限，自申請日起算十年屆滿。」

　　專利法第一百一十三條第二項及第三項規定：「申請專利之新式樣，自公告之日起給予新式樣專利權，並發證書。新式樣專利權期限，自申請日起算十二年屆滿；聯合新式樣專利期限與原專利權期限同時屆滿。」

II.專利權取得是以審定（新型為處分）核准及繳納證書費及第一年年費為主要要件。專利法規定：「申請專利之發明（新型、新式樣），經核准審定後，申請人應於審定書送達後三個月內，繳交證書費及第一年年費後，方可公告；屆期未繳費者，不給予公告，其專利權自始不存在。」

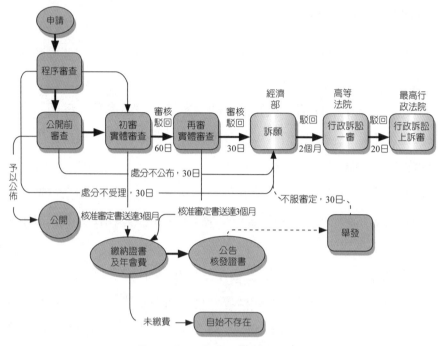

圖3　專利審查及行政流程圖

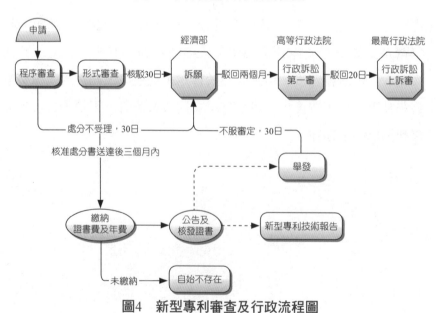

圖4　新型專利審查及行政流程圖

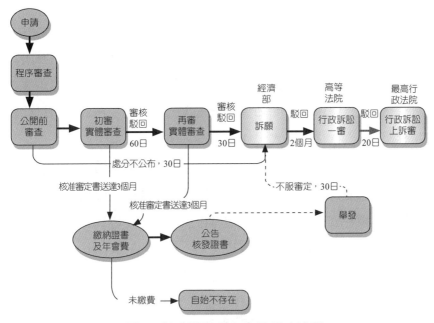

圖5 新式樣專利審查及行政流程

	發明專利	新型專利	新式樣專利
保護內容項目	物品、方法之發明	物品之型狀、構造或裝置之創作或改良	物品之形狀、花紋、色彩之創作
專利權期限	自申請日起二十年	自申請之日起十年	自申請之日起十二年
原專利權之撤銷問題		追加專利未撤銷者，得視為獨立專利權	結合新式樣應一併撤銷
專利權之範圍		專利權人有製造、販賣、使用或進口其新型專利物品之權限	新式樣指定使用之物品專有製造、販賣、使用或進口其新型專利物品之權限
專利權讓與		原專利人與再發明專利人得個別讓與	原新式樣專利與結合新式樣專利不得個別讓與

圖6 各專利種類比較

發明專利早期公開制度與求償金請求權

專利申請人在申請案公開後,以書面通知申請發明專利內容,之後通知公告期間就該發明仍繼續為商業作為之人,得於專利審請案公告後,請求適當賠償金。明知專利申請案已經公開,在公告前以此該發明繼續為商業上作為之人,亦得前項之請求。

該兩項規定於利益平衡之考量,給申請人補償金請求權,在公告前專利申請人並無此權利,因此無侵權論,故非賠償金請求權。補償金請求權必須在公告後取得專利權方可主張行使,專利公開到審定完成要有一定時日,補償金請求權時效為公告日起算,兩年內間不行使權利而消失。

新型專利權人行使權利應注意事項

I. 新型專利改採形式審查制

中華民國在民國93年七月一日起改成形式審查,加快新型專利申請案處理時間,早日發給專利證書,以達到早期授於權力之目的。

新型專利申請案的審查,僅判斷形式審查要件,不包括實體審查要件。經由形式審查後,認定申請新型專利並沒有不符合給專利之情形,應准予專利,並公告申請專利範圍及圖式。

II.新型專利技術報告申請

任何人得就申請專利的新型是否具有新穎性、進步性、制定喪失新穎性或先申請原則等實體專利要件,擬請智慧財產局製作「新型專利技術報告」,新型專利人行使權利或公眾利用該新型專利技術之參考。

新型專利技術報告申請在新型專利權後，自然消失，如果繼續行使仍有可能發生或存在的損害賠償請求權、不正當得利請求權等。

III. 新型專利技術報告的性質及效力

我國法律設有舉發制度，若給予新型專利技術報告具有法律效力，並無實際意義，可能使新型專利權人誤認為具有這種效力的技術報告，可以強化此報告權利，因而開始申請專利技術報告，只會增加行政負擔。

新型專利技術報告並非行政處分權利，性質來說只屬行政機關無拘束力的一篇報告，僅能為行使權利或利用技術之參考資料。

IV. 新型專利技術報告之提示

新型專利權人使用新型專利權時，該提示新型專利技術報告進行緊告，為新型專利技術報告制度設計之核心。意旨，僅防止權力之濫用，並不是在現制人民訴訟權利。

V. 新型專利權人於其專利權遭撤銷時之賠償責任

1. 新型專利僅經由形式審查即取得專利權，為了防止專利權人不當行使權利，導致他人受損害，應要求專利權人謹慎行使權利。該專利權人行使權利後，應專利被撤銷，而專利權人未相當注意，推定該行使權力有過失，應該對他人所受的損害背負賠償責任。

2. 當狀況緊急須迅速行使權利抑制損害擴大時，若仍要求新型專利權人必須先取得技術報告始能行使其權利，顯然不符實際需要，有損專利權人之權益。

3-2.3 專利權之效力與限制

專利權之效力

I.專利權之權能

1.發明物品的專利權人，具有「排除他人未經其同意而製造、為販賣之要約、販賣、使用或為上述目的而進口該物品之權」。

2.發明方法的專利權人，具有「排除他人未經其同意而使用該方法及使用、為販賣之要約、販賣或為上述目的而進口該方法直接製成物品之權」。

3.新型專利權人，具有「排除他人未經同意而製造、為販賣之要約、販賣、使用或為上述目的而進口該新型專利物品之權」。

4.新式樣專利權人就指定新式樣所實施的物品，具有「排除他人未經其同意而製造、為販賣之要約、販賣、使用或為上述目的而進口該新式樣及近似新式樣專利物品之權。」獨立新式樣專利的範圍有包括「該新式樣」及「近似的新式樣」，解釋新式樣專利權效力與限制時，包括相同及近似的新式樣。

5.聯合新式樣專利權附屬於原新式樣專利權，不得單獨主張，且不包含近似範圍。

II.專利權之實施態樣

1.專利權為專利權人具有排除他人沒有經過同意或者授權實施專利說明書中的申請專利範圍所記載發明或新型之權利。

2.排他權的意義在於專利權人拿得專利權後，具有排除他人製造其專利權，但並不具享有製造其專利權之權利。

3.專利法中之「製造」、「為販賣之要約」、「販賣」、「使

用」、「進口」等行為個別存在時，均會構成侵害專利權。

III.專利權之讓與、信託、授權或設定質權之效力

專利權之讓與、信託、授權他人實施或設定質權，若無經過智慧財產局登記，其效力無法抵抗第三人。

專利權之限制

專利法目的在透過保護、鼓勵及利用發明創作以促進產業發展。專利權效力無法涉及之情事，視為未侵害專利權，來抵制專利權之效力；專利權效力不及規定，為專利侵權訴訟中被告的主張之抗辯理由，有以下之項次：

I. 為研究、教學或試驗實施期發明（或新型、新式樣），而無營利行為者。說明如下：

此處意謂「研究、教學或試驗」，不僅指學術性研究、教學或試驗，包含工業上之研究、教學或試驗。應該注意，用專利技術為目的所進行的研究、教學或試驗，雖非專利權效力所及，但將此成果加以製造成品、使用、讓與或轉讓者，亦構成專利權之侵害。

II.申請前已在國內使用，或已完成準備者。說明如下：

1.「申請前已在國內使用或已完成必須之準備」適用的標為物品專利或方法專利，專利法並無限制。

2.所謂申請前，式指申請日之前；若有主張優先權者，則指優先權日之前。申請日後所製造之物品，並沒有先使用權，在專利權開始生效後不得繼續使用。

3.國內使用，是指已經在國內開始製造相同物品或使用相同方法，不以自己製造為限，委託廠商製造者，亦適用本規定，該受委託廠商的製造亦屬先使用權之範圍。

4. 已完成準備者，是指為了製造相同物品或使用相同方法，在國內做好必要之準備。

5. 先使用人或準備行為必須在專利申請前已經進行，而且必須持續進行到申請日。

6. 先使用人應以善意為必要。

7. 先使用權之範圍，僅限於先使用人在其原有事業內繼續利用。

8. 專利法規定先使用權限限制在原有事業內繼續利用，故不得讓與。

III. 申請前已存在國內之物品

為維持目前情況保護此狀態，將申請前已存在國內的產品列為專利權效力所不及之情事。適用以下條件：

1. 所謂「申請前」，申請日之前；如有主張優先權者，則指優先權日以前。

2. 必須是申請前已存在國內之物品，若申請前未存在，若不是存在國內，亦不能適用。

3. 申請前已存在國內之物品，必須為該產品達到能為大眾所得知的狀態。

4. 方法專利權所保護及該方法直接製成之產品。

IV. 僅由國境經過之交通工具或其裝置。

對於進入國境內進行運輸任務的交通工具，包括船舶、航空器、陸地運輸等，為維持運作所需之要求，應有限制專利權的必要。

「僅由國境經過」包括臨時入境、定期入境及偶然入境，此規定適用僅限在專利技術之使用上。

V. 非專利申請權人所得專利權，因專利權人舉發而撤銷時，其被授權人在舉發前以善意在國內使用或已完成必須之準備者。

專利申請權人不該具有申請權，仍獲得專利，可依專利法提告，經由舉發成立，故權利自始不存在，該非專利申請權人自始至終都未取得專利權。

VI.專利權人所製造或經其同意製造之專利物品販賣後，使用或在販賣該物品者。

專利權人依專利法所賦予之權利，自己製造、販賣或同意他人製造，販賣其物品後，以從中獲取利益，若對於專利權人製造、販賣或同意他人製造，販賣此專利品在主張專利權，將影響專利物品之流通與利用，因此為解決此種自私權利與公益平衡問題，發展出「權力耗盡原則」。

VII.混合兩種以上醫藥品而製造之醫藥品或方法，其專利權效力不及於醫師之處方或依處方調劑之醫藥品。

混合兩種以上醫藥品而製造之物發明，或混合兩種以上醫藥品而製造之方法發明，其專利權效力不及於醫師之處方行為，意旨考慮到人類病症的診斷、治療行為的適當實施，式為專利權效力所及；對人類生命、身體可能不測之危險，故列為專利權效力不及之範圍。

再發明

I.「再發明，指利用他人發明或新型之主要技術內容所完成之發明。」

II.「再發明專利權人未經過原專利權人同意，不可其發明。」

III.「再發明專利權人未經過原專利權人同意，不得實施其發明。製造方法專利權人依其製造方法製程之物品為他人專利者，未經他人同意，不得實施其發明。」

IV.「前二項發明專利權人與原發明專利權人,或製造方法專利權人與物品專利權人,得協議交授權實施。」獲得專利,並不是表示可以實施,得透過授權或互相交互授權方式取得原發明人同意做為實施之合法權利。

V.「協議不成,再發明專利權人與原專利權人或製造方法專利權人與物品專利權人得依專利法申請特許實施。」在顧全雙方專利權人之權益下,應鼓勵發明之相互利用,以促進產業發展。

第三節 專利侵害

3-3.1 專利侵害定義

專利權是授予專利權人在法律規定有效期限內,具有法律所賦予的排他性權利,除了法律另有規定外,得排除他人未經專利權人同意而製造、為販賣之要約、販賣、使用或進口其專利物品(或該新式樣專利及近似新式樣物品)或使用此專利權方法行為,否則為侵害專利權。

3-3.2 專利侵害之證明

I. 證明專利權有效

專利有區域性及保護性。專利權人所取得的專利權,只在授予該專利權的國家境內及一定期間內受該國法律的保護,期間屆滿或專利

權遭移除確定者，視為失去法律效力為大眾所有，任何人都可使用此專利。

II.證明有侵權行為之事實

1.專利權係使專利權人專有排除他人未經其同意而實施其專利之權。（如有實施的想法或侵權準備，但還未有製造、為販賣之要約、販賣、使用或進口等實施專利權之行為事實，或雖有實施專利權作為事實，但經專利權人同意或默許的實施行為時，均不構成專利侵害。）

2.以上專利侵害行為，專利權人必須提出證明在何時、何地、如何被製造、為販賣之要約、販賣、使用或進口專利物品或專利方法，均可構成專利侵害事實。

III.證明侵權行為人有故意或過失

1.侵權人若已知道自己製造、為販賣之要約、販賣、使用或進口之行為侵害專利權，而仍繼續行為者，亦屬故意。

2.違反保護他人之法律，導致損害於他人者，須負賠償責任。

3.侵害行為若屬故意，法院就得依侵害情節，審定損害額以上的賠償。但不得超過損害額的三倍。（侵權行為如屬故意，會影響專利權人請求賠償之金額。）

專利侵害之救濟與損害賠償

I.專利侵害之救濟

1.明定專利權受侵害時，得請求民事救濟的人及民事救濟之內容。

i.已經發生損害者，可請求損害賠償。

ii.對於現在之侵害，可請求排除。

iii.如有可能發生，為了防範，可請求防止之。

2. 專屬授權，指專利權人僅給予被授權人在被授權範圍內單獨享有實施專利權的權利與地位。實際運作上一般要看合約內容是否明文約定為專屬授權來定論。

3. 專利權人在請求民事救濟，關於侵害專利權產品或從事侵害行為的原料或器具，可請求銷燬或為其他必要之處置。

4. 發明人的姓名表示權受侵害時，須另請求回復名譽之處分。專利權人不是發明人，不適用本項請求。

5. 消滅時效完成後，專利權人之請求權並不消滅，侵權人需依據為拒絕給付之抗辯。（自請求人知道有損害及賠償義務人時起，二年間不行使而無效，自有侵權行為時起，愈十年者。）

II. 專利侵害之民事損害賠償

1. 損害賠償旨在回復或補償他人所受之損害，令被害人回復至未受損害前之原狀。專利權受侵害時，不容易回復原狀，原則上該以金錢賠償，若侵權所造成之損害金額，難以判定多寡時，因此有規定二種損害賠償計算方式，計算方式如下：

　i. 不能提出證據方法來證明損害時，專利權人就應該實施專利權通常可獲得的利益（利潤），減除受害後實施同一專利權所得到的利潤，其差額就是所受損之額度。

　ii. 依侵害人因侵害行為所得之利益。而侵害人不行依其成本或必要費用舉證時，以銷售該項物品全部收入為所得利益。

2. 商譽損失亦得請求損害賠償。（損害賠償請求範圍原則上只限制在財產上之損害，除法律另有規定外，原則上不包括非財產上之損害，例如人格權、姓名權、生命、身體等。）

3. 民事損害賠償原則，是用故意、過失責任。（如經認定行為人有故意、過失，侵權責任即告成立，應負損害賠償責任，然而責

任範圍，以「填補損害」為原則，並不因為故意或過失而有不同。）

3-3.3 專利（或新型）侵害鑑定原則

適用範圍

本發明（含新型）專利侵害鑑定原則只供法院或侵害專利鑑定專業機構參考，並不是用來拘束上述機關或機構。

鑑定流程

鑑定流程概述：

I.專利侵害鑑定流程分為兩階段：

  1.解釋申請專利範圍。

  2.比對解釋後之申請專利範圍與待鑑定對象（物或方法）。

II.比對解釋後之申請專利範圍與待鑑定對象包括下列步驟：

  1.解析申請專利範圍技術特徵。

  2.解析待鑑定對象技術內容。

  3.基於主要件原則（all-elements rule / all-limitations rule），判斷待鑑定對象是否符合「文義讀取」。

    i.若待鑑定對象符合「文義讀取」，且被告主張是用「逆均等論」（reverse doctrine of equivalents），應再比對待鑑定對象是否適用「逆均等論」。

    (1)若待鑑定對象適用「逆均等論」，則應判斷待鑑定對象無落入專利權範圍。

(2)若待鑑定對象不適用「逆均等論」,則應判斷待鑑定對象落入專利權(文義)範圍。

ii.若待鑑定對象符合「文義讀取」,而被告未主張適用「逆均等論」,應判斷待鑑定對象落入專利權(文義)範圍。

iii.若待鑑定對象不符合「文義讀取」,應再比對待鑑定對象是否適用「均等論」(doctrine of equivalents)。

4.基於安全要件原則,判斷待鑑定對象是否適用「均等論」

i.若待鑑定對象不適用「均等論」,則依判斷待鑑定對象未落入專利權範圍。

ii.若待鑑定對象適用「均等論」,且被告主張適用「禁反言」(prosecution history estoppel)或「先前技術阻卻」時,應判斷待鑑定對象是否適用「禁反言」或「先前技術阻卻」(被告可擇一或一併主張適用禁反言或先前技術阻卻,判決時,兩者並無先後關係。)

(1)若待鑑定對象適用「禁反言」及「先前技術阻卻」二者或其中之一,應判斷待鑑定對象未落入專利權範圍。

(2)若待鑑定對象不適用「禁反言」,且不適用「先前技術阻卻」,應判斷待鑑定對象落入專利權(均等)範圍。

iii.若待鑑定對象適用「均等論」,且被告未主張適用「禁反言」或「先前技術阻卻」時,依判斷待鑑定勿落入專利權(均等)範圍。

III.全要件原則,指請求項中每一技術特徵幾乎對應表現在待鑑定對象中,包括文義表現及均等表現。

鑑定流程圖

＊被告可擇一或一併主張適用禁反言或適用先前技術阻卻，判斷時兩者無先後順序。

鑑定方法

I.解釋申請專利範圍

  1.解釋申請專利範圍目的

    申請專利範圍目的在正確解釋身慶專利範圍之文字意義（稱為文義），以合理界定專利權範圍。

  2.解釋申請專利範圍時點

    申請專利範圍之文義（scope）應為限制在申請時（filing）判斷專利人員所能瞭解之意義。

  3.解釋申請專利範圍證據

    i.用以解釋申請專利範圍的證據包括內部證據與外部證據，若內部證據足以申請專利範圍明確，無需再考慮外部證據。

    ii.用於解釋申請專利範圍之內部證據包括請求項之文字、發明（或新型）說明、圖式及申請歷史檔案。

      (1)發明（新型）說明包括專利所含之技術領域、先前技術、發明內容和發明方法圖示說明。

      (2)申請歷史檔案指申請專利智慧財產權時，維護專利過程中，申請時說明書以外文件檔案。

    iii.用於解釋申請專利範圍之外部證據，指的是內部證據以外之其他證據。

      (1)發明人或創作人之其他論文著作。

      (2)發明人或創作人之其他專利。

      (3)該發明所屬技術領域中具有的知識者之觀點或該發明所屬技術領域之權威著作。

    iv.當事人提供法院的證據至少包括說明和圖示。

4. 解釋申請專利範圍之原則：專利權範圍，以說明書所提到的申請專利範圍為準，在解釋申請專利範圍時，得審查發明的說明及圖示。

　i. 以申請專利範圍為準之原則

　(1)發明（或新型）專利範圍，應以公告說明或更正公告說明所記載之申請範圍為準。

　(2)申請專利範圍中有多項獨立項時，僅此法院所指出當事人提起訴訟請求項予以解釋。

　(3)專利權範圍主要於申請專利範圍中之文字，若申請專利範圍紀載內容明確時，應以所記錄的文字意義及該發明所含的技術領域具有此類別知識者所認知或瞭解此文字相關技術所包含之範圍解釋。

　(4)申請專利範圍中每一請求項的文字，均被視為明確界定該專利範圍。

　(5)解釋申請專利範圍應以請求所載之內容為依據。

　(6)說明書中出現誤記事項時，應依實質內容加以正確解釋。

　(7)申請專利範圍記載內容與發明之說明或圖示中記載內容不一樣時，以申請專利範圍所記載內容為主。

　(8)請求項所載之技術特徵引用圖示對應的元件符號時，不可以該元件符號解釋申請專利範圍，而限制了專利權範圍。

　(9)解釋申請專利範圍，應以請求項中連接詞表達方式決定專利權範圍。

　(10)以功能界定物或方法的申請專利範圍。

　(11)以製造方法界定物品之申請專利範圍原則上，其專利權範圍應限於申請專利範圍中所載之製造方法包含特性之完成

物。

(12)以「物」、「方法」或「用途」為申請標之用途發明,其本質在於物質特性之應用。

　(一)以物為申請標:例如「一種具有殺蟲之組合物,包含成分A及B」,其申請標為組成物,具有「殺蟲」之技術特徵,其專利權範圍僅限於「殺蟲」用途之組成物,不及其他用途。

　(二)以方法為申請標:例如「一種製備治療疾病X之組成物的方法,其係以物質A為活性成分與醫藥上可接受之賦形劑混合製成」,申請標為製備方法,具有「製備治療疾病X之組成物」及「以物質A為活性成分與醫藥上可接受之賦形劑混合製成」之技術特徵。

　(三)以用途(或使用、應用)為申請標:視為方法發明。

(13)申請專利範圍中「功能性子句」用語通常附加在請求項末段,來描述功能或操作方式。

(14)解釋申請專利範圍時,「上位概念」之用語僅包括有限「下位概念」事項,除非申請專利範圍之用語本身是用於專利性。

　(一)上位(genus)概念:指複數個技術特徵屬於同族或同類的總括概念。

　(二)下位(species)概念:為相對於上位概念表現為下位之具體概念。

(15)解釋申請專利範圍時,「擇一形式」用語應限定在其所記載選項。

(16)申請專利範圍中之元件數目應同於其指定數目。

ii.審酌發明（或新型）說明及圖示原則

(1)認定專利權範圍之實際內容，發明（或新型）說明及圖示均得為解釋申請專利範圍的輔助依據。

(2)申請專利範圍中所記載的技術特徵明確時，不得將發明說明及圖示所透露的內容引入申請專利範圍；申請專利範圍中所載之技術特徵不明確時，得斟酌發明說明及圖示解釋申請專利範圍；申請專利範圍的記載內容與發明說明及圖示所揭露的內容不一致時，該以申請專利的範圍為準。

(3)發明說明有透露但並未記載於申請專利範圍之技術內容，不被認定為專利權範圍，但說明說所載之先前技術應排除在申請專利範圍之外。

(4)申請專利範圍之用語，專利權人在發明說明中創造新的用語（如科技術語）或賦予原有用語新的意義，用語文義明確時，應該以文義解釋申請專利範圍。

(5)申請歷史檔案得做為解釋申請專利範圍的參考文件。

(6)若內部證據不足時，得審酌外部證據。

比對解釋後之申請專利範圍與待鑑定對象

進行比對之前，必須正確解析申請專利範圍之技術特徵及待鑑定對象之技術內容，解析工作乃鑑定的基礎工作，會影響鑑定結果正確性。

I.解析申請專利範圍之技術特徵

1.得組合或拆解技術特徵：全要件原則只請求項中每一技術特徵均對應表現在待鑑定對象中，包括文意的表現及均等的表現。因此以待鑑定對象中的元件、成分或步驟中申請專利範圍的技術特徵

之功能，均稱該技術特徵表現在待鑑定對象中。

2.不得省略技術特徵：申請專利範圍所記載內容係意整體之技術手段，部論原件、成分或步驟如何拆解或組合，申請專利範圍所記載的技術特徵都不得省略。

II.解析待鑑定對象之技術內容

1.必須對應申請專利範圍之技術特徵：解析待鑑定對象所得之元件、成分、步驟或其結合關係與申請專利範圍之技術特徵必須對應，待鑑定對象忠與申請專利範圍之技術特徵無關的元件、成分、步驟其結合關係不得納入比對內容。

2.待鑑定對象之命名原則：待鑑定對象之元件、成分、步驟或其結合關係的命名，應以上述此關鍵與技術特徵之文義相同時，以該技術特徵之文字予以命名。

3.注意事項

i.專利標為物時，所送之待鑑定對象應為物；應就所送之待鑑定物與申請專利範圍所述之申請標的對應之物予以比對。

ii.以製造方法界定物之申請專利範圍，雖申請專專利範圍所載之內容包括物與製造方法，但其專利標為物，故待鑑定對象只需「完成物」即可。

iii.專利標為方法時，就所送之待驗定對象徵與申請專利範圍所述之申請標的對應之方法比對；所送待鑑定對象應包括能證明其實施方法之證據。

III.文義讀取

1.文義讀取之意義：係確認解釋後申請專利範圍中之技術特徵的文字意義是否完全對應表現在待鑑定對象中。

2.文義讀取之成立要件：至少一項提出告訴之請求所有技術特徵完

全對應表現在待鑑定對象中。

3.判斷文義讀取之注意事項

i.比對申請專利範圍與待鑑定對象中，以解析後之申請專利範圍之技術特徵與待鑑定對象之對應元件、成分、步驟或其結合關係逐一比對。

ii.待鑑定對象包括解析後申請專利範圍之所有技術特徵，並另外增加其他技術特徵者，其是否符合文義讀取，應由申請專利範圍中所記載連接詞表達方式決定：

(1)就開放式連接詞來說，申請專利範圍之技術特徵「包含甲、乙、丙」，而待鑑定對象對應之元件、成分、步驟其結合關係為「甲、乙、丙、丁」，則應判斷待驗應對項符合文義讀取。

(2)就封閉式連接詞來說，申請專利範圍之技術特徵「由甲、乙、丙組成」，待鑑定對象者為「甲、乙、丙及丁組成」，應判斷待鑑定對象不符合文義讀取。

(3)就半開放式連接詞而言，申請專利範圍之技術特徵「主要由甲、乙、丙組成」，待鑑定對象對應者為「甲、乙、丙、丁」，而丁實質上不影響技術特徵之元件、成分或步驟其結合關係，應判斷為待鑑定對象符合「文義讀取」。

(4)對於以其他方式表達之連接詞，則須先參照說明書內容，一個案認定其係屬開放式、封閉式或半開放式，在依上述方式待鑑定對象是否符合「文義讀取」。

iii.申請專利範圍所載之技術特徵係上位概念總括用語，而待鑑定對象對應者係相應下位概念時，應判斷待鑑定對象符合「文義讀取」。

iv.待鑑定對象符合「文義讀取」，而被告主張適用「逆均等論」時，應再比對待鑑定對象是否「逆均等論」。

v.待鑑定對象符合「文義讀取」，但被告未主張適用「逆均等論」時，應判斷待鑑定對象落入專利權（文義）範圍。

vi.經比對待鑑定對象不符合「文義讀取」，應再比對待鑑定對象是否適用「均等論」。

IV.逆均等論（Reverse Doctrine of Equivalents）

1.「逆均等論」之意義：「逆均等論」又稱「消極均等論」，係為防止專利權人任意擴大申請專利範圍之文義範圍，對申請專利範圍之文義範圍予以限縮。

2.「逆均等論」之成立要件：待鑑定對象以符合「文義符合」，但實質上未利用發明說明所揭示之技術手段時，適用「逆均等論」。

3.判斷「逆均等論」之注意事項：

i.被告主張適用「逆均等論」，其前提必須以符合「文義讀取」。

ii.「逆均等論」比對，依據書明書之發明（或新型）說明之內容來決定，就申請專利範圍載之技術特徵逐一檢視。

iii.待鑑定對象符合「文義讀取」又適用「逆均等論」者，應判斷待鑑定對象未落入專利權範圍。

iv.待鑑定對象符合「文義讀取」但不適用「逆均等論」，應判斷待鑑定對象落入專利權（文義）範圍。

V.均等論（Doctrine of Equivalents）

1.「均等論」之意義：「均等論」係基於保障專利權人利益的立場，避免他人己就其申請專利範圍之技術特徵稍作非實質之改變

或替換，規避專利侵權的責任。

2.「均等論」之成立要件：相對於申請專利範圍之技術特徵，待鑑定對象之元件、成分、步驟或其結合關係的改變或替換未產生實質差異，則適用「均等論」。要先符合「全要件原則」。

3.「均等論」之比對方式：待鑑定對象之對應元件、成分、步驟或其結合關係與申請專利範圍之技術特徵係以實質相同的技術手段（way），達成實質相同的功能（function），而產生實質相同的結果（result）時，應判斷待鑑定對象之對應元件、成分、步驟或其結合關係與申請專利範圍之技術特徵無實質差異，適用「均等論」。

4.判斷「均等論」之注意事項

　　i.待鑑定對象欠缺解析後申請專利範圍之任一技術特徵，及不適用「均等論」，應判斷待鑑定對象未落入專利權範圍。

　　ii.「均等論」比對應以侵權行為發生時，該發明所屬技術領域中具有知識者之技術水準為考量。

　　iii.「均等論」比對應以解析後申請專利範圍之技術特徵與待鑑定對象之對應元件、成分、步驟其結合關係不符合文義讀取之技術內容逐一比對，不得以申請專利範圍之整體與待鑑定對象比對。

　　iv.待鑑定對象與申請專利範圍之對應技術特徵的「技術手段」、「功能」、「結果」其中之一有實質不同，則不適用「均等論」。

　　v.發明說明中有揭露但並未記載於申請專利範圍中記載之技術，應被視為貢獻給社會大眾，故不適於「均等論」。

　　vi.待鑑定對象不是用「均等論」，應判斷待鑑定對象未落入專

利權範圍。

vii.待鑑定對象適用「均等論」，且被告未主張適用「反禁言」或「先前技術阻卻」時，應判斷待鑑定對象落入專利權（均等）範圍。

viii.待鑑定對象適用「均等論」，且被告主張適用「反禁言」或「先前技術阻卻」時，應再比對待鑑定對象是否適用反禁言」或「先前技術阻卻」。

VI.禁反言（Prosecution History Estoppel）

1.「禁反言」之意義：為「申請歷史禁反言」之簡稱，係防止專利權人藉「均等論」重為主張專利申請至專利權維護過程任何階段或任何文件中已被限定或已被排除之事項。

2.「禁反言」之成立要件：若待鑑定對象適用「均等論」，而其適用部分係專利權人已於申請至維護過程中放棄或排除之事項，則適用「禁反言」。

3.判斷「禁反言」之注意事項

i.主張「禁反言」有利於被告，故應由被告負舉證責任。

ii.「禁反言」與「均等論」兩者在適用上產生衝突時，「禁反言」優先適用。

iii.若申請專利範圍曾有補充、修正或更正，應探討其是否與可專利性有關。

iv.待鑑定對象適用「均等論」，但不適用「禁反言」及「先前技術阻卻」者，應判斷待鑑定對象落入專利權範圍。

v. 待鑑定對象適用「均等論」，且適用「禁反言」，應判斷待鑑定對象未落入專利權範圍。

VII.先前技術阻卻

1.「先前技術阻卻」之意義：涵蓋申請日（主張優先權者，則為優先權日）之前所有能為公眾得知之資訊，不限於世界上任何地方、任何語言或任何形式。

2.「先前技術阻卻」之成立要件：即使待鑑定對象適用「均等論」，若被告主張適用「先前技術阻卻」，且經判斷待鑑定對象與某一先前技術相同，或雖不完全相同，但為該先前技術與所屬技術領域中之通常知識的簡單組合，則適用「先前技術阻卻」。

3.判斷「先前技術阻卻」之注意事項：

i.主張「先前技術阻卻」有利於被告，故應由被告負舉證責任。

ii.待鑑定對象適用「均等論」，但不適用「禁反言」及「先前技術阻卻」者，應判斷待鑑定對象落入專利權（均等）範圍。

iii.待鑑定對象適用「均等論」，且適用「先前技術阻卻」，應判斷待鑑定對象未落入專利權範圍。

4.其他注意事項

i.專利權應視為有效，專利權之授予或撤銷屬專利主管機關之職權，鑑定時不得就專利權之有效性進行判斷。

ii.若被告已提起舉發，主張撤銷專利權時，是否繼續進行鑑定，應依法院之指示辦理。

iii.專利權人申請更正說明書或圖式時，是否繼續進行鑑定，應依法院之指示辦理。

iv.若待鑑定對象係實施專利法所指「再發明」，其是否落入專利權範圍，仍應依鑑定流程判斷。

v.當事人對於申請專利範圍之解釋及文義讀取、逆均等論、均等論、禁反言及先前技術阻卻之判斷，得主張有利於己之事實，

並應就事實舉證，以供法院參酌。（例如當事人解釋申請專利範圍時，應註明內部證據或外部證據之出處及理由。）

vi.鑑定所需資料在法院者，法院應告知鑑定機構准其利用。

vii.鑑定機構應依法院要求之鑑定事項回復意見，法院未要求之事項，無須回復。

viii.申請專利範圍之解釋係屬法律問題，當事人或鑑定機構對申請專利範圍之解釋有爭執時，法院應依職權認定。

ix.必要時，應將鑑定過程以照相、錄音或錄影之方式予以存證。

x.鑑定機構對其所製作之鑑定報告應予保密。

3-3.4 新式樣專利侵害之鑑定原則

適用範圍

本新式樣侵害鑑定原則僅供法院或侵害專利鑑定專業機構等參考，而非用來拘束上述機關或機構。

鑑定流程

鑑定流程概述

I.專利侵害之鑑定流程分為兩階段

  1.解釋申請專利之新式樣範圍

  2.比對解釋後申請專利之新式樣範圍與待鑑定物品

II.比對解釋後申請專利之新式樣範圍與待鑑定物品步驟：

  1.解析待鑑定物品：新式樣所屬技藝領域具有知識者之水準，就待

鑑定流程圖

```
┌──────────┐   ┌──────────┐
│ 解釋申請專 │   │ 解析待鑑 │
│ 利範圍之新 │   │ 定物品   │
│ 式樣      │   │          │
└────┬─────┘   └────┬─────┘
     └──────┬───────┘
            ▼
      ┌───────────┐
      │ 物品是否相 │──── 否 ────┐
      │ 同或近似   │            │
      └─────┬─────┘            │
            │ 是               │
            ▼                  │
      ┌───────────┐            │
      │ 視覺性設計 │──── 否 ───→│
      │ 整體是否相 │            │
      │ 同或近似   │            │
      └─────┬─────┘            │
            │ 是               │
            ▼                  │
      ┌───────────┐            │
      │ 是否包含新 │──── 否 ───→│
      │ 穎特徵     │            │
      └─────┬─────┘            │
            │ 是               │
            ▼                  │
      ┌───────────┐            │
      │ 適用禁反言 │──── 是 ───→│
      │ 或適用先前 │            │
      │ 技術阻卻   │            │
      └─────┬─────┘            ▼
            │ 否         ┌──────────┐
            ▼            │ 未落入專 │
      ┌──────────┐       │ 利權範圍 │
      │ 落入專利 │       └──────────┘
      │ 權範圍   │
      └──────────┘
```

＊被告可擇一或一併主張適用禁反言或適用先前技術阻卻，判斷時兩者無先後順序。

鑑定物品進行解析，排除功能性設計。

2.判斷待鑑定物品與申請專利之新式樣物品是否相同或近似

3.判斷待鑑定物品與申請專利之新式樣物品視覺性設計整體是否相同或近似

4.若視覺性設計整體相同或近似，判斷使其相同或近似之部位是否包含申請專利之新式樣的新穎特徵

5.若待鑑定物品包含新穎特徵，且被告主張適用「禁反言」或「先前技藝阻卻」時，應再判斷待鑑定物品是否適用「禁反言」或適用「先前技藝阻卻」。

鑑定方法

解釋申請專利之新式樣範圍

I.解釋申請專利之新式樣範圍之目的：在確認申請專利之新式樣範圍及其新穎特徵，以合理界定專利權範圍。

II.解釋申請專利之新式樣範圍之時點：解釋申請專利之新式樣範圍應限制在申請時，以申請前之先前技藝為基礎確認新穎特徵（不包含功能性設計）。

III.解釋申請專利之新式樣範圍之主體：該新式樣所屬技藝領域中具有通常知識者，係一虛擬之人，具有該新式樣所屬技藝領域中之通常知識及普通設計能力，而能理解、利用申請時之先前技藝；通常知識：指該新式樣所屬技藝領域中已知的普通知識，包括習知或普遍使用的資訊以及教科書或工具書內所載之資訊，或從經驗法則所瞭解的事項。

IV.解釋申請專利之新式樣範圍之證據：

1.包括內部證據與外部證據。

2.內部證據包括圖說及申請歷史檔案。

3.外部證據，係指內部證據以外之其他證據。

4.當事人提供給法院之證據至少應包括圖說，未提供之證據皆不予審酌。

V.解釋申請專利之新式樣範圍之原則：

1.以圖面為準之原則：

i.新式樣專利權範圍，應以公告之圖說或經更正公告之圖說中之圖面為準。

ii.新式樣包括色彩者，應依圖面中色彩應用於物品之結合狀態圖，及創作說明中所載指定色彩之工業色票編號或檢附色卡，認定專利權範圍。

iii.解釋申請專利之新式樣範圍時，應以圖面所揭露物品外觀之「設計」為準，結合物品名稱所指定之「物品」，以認定新式樣專利權範圍。

iv.新式樣圖面係由立體圖及六面視圖或二個以上立體圖呈現，必要時，並得繪製其他輔助之圖面，具體、寫實呈現物品外觀之形狀、花紋或色彩。

v.新式樣專利權應以應用於物品外觀之整體設計為範圍，不得以局部設計認定其專利權範圍

vi.圖面上表現設計之線條均為實線，非實線之線條僅為讀圖之參考，不得作為解釋申請專利之新式樣範圍的依據。

vii.對於因材料特性、機能調整或使用狀態之變化而改變外觀之新式樣，應依使用狀態圖或其他輔助之圖面解釋之。

viii.圖面中呈現的內容包含視覺性設計及功能性設計兩部份，功能性設計並非透過視覺訴求之創作，非屬專利權範圍：

(1)視覺性設計：指申請專利之新式樣必須是肉眼能夠確認而具備視覺效果的設計。

(2)功能性設計：指物品之外觀設計特徵純粹取決於功能需求，而為因應其本身或另一物品之功能或結構的設計。

ix.新穎特徵，指申請專利之新式樣對照申請前之先前技藝，客觀上使其具有新穎性、創作性等專利要件之創新內容，其必須是透過視覺訴求之視覺性設計，不得為功能性設計。

x.解釋申請專利之新式樣範圍時，不得僅以其外觀設計為對象，應綜合外觀設計與圖面所揭露之內部視覺性設計或物品之光學效果。

2.參酌創作說明之原則

i.新式樣專利權範圍，以圖面為準，並得審酌創作說明。

ii.創作說明中之「物品用途」欄係輔助說明物品名稱所指定之物品，其內容包括物品之使用、功能等有關物品本身之敘述。

iii.創作說明中之「創作特點」欄係輔助說明圖面所揭露應用於物品外觀有關形狀、花紋、色彩設計之創作特點，包括新穎特徵、因材質特性、機能調整或使用狀態使物品外觀產生形態變化之部分、設計本身之特性、指定色彩之工業色票編號及色彩施予物品之範圍等與設計有關之內容。

iv.解釋申請專利之新式樣範圍時，得先以創作說明中所載之文字內容為基礎，經比對申請專利之新式樣與申請前之先前技藝後，始能客觀認定具有創新內容的新穎特徵。

v.解釋聯合新式樣專利之新式樣範圍時，應參酌創作說明中所述其與原新式樣物品用途或創作特點之差異。

vi.申請歷史檔案得作為解釋申請專利之新式樣範圍的參考文

件。

vii.若由內部證據尚不足以明瞭申請專利之新式樣範圍之實質內容，得審酌外部證據。

3.排除功能性設計：新式樣專利係保護應用於物品外觀之透過視覺訴求之設計，若為純粹取決於功能需求，而為因應其本身或另一物品之功能或結構的功能性設計，以及在購買時不會注意或使用時看不到的內部結構，均不屬於專利權範圍。

比對解釋後申請專利之新式樣範圍與待鑑定物品

I.解析、比對、判斷之主體：判斷待鑑定物品是否落入專利權範圍時，鑑定人員應模擬市場消費型態，以新式樣物品所屬領域中具有普通知識及認知能力的消費者為主體，依其選購商品之觀點，判斷新式樣專利物品與待鑑定物品是否相同或近似，並判斷新式樣專利視覺性設計整體與待鑑定物品之設計是否相同或近似。

II.解析待鑑定物品內容

1.解析待鑑定物品時，應依新式樣之用途、功能，認定待鑑定物品對應解釋後申請專利新式樣範圍部位，不相關部位不得納入。

2.解析待鑑定物品之設計時，應就解釋後申請專利之新式樣範圍中之形狀、花紋、色彩，認定待鑑定物品對應之部位，無關之形狀、花紋或色彩不得納入。

III.物品是否相同或近似之判斷

1.圖示中說新式樣物品名稱是指專利權人指定專利權所給予之物品，物品名稱隱含之用途、功能係認定物品之近似範圍之基礎。

2.相同物品，指用途相同、功能相同。近似物品，指用途相同、功能不同者，或指用途相近，不論其功能是否相同者。

3.物品是否相同或近似的判斷，須考量商品產銷及使用的實際情況，並得參酌「國際工業設計分類」。

IV.視覺性設計整體是否相同或近似之判斷

1.鑑定人員該模仿普通消費者選取商品的觀點、比對、判斷專利權範圍中的視覺性設計整體與待鑑定物品是否相同或近似。

2.視覺性設計相同或近似的判斷，該用以普通消費者在侵權行為發生時觀點作考量。

3.對於開創性發明物品之設計及開創設計潮流之設計，在市場上的競爭商品較少、設計自由度寬且需要較高的創意及較多的開發資源，為鼓勵創作，其設計的近似範圍應比既有物品之改良設計更為寬廣。

4.相同或近似之新式樣共計四種態樣：

i.相同設計應用於相同物品，即相同之新式樣

ii.近似設計應用於相同物品，屬近似之新式樣

iii.相同設計應用於近似物品，屬近似之新式樣

iv.近似設計應用於近似物品，屬近似之新式樣

5.比對、判斷視覺性設計整體與待鑑定物品是否相同或近似之原則如下：

i.比對整體設計：係以應用於物品外觀之整體設計為範圍，故申請專利之新式樣範圍不得割裂，局部主張其權利。

ii.綜合判斷：以整體設計為對象進行比對，解釋申請專利之新式樣範圍中主要部位的設計特徵為重點，再綜合其他次要部份之設計特徵，構成整體視覺效果，考量設計特徵比對結果，判斷是否相同或近似。

iii.以主要部位為判斷重點：主要部位，指容易引起消費者注意

的部分。

(1)視覺正面：由六面試圖所揭露之圖形構成物品外觀之設計，各圖示所式者，皆屬專利權範圍之構成部分。

(2)使用狀態下之設計：以使用狀態下的外觀設計為主要部分。

iv.待鑑定物品是否包含新穎特徵判斷：申請專利之新式樣範圍中的新穎特徵已於解釋申請專利之新式樣範圍時予以確認，在本步驟中，僅須判斷待鑑定物品是否包含該新穎特徵。若待鑑定物品未包含該新穎特徵，應判斷其未落入專利權範圍。

V.禁反言

1.「禁反言」之意義：為「申請歷史禁反言」之簡稱，防止專利權人主張專利申請至專利權維護過程任何階段或任何文件中已被限定或已被排除之事項。

2.「禁反言」之成立要件：雖然待鑑定物品與解釋後申請專利之新式樣範圍之視覺性設計整體近似，若相關證據能證明待鑑定物品使設計整體近似之部分係專利權人於專利申請至專利權維護過程所排除之事項，則適用「禁反言」。

3.判斷「禁反言」之注意事項

i.主張「禁反言」係有利於被告，故應由被告負舉證責任。

ii.若圖面有補充、修正或更正，應探討其是否與可專利性有關。

iii.待鑑定物品包含新穎特徵而與申請專利之新式樣視覺性設計整體相同或近似，但不適用「禁反言」及「先前技術阻卻」者，應判斷落入專利權範圍。

iv.待鑑定物品包含新穎特徵而與申請專利之新式樣視覺性設計整體相同或近似，且適用「禁反言」者，應判斷未落入專利

權範圍。

VI.先前技術阻卻

1.「先前技術阻卻」之意義:「先前技術」係涵蓋申請日之前所有能被大眾得知的資訊,不限於世界上任何地方、任何語言或任何形式。

2.「先前技術阻卻」之成立要件:即使待鑑定物品包含新穎特徵而與申請專利之新式樣視覺性設計整體相同或近似,若被告主張適用「先前技術阻卻」,且經判斷待鑑定物品與其所提供之先前技藝相同或近似,則適用「先前技術阻卻」。

3.「先前技術阻卻」之注意事項:

i.主張「先前技術阻卻」有利於被告,故應由被告負舉證責任。

ii.待鑑定物品包含新穎特徵而與申請專利之新式樣視覺性設計整體相同或近似,但不適用「禁反言」及「先前技術阻卻」者,應判斷落入專利權範圍。

iii.待鑑定物品包含新穎特徵而與申請專利之新式樣視覺性設計整體相同或近似,且適用「先前技術阻卻」者,應判斷未落入專利權範圍。

其他注意事項

I.專利權應視為有效,專利權之授予或撤銷屬專利主管機關之職權,鑑定時不得就專利權之有效性進行判斷。

II.若被告已提起舉發,主張撤銷專利權時,原則上應待舉發案審查確定後,再進行鑑定。

III.聯合新式樣專利權從屬於原新式樣專利權,不得單獨主張,其專利權範圍不及於近似之新式樣。

IV.當事人對於申請專利之新式樣範圍之解釋及鑑定流程中各階段之判斷，得主張有利於己的事實，並應就事實舉證，以供法院參酌。

V.鑑定所需資料在法院者，法院應告知鑑定機構准其利用。

VI.鑑定機構應依法院要求之鑑定事項回復意見，法院未要求之事項，無須回復。

VII.專利權人申請更正圖說時，應待專利專責機關審定後再進行鑑定。

VIII.鑑定機構與當事人之間有利益衝突者應依法自行迴避。

IX.申請專利之新式樣範圍之解釋係屬法律問題，當事人或鑑定機構對申請專利之新式樣範圍之解釋有爭執時，法院應依職權認定。

X.必要時，應將鑑定過程以照相、錄音或錄影之方式予以存證。

鑑定機構對其所製作之鑑定報告應予保密。

第四節　專利侵害之鑑定報告撰寫格式

3-4.1 發明（或新型）專利侵害之鑑定報告撰寫格式

發明（或新型）專利侵害鑑定報告之撰寫，分為四部分：

I.鑑定事項：簡要記載待鑑定對象與專利權之名稱、所有人等。

　　1.例如：○○製售之○○是否落入○○公司所有之第○○○○○○○○號專利案（發明或新型第○○○○號）之專利權範圍。

II.鑑定結論：簡要記載鑑定結果。

  1.例如：待鑑定對象落入（或未落入）第○○○○○○○○號專利案（發明或新型第○○○○號）之專利權範圍。

III.鑑定理由：詳細記述作成鑑定結論之理由。

  1.鑑定標的：第○○○○○○○○號「XXX（名稱）」專利案之申請專利範圍：＿＿＿＿＿＿＿＿＿＿＿＿＿＿＿＿＿。

  2.鑑定比對過程說明：詳細記載待鑑定對象之名稱、所有人、來源、種類及其對應於申請專利範圍之技術特徵的元件、成分、步驟或其結合關係等。

IV.附件：

  1.專利案相關資料。

  2.待鑑定對象相關資料（含照片或測試記錄）。

3-4.2 新樣式專利侵害之鑑定報告撰寫格式

新式樣專利侵害鑑定報告之撰寫，可分為四部分：

I.鑑定事項：簡要記載待鑑定對象與專利權之名稱、所有人等。

II.鑑定結論：簡要記載鑑定結果。

  1.例如：待鑑定物品落入（或未落入）新式樣第○○○○○○○號專利案（新式樣第○○○○號）之專利權範圍。

III.鑑定理由

  1.鑑定標的：

    i.專利權：第○○○○號「XXX（名稱）」專利案之申請專利之新式樣範圍：＿＿＿＿＿＿＿＿＿＿＿＿＿。

    ii.待鑑定物品：詳細記載待鑑定物品之名稱、所有人、來源、種

　　類及其對應於申請專利之新式樣範圍之部位

2.鑑定比對過程說明：詳細比對待鑑定物品與新式樣範圍，依鑑定
　流程所列步驟逐一判斷，並說明依據及理由，以作成鑑定結論。

IV.附件

1.新式樣專利案相關資料

2.待鑑定物品相關資料（含照片或圖形等）

第五節　處理專利侵害案件應注意事項

處理原則

I.法院方面

1.確定待證事實

　法院於囑託鑑定機構前，宜先行確認兩造之訴訟爭點，釐清待證
事實，始囑託鑑定機構就該事實為鑑定，如此方能使鑑定機構針
對問題核心進行鑑定。

2.檢送待證資料

　於鑑定機構必須按照法院與兩造提供之證據與資料進行鑑定，舉
凡系爭專利之說明書、待鑑定物品等相關資料，均有賴法院之過
濾及提供，否則就錯誤或失真之資料所為之鑑定，其真實性堪
慮。

　有時須進行破壞式鑑定，可能毀損代鑑定物而無法復原，因此法
院於送鑑定時，要先確定鑑定方式。

II.鑑定機構方面

1.迴避原則：鑑定機構之鑑定結果影響當事人權益時，為免利益衝突或引發當事人對於鑑定結果之質疑，有利害關係時，宜予迴避。

2.鑑定人員之資格：原則上，鑑定工作應由嫻熟該專業領域且曾接受專利侵害鑑定訓練之專業人員擔任。

3.鑑定流程與時效：為維持一定之鑑定水準並掌握鑑定時效，鑑定機構宜訂定標準作業流程及完成時限，以配合法院之辦案需求。

4.保密措施：鑑定機構僅扮演協助法院瞭解事實、調查證據之角色，對於當事人及其所提供之資料，甚至鑑定之人員、過程與結果，均保密，力求公平、客觀。

5.鑑定報告：對於鑑定報告之作成及內容，應清楚、明確，避免模稜兩可或艱澀難解之結論與說明；對於因資料不足而無從判斷者。

舉證責任

I.製造方法專利權之特別規定

1.專利權人主張其專利權被侵害時，必須負舉證責任。專利權人必須證明係爭專利確有被侵害之事實，亦即必須先證明自己有專利權。

2.製造方法專利所製成之物品在該製造方法申請專利前為國內外未見者，他人製造相同之物品，推定為以該專利方法所製造。就能證明以下兩點，即可構成侵權：

i.若其方法專利所製成之物品在該專利申請前，相同物品均未見

於國內外，且該他人製造之物品與方法專利所製造之物品相同。

ii.以推定他人係以專利方法製造，而構成侵權。

3.推定過程如下：

i.A（方法專利）$\xrightarrow{製造}$ P1 （物品）

ii.B（方法）$\xrightarrow{製造}$ P2 （物品）

iii.若P1 = P2　　　則推定B = A

4.法律之推定規定，得以反證推翻之。「被告證明其製造該相同物品之方法與專利方法不同者，為已提出反證。被告舉證所揭示製造及營業秘密之合法權益，應予充分保障。」

5.被告於舉證推翻推定時，可能揭示其製造物品之方法，鑑定機構或法院有保障其揭示製造及營業秘密之合法權益的義務。其揭示過程與結果，僅限於證明待證事實之用，預防損及權益。

II.實務作法

1.若當事人一方舉證顯有困難時，法院為發現真實，得命他造提出為必要之協助，並非得一定全由當事人自行搜證。

2.揭示行為，通常必須於鑑定人、法院或專利權人之前，完整揭露製造物品之過程、方法與步驟，以供比對鑑定兩造製造方法之異同。保障被告之合法權益，於進行揭示過程中應妥善處理，管制一切資料，以免損害被告之合法權益。

重複專利之侵害處理原則

I.何謂重複專利：係指兩個以上專利申請案，其專利權範圍相同。若由於疏忽，對於二個以上相同之發明或新型，或對於二個以上相同

或近似之新式樣授予兩個以上專利時，該等專利互為重複專利，互成專利權範圍牴觸的關係。

II.專利法之規定

1.同一發明有二以上之專利申請案時，僅得就其最先申請者准予發明專利。但後申請者所主張之優先權日早於先申請者之申請日時，不在此限。

2.申請日、優先權日為同日者，應通知申請人協議定之，協議不成時，均不予發明專利；其申請人為同一人時，應通知申請人限期擇一申請，屆期未擇一申請者，均不予發明專利。

3.不同日而有二個以上專利申請案提出，申請範圍相同時，僅最先提出申請案者可獲得專利，其餘不給予專利。

處理原理

I.鑑定：專利侵害鑑定機構而言，係爭專利於判斷上可能為重複專利，因專利權之有效與否，專利主管機關於鑑定機構時，不得越俎代庖擅自判斷。若有必要，鑑定機構亦得就帶鑑定對象與疑似重複之相關專利為鑑定，以釐清待鑑定對象與相關專利之關係。

II.舉發：專利權之授予或撤銷係專利專責機關之職權。雙方當事人對於專利權的有效性或申請專利範圍之牴觸與否有爭執時，應透過舉發程序，釐清雙方之專利權的有效性或申請專利範圍。

附錄一　專利法法規

專利法

第一章　總則

第　一　條　為鼓勵、保護、利用發明與創作，以促進產業發展，特制定本法。

第　二　條　本法所稱專利，分為下列三種：

一、發明專利。

二、新型專利。

三、新式樣專利。

第　三　條　本法主管機關為經濟部。

專利業務，由經濟部指定專責機關辦理。

第　四　條　外國人所屬之國家與中華民國如未共同參加保護專利之國際條約或無相互保護專利之條約、協定或由團體、機構互訂經主管機關核准保護專利之協議，或對中華民國國民申請專利，不予受理者，其專利申請，得不予受理。

第　五　條　專利申請權，指得依本法申請專利之權利。

專利申請權人，除本法另有規定或契約另有約定外，指發明人、創作人或其受讓人或繼承人。

第　六　條　專利申請權及專利權，均得讓與或繼承。

專利申請權，不得為質權之標的。

以專利權為標的設定質權者，除契約另有約定外，質權

人不得實施該專利權。

第　七　條　受雇人於職務上所完成之發明、新型或新式樣，其專利申請權及專利權屬於雇用人，雇用人應支付受雇人適當之報酬。但契約另有約定者，從其約定。

前項所稱職務上之發明、新型或新式樣，指受雇人於僱傭關係中之工作所完成之發明、新型或新式樣。

一方出資聘請他人從事研究開發者，其專利申請權及專利權之歸屬依雙方契約約定；契約未約定者，屬於發明人或創作人。但出資人得實施其發明、新型或新式樣。

依第一項、前項之規定，專利申請權及專利權歸屬於雇用人或出資人者，發明人或創作人享有姓名表示權。

第　八　條　受雇人於非職務上所完成之發明、新型或新式樣，其專利申請權及專利權屬於受雇人。但其發明、新型或新式樣係利用雇用人資源或經驗者，雇用人得於支付合理報酬後，於該事業實施其發明、新型或新式樣。

受雇人完成非職務上之發明、新型或新式樣，應即以書面通知雇用人，如有必要並應告知創作之過程。

雇用人於前項書面通知到達後六個月內，未向受雇人為反對之表示者，不得主張該發明、新型或新式樣為職務上發明、新型或新式樣。

第　九　條　前條雇用人與受雇人間所訂契約，使受雇人不得享受其發明、新型或新式樣之權益者，無效。

第　十　條　雇用人或受雇人對第七條及第八條所定權利之歸屬有爭執而達成協議者，得附具證明文件，向專利專責機關申

請變更權利人名義。專利專責機關認有必要時，得通知當事人附具依其他法令取得之調解、仲裁或判決文件。

第 十一 條　申請人申請專利及辦理有關專利事項，得委任代理人辦理之。

在中華民國境內，無住所或營業所者，申請專利及辦理專利有關事項，應委任代理人辦理之。

代理人，除法令另有規定外，以專利師為限。

專利師之資格及管理，另以法律定之；法律未制定前，代理人資格之取得、撤銷、廢止及其管理規則，由主管機關定之。

第 十二 條　專利申請權為共有者，應由全體共有人提出申請。

二人以上共同為專利申請以外之專利相關程序時，除撤回或拋棄申請案、申請分割、改請或本法另有規定者，應共同連署外，其餘程序各人皆可單獨為之。但約定有代表者，從其約定。

前二項應共同連署之情形，應指定其中一人為應受送達人。未指定應受送達人者，專利專責機關應以第一順序申請人為應受送達人，並應將送達事項通知其他人。

第 十三 條　專利申請權為共有時，各共有人未得其他共有人之同意，不得以其應有部分讓與他人。

第 十四 條　繼受專利申請權者，如在申請時非以繼受人名義申請專利，或未在申請後向專利專責機關申請變更名義者，不得以之對抗第三人。

為前項之變更申請者，不論受讓或繼承，均應附具證明文件。

第 十五 條　專利專責機關職員及專利審查人員於任職期內，除繼
　　　　　　承外，不得申請專利及直接、間接受有關專利之任何
　　　　　　權益。

第 十六 條　專利專責機關職員及專利審查人員對職務上知悉或持
　　　　　　有關於專利之發明、新型或新式樣，或申請人事業上
　　　　　　之秘密，有保密之義務。

第 十七 條　凡申請人為有關專利之申請及其他程序，延誤法定或
　　　　　　指定之期間或不依限納費者，應不受理。但延誤指定
　　　　　　期間或不依限納費在處分前補正者，仍應受理。
　　　　　　申請人因天災或不可歸責於己之事由延誤法定期間
　　　　　　者，於其原因消滅後三十日內得以書面敘明理由向專
　　　　　　利專責機關申請回復原狀。但延誤法定期間已逾一年
　　　　　　者，不在此限。
　　　　　　申請回復原狀，應同時補行期間內應為之行為。

第 十八 條　審定書或其他文件無從送達者，應於專利公報公告
　　　　　　之，自刊登公報之日起滿三十日，視為已送達。

第 十九 條　有關專利之申請及其他程序，得以電子方式為之；其
　　　　　　實施日期及辦法，由主管機關定之。

第 二十 條　本法有關期間之計算，其始日不計算在內。
　　　　　　第五十一條第三項、第一百零一條第三項及第一百十三
　　　　　　條第三項規定之專利權期限，自申請日當日起算。

第二章　發明專利

第一節　專利要件

第二十一條　發明，指利用自然法則之技術思想之創作。

第二十二條　凡可供產業上利用之發明，無下列情事之一者，得依本法申請取得發明專利：

一、申請前已見於刊物或已公開使用者。

二、申請前已為公眾所知悉者。

發明有下列情事之一，致有前項各款情事，並於其事實發生之日起六個月內申請者，不受前項各款規定之限制：

一、因研究、實驗者。

二、因陳列於政府主辦或認可之展覽會者。

三、非出於申請人本意而洩漏者。

申請人主張前項第一款、第二款之情事者，應於申請時敘明事實及其年、月、日，並應於專利專責機關指定期間內檢附證明文件。

發明雖無第一項所列情事，但為其所屬技術領域中具有通常知識者依申請前之先前技術所能輕易完成時，仍不得依本法申請取得發明專利。

第二十三條　申請專利之發明，與申請在先而在其申請後始公開或公告之發明或新型專利申請案所附說明書或圖式載明之內容相同者，不得取得發明專利。但其申請人與申請在先之發明或新型專利申請案之申請人相同者，不在此限。

第二十四條　下列各款，不予發明專利：

1.動、植物及生產動、植物之主要生物學方法。但微生物學之生產方法，不在此限。

2.人體或動物疾病之診斷、治療或外科手術方法。

3.妨害公共秩序、善良風俗或衛生者。

第二節　申請

第二十五條　申請發明專利，由專利申請權人備具申請書、說明書及必要圖式，向專利專責機關申請之。

申請權人為雇用人、受讓人或繼承人時，應敘明發明人姓名，並附具僱傭、受讓或繼承證明文件。

申請發明專利，以申請書、說明書及必要圖式齊備之日為申請日。

前項說明書及必要圖式以外文本提出，且於專利專責機關指定期間內補正中文本者，以外文本提出之日為申請日；未於指定期間內補正者，申請案不予受理。但在處分前補正者，以補正之日為申請日。

第二十六條　前條之說明書，應載明發明名稱、發明說明、摘要及申請專利範圍。

發明說明應明確且充分揭露，使該發明所屬技術領域中具有通常知識者，能瞭解其內容，並可據以實施。

申請專利範圍應明確記載申請專利之發明，各請求項應以簡潔之方式記載，且必須為發明說明及圖式所支持。

發明說明、申請專利範圍及圖式之揭露方式，於本法施行細則定之。

第二十七條　申請人就相同發明在與中華民國相互承認優先權之國家或世界貿易組織會員第一次依法申請專利，並於第一次申請專利之日起十二個月內，向中華民國申請專利者，得主張優先權。

依前項規定，申請人於一申請案中主張二項以上優先權時，其優先權期間之起算日為最早之優先權日之次日。

外國申請人為非世界貿易組織會員之國民且其所屬國家與我國無相互承認優先權者，若於世界貿易組織會員或互惠國領域內，設有住所或營業所者，亦得依第一項規定主張優先權。

主張優先權者，其專利要件之審查，以優先權日為準。

第二十八條　依前條規定主張優先權者，應於申請專利同時提出聲明，並於申請書中載明第一次申請之申請日及受理該申請之國家或世界貿易組織會員。

申請人應於申請日起四個月內，檢送經前項國家或世界貿易組織會員證明受理之申請文件。

違反前二項之規定者，喪失優先權。

第二十九條　申請人基於其在中華民國先申請之發明或新型專利案再提出專利之申請者，得就先申請案申請時說明書或圖式所載之發明或創作，主張優先權。但有下列情事之一者，不得主張之：

一、自先申請案申請日起已逾十二個月者。

二、先申請案中所記載之發明或創作已經依第二十七條或本條規定主張優先權者。

三、先申請案係第三十三條第一項規定之分割案或第一百零二條之改請案。

四、先申請案已經審定或處分者。

前項先申請案自其申請日起滿十五個月，視為撤回。

先申請案申請日起十五個月後，不得撤回優先權主張。

依第一項主張優先權之後申請案，於先申請案申請日起十五個月內撤回者，視為同時撤回優先權之主張。

申請人於一申請案中主張二項以上優先權時，其優先權期間之起算日為最早之優先權日之次日。

主張優先權者，其專利要件之審查，以優先權日為準。

依第一項主張優先權者，應於申請專利同時提出聲明，並於申請書中載明先申請案之申請日及申請案號數，申請人未於申請時提出聲明，或未載明先申請案之申請日及申請案號數者，喪失優先權。

依本條主張之優先權日，不得早於中華民國九十年十月二十六日。

第 三十 條　申請生物材料或利用生物材料之發明專利，申請人最遲應於申請日將該生物材料寄存於專利專責機關指定之國內寄存機構，並於申請書上載明寄存機構、寄存日期及寄存號碼。但該生物材料為所屬技術領域中具有通常知識者易於獲得時，不須寄存。

申請人應於申請日起三個月內檢送寄存證明文件，屆期未檢送者，視為未寄存。

申請前如已於專利專責機關認可之國外寄存機構寄存，而於申請時聲明其事實，並於前項規定之期限內，檢送寄存於專利專責機關指定之國內寄存機構之證

明文件及國外寄存機構出具之證明文件者，不受第一項
最遲應於申請日在國內寄存之限制。

第一項生物材料寄存之受理要件、種類、型式、數
量、收費費率及其他寄存執行之辦法，由主管機關定
之。

第三十一條　同一發明有二以上之專利申請案時，僅得就其最先申請
者准予發明專利。但後申請者所主張之優先權日早於先
申請者之申請日者，不在此限。

前項申請日、優先權日為同日者，應通知申請人協議定
之，協議不成時，均不予發明專利；其申請人為同一
人時，應通知申請人限期擇一申請，屆期未擇一申請
者，均不予發明專利。

各申請人為協議時，專利專責機關應指定相當期間通
知申請人申報協議結果，屆期未申報者，視為協議不
成。

同一發明或創作分別申請發明專利及新型專利者，準用
前三項規定。

第三十二條　申請發明專利，應就每一發明提出申請。

二個以上發明，屬於一個廣義發明概念者，得於一申請
案中提出申請。

第三十三條　申請專利之發明，實質上為二個以上之發明時，經專利
專責機關通知，或據申請人申請，得為分割之申請。

前項分割申請應於原申請案再審查審定前為之；准予分
割者，仍以原申請案之申請日為申請日。如有優先權
者，仍得主張優先權，並應就原申請案已完成之程序續

行審查。

第三十四條　發明為非專利申請權人請准專利，經專利申請權人於該
　　　　　　專利案公告之日起二年內申請舉發，並於舉發撤銷確定
　　　　　　之日起六十日內申請者，以非專利申請權人之申請日為
　　　　　　專利申請權人之申請日。

　　　　　　發明專利申請權人依前項規定申請之案件，不再公
　　　　　　告。

第三節　審查及再審查

第三十五條　專利專責機關對於發明專利申請案之實體審查，應指定
　　　　　　專利審查人員審查之。

　　　　　　專利審查人員之資格，以法律定之。

第三十六條　專利專責機關接到發明專利申請文件後，經審查認為無
　　　　　　不合規定程式，且無應不予公開之情事者，自申請日起
　　　　　　十八個月後，應將該申請案公開之。

　　　　　　專利專責機關得因申請人之申請，提早公開其申請
　　　　　　案。

　　　　　　發明專利申請案有下列情事之一者，不予公開：

　　　　　　一、自申請日起十五個月內撤回者。

　　　　　　二、涉及國防機密或其他國家安全之機密者。

　　　　　　三、妨害公共秩序或善良風俗者。

　　　　　　第一項、前項期間，如主張優先權者，其起算日為優先
　　　　　　權日之次日；主張二項以上優先權時，其起算日為最早
　　　　　　之優先權日之次日。

第三十七條　自發明專利申請日起三年內，任何人均得向專利專責機
　　　　　　關申請實體審查。

依第三十三條第一項規定申請分割，或依第一百零二條規定改請為發明專利，逾前項期間者，得於申請分割或改請之日起三十日內，向專利專責機關申請實體審查。

依前二項規定所為審查之申請，不得撤回。

未於第一項或第二項規定之期間內申請實體審查者，該發明專利申請案，視為撤回。

第三十八條　申請前條之審查者，應檢附申請書。

專利專責機關應將申請審查之事實，刊載於專利公報。

申請審查由發明專利申請人以外之人提起者，專利專責機關應將該項事實通知發明專利申請人。

有關生物材料或利用生物材料之發明專利申請人，申請審查時，應檢送寄存機構出具之存活證明；如發明專利申請人以外之人申請審查時，專利專責機關應通知發明專利申請人於三個月內檢送存活證明。

第三十九條　發明專利申請案公開後，如有非專利申請人為商業上之實施者，專利專責機關得依申請優先審查之。

為前項申請者，應檢附有關證明文件。

第　四十　條　發明專利申請人對於申請案公開後，曾經以書面通知發明專利申請內容，而於通知後公告前就該發明仍繼續為商業上實施之人，得於發明專利申請案公告後，請求適當之補償金。

對於明知發明專利申請案已經公開，於公告前就該發明仍繼續為商業上實施之人，亦得為前項之請求。

前二項規定之請求權，不影響其他權利之行使。

第一項、第二項之補償金請求權，自公告之日起，二年間不行使而消滅。

第四十一條　前五條規定，於中華民國九十一年十月二十六日起提出之發明專利申請案，始適用之。

第四十二條　專利審查人員有下列情事之一者，應自行迴避：

一、本人或其配偶，為該專利案申請人、代理人、代理人之合夥人或與代理人有僱傭關係者。

二、現為該專利案申請人或代理人之四親等內血親，或三親等內姻親。

三、本人或其配偶，就該專利案與申請人有共同權利人、共同義務人或償還義務人之關係者。

四、現為或曾為該專利案申請人之法定代理人或家長家屬者。

五、現為或曾為該專利案申請人之訴訟代理人或輔佐人者。

六、現為或曾為該專利案之證人、鑑定人、異議人或舉發人者。

專利審查人員有應迴避而不迴避之情事者，專利專責機關得依職權或依申請撤銷其所為之處分後，另為適當之處分。

第四十三條　申請案經審查後，應作成審定書送達申請人或其代理人。

經審查不予專利者，審定書應備具理由。

審定書應由專利審查人員具名。再審查、舉發審查及專

利權延長審查之審定書，亦同。

第四十四條　發明專利申請案違反第二十一條至第二十四條、第二十六條、第三十條第一項、第二項、第三十一條、第三十二條或第四十九條第四項規定者，應為不予專利之審定。

第四十五條　申請專利之發明經審查認無不予專利之情事者，應予專利，並應將申請專利範圍及圖式公告之。

經公告之專利案，任何人均得申請閱覽、抄錄、攝影或影印其審定書、說明書、圖式及全部檔案資料。但專利專責機關依法應予保密者，不在此限。

第四十六條　發明專利申請人對於不予專利之審定有不服者，得於審定書送達之日起六十日內備具理由書，申請再審查。但因申請程序不合法或申請人不適格而不受理或駁回者，得逕依法提起行政救濟。

經再審查認為有不予專利之情事時，在審定前應先通知申請人，限期申復。

第四十七條　再審查時，專利專責機關應指定未曾審查原案之專利審查人員審查，並作成審定書。

前項再審查之審定書，應送達申請人。

第四十八條　專利專責機關於審查發明專利時，得依申請或依職權通知申請人限期為下列各款之行為：

一、至專利專責機關面詢。

二、為必要之實驗、補送模型或樣品。

前項第二款之實驗、補送模型或樣品，專利專責機關必要時，得至現場或指定地點實施勘驗。

第四十九條　專利專責機關於審查發明專利時，得依職權通知申請人限期補充、修正說明書或圖式。

申請人得於發明專利申請日起十五個月內，申請補充、修正說明書或圖式；其於十五個月後申請補充、修正說明書或圖式者，仍依原申請案公開。

申請人於發明專利申請日起十五個月後，僅得於下列各款之期日或期間內補充、修正說明書或圖式：

一、申請實體審查之同時。

二、申請人以外之人申請實體審查者，於申請案進行實體審查通知送達後三個月內。

三、專利專責機關於審定前通知申復之期間內。

四、申請再審查之同時，或得補提再審查理由書之期間內。

依前三項所為之補充、修正，不得超出申請時原說明書或圖式所揭露之範圍。

第二項、第三項期間，如主張有優先權者，其起算日為優先權日之次日。

第 五 十 條　發明經審查有影響國家安全之虞，應將其說明書移請國防部或國家安全相關機關諮詢意見，認有秘密之必要者，其發明不予公告，申請書件予以封存，不供閱覽，並作成審定書送達申請人、代理人及發明人。

申請人、代理人及發明人對於前項之發明應予保密，違反者，該專利申請權視為拋棄。

保密期間，自審定書送達申請人之日起為期一年，並得續行延展保密期間每次一年，期間屆滿前一個月，專利

專責機關應諮詢國防部或國家安全相關機關，無保密之必要者，應即公告。

就保密期間申請人所受之損失，政府應給與相當之補償。

第四節　專利權

第五十一條　申請專利之發明，經核准審定後，申請人應於審定書送達後三個月內，繳納證書費及第一年年費後，始予公告；屆期未繳費者，不予公告，其專利權自始不存在。

申請專利之發明，自公告之日起給予發明專利權，並發證書。

發明專利權期限，自申請日起算二十年屆滿。

第五十二條　醫藥品、農藥品或其製造方法發明專利權之實施，依其他法律規定，應取得許可證，而於專利案公告後需時二年以上者，專利權人得申請延長專利二年至五年，並以一次為限。但核准延長之期間，不得超過向中央目的事業主管機關取得許可證所需期間，取得許可證期間超過五年者，其延長期間仍以五年為限。

前項申請應備具申請書，附具證明文件，於取得第一次許可證之日起三個月內，向專利專責機關提出。但在專利權期間屆滿前六個月內，不得為之。

主管機關就前項申請案，有關延長期間之核定，應考慮對國民健康之影響，並會同中央目的事業主管機關訂定核定辦法。

第五十三條　專利專責機關對於發明專利權延長申請案，應指定專

利審查人員審查，作成審定書送達專利權人或其代理人。

第五十四條　任何人對於經核准延長發明專利權期間，認有下列情事之一者，得附具證據，向專利專責機關舉發之：

一、發明專利之實施無取得許可證之必要者。

二、專利權人或被授權人並未取得許可證。

三、核准延長之期間超過無法實施之期間。

四、延長專利權期間之申請人並非專利權人。

五、專利權為共有，而非由共有人全體申請者。

六、以取得許可證所承認之外國試驗期間申請延長專利權時，核准期間超過該外國專利主管機關認許者。

七、取得許可證所需期間未滿二年者。

專利權延長經舉發成立確定者，原核准延長之期間，視為自始不存在。但因違反前項第三款、第六款規定，經舉發成立確定者，就其超過之期間，視為未延長。

第五十五條　專利專責機關認有前條第一項各款情事之一者，得依職權撤銷延長之發明專利權期間。

專利權延長經撤銷確定者，原核准延長之期間，視為自始不存在。但因違反前條第一項第三款、第六款規定，經撤銷確定者，就其超過之期間，視為未延長。

第五十六條　物品專利權人，除本法另有規定者外，專有排除他人未經其同意而製造、為販賣之要約、販賣、使用或為上述目的而進口該物品之權。

方法專利權人，除本法另有規定者外，專有排除他人未

經其同意而使用該方法及使用、為販賣之要約、販賣或為上述目的而進口該方法直接製成物品之權。

發明專利權範圍，以說明書所載之申請專利範圍為準，於解釋申請專利範圍時，並得審酌發明說明及圖式。

第五十七條　發明專利權之效力，不及於下列各款情事：

一、為研究、教學或試驗實施其發明，而無營利行為者。

二、申請前已在國內使用，或已完成必須之準備者。但在申請前六個月內，於專利申請人處得知其製造方法，並經專利申請人聲明保留其專利權者，不在此限。

三、申請前已存在國內之物品。

四、僅由國境經過之交通工具或其裝置。

五、非專利申請權人所得專利權，因專利權人舉發而撤銷時，其被授權人在舉發前以善意在國內使用或已完成必須之準備者。

六、專利權人所製造或經其同意製造之專利物品販賣後，使用或再販賣該物品者。上述製造、販賣不以國內為限。

前項第二款及第五款之使用人，限於在其原有事業內繼續利用；第六款得為販賣之區域，由法院依事實認定之。

第一項第五款之被授權人，因該專利權經舉發而撤銷之後，仍實施時，於收到專利權人書面通知之日起，應支

付專利權人合理之權利金。

第五十八條　混合二種以上醫藥品而製造之醫藥品或方法，其專利權效力不及於醫師之處方或依處方調劑之醫藥品。

第五十九條　發明專利權人以其發明專利權讓與、信託、授權他人實施或設定質權，非經向專利專責機關登記，不得對抗第三人。

第　六　十　條　發明專利權之讓與或授權，契約約定有下列情事之一致生不公平競爭者，其約定無效：

　　一、禁止或限制受讓人使用某項物品或非出讓人、授權人所供給之方法者。

　　二、要求受讓人向出讓人購取未受專利保障之出品或原料者。

第六十一條　發明專利權為共有時，除共有人自己實施外，非得共有人全體之同意，不得讓與或授權他人實施。但契約另有約定者，從其約定。

第六十二條　發明專利權共有人未得共有人全體同意，不得以其應有部分讓與、信託他人或設定質權。

第六十三條　發明專利權人因中華民國與外國發生戰事受損失者，得申請延展專利權五年至十年，以一次為限。但屬於交戰國人之專利權，不得申請延展。

第六十四條　發明專利權人申請更正專利說明書或圖式，僅得就下列事項為之：

　　一、申請專利範圍之減縮。

　　二、誤記事項之訂正。

　　三、不明瞭記載之釋明。

前項更正，不得超出申請時原說明書或圖式所揭露之範圍，且不得實質擴大或變更申請專利範圍。　專利專責機關於核准更正後，應將其事由刊載專利公報。

說明書、圖式經更正公告者，溯自申請日生效。

第六十五條　發明專利權人未得被授權人或質權人之同意，不得為拋棄專利權或為前條之申請。

第六十六條　有下列情事之一者，發明專利權當然消滅：

一、專利權期滿時，自期滿之次日消滅。

二、專利權人死亡，無人主張其為繼承人者，專利權於依民法第一千一百八十五條規定歸屬國庫之日起消滅。

三、第二年以後之專利年費未於補繳期限屆滿前繳納者，自原繳費期限屆滿之次日消滅。但依第十七條第二項規定回復原狀者，不在此限。

四、專利權人拋棄時，自其書面表示之日消滅。

第六十七條　有下列情事之一者，專利專責機關應依舉發或依職權撤銷其發明專利權，並限期追繳證書，無法追回者，應公告註銷：

一、違反第十二條第一項、第二十一條至第二十四條、第二十六條、第三十一條或第四十九條第四項規定者。

二、專利權人所屬國家對中華民國國民申請專利不予受理者。

三、發明專利權人為非發明專利申請權人者。

以違反第十二條第一項規定或有前項第三款情事，提起

舉發者，限於利害關係人；其他情事，任何人得附具證據，向專利專責機關提起舉發。

舉發人補提理由及證據，應自舉發之日起一個月內為之。但在舉發審定前提出者，仍應審酌之。

舉發案經審查不成立者，任何人不得以同一事實及同一證據，再為舉發。

第六十八條　利害關係人對於專利權之撤銷有可回復之法律上利益者，得於專利權期滿或當然消滅後提起舉發。

第六十九條　專利專責機關接到舉發書後，應將舉發書副本送達專利權人。

專利權人應於副本送達後一個月內答辯，除先行申明理由，准予展期者外，屆期不答辯者，逕予審查。

第 七 十 條　專利專責機關於舉發審查時，應指定未曾審查原案之專利審查人員審查，並作成審定書，送達專利權人及舉發人。

第七十一條　專利專責機關於舉發審查時，得依申請或依職權通知專利權人限期為下列各款之行為：

一、至專利專責機關面詢。

二、為必要之實驗、補送模型或樣品。

三、依第六十四條第一項及第二項規定更正。

前項第二款之實驗、補送模型或樣品，專利專責機關必要時，得至現場或指定地點實施勘驗。

依第一項第三款規定更正專利說明書或圖式者，專利專責機關應通知舉發人。

第七十二條　第五十四條延長發明專利權舉發之處理，準用第六十七

條第三項、第四項及前四條規定。

第六十七條依職權撤銷專利權之處理，準用前三條規定。

第七十三條　發明專利權經撤銷後，有下列情形之一者，即為撤銷確定：

一、未依法提起行政救濟者。

二、經提起行政救濟經駁回確定者。

發明專利權經撤銷確定者，專利權之效力，視為自始即不存在。

第七十四條　發明專利權之核准、變更、延長、延展、讓與、信託、授權實施、特許實施、撤銷、消滅、設定質權及其他應公告事項，專利專責機關應刊載專利公報。

第七十五條　專利專責機關應備置專利權簿，記載核准專利、專利權異動及法令所定之一切事項。

前項專利權簿，得以電子方式為之，並供人民閱覽、抄錄、攝影或影印。

第五節　實施

第七十六條　為因應國家緊急情況或增進公益之非營利使用或申請人曾以合理之商業條件在相當期間內仍不能協議授權時，專利專責機關得依申請，特許該申請人實施專利權；其實施應以供應國內市場需要為主。但就半導體技術專利申請特許實施者，以增進公益之非營利使用為限。

專利權人有限制競爭或不公平競爭之情事，經法院判決或行政院公平交易委員會處分確定者，雖無前項之情

形，專利專責機關亦得依申請，特許該申請人實施專利權。

專利專責機關接到特許實施申請書後，應將申請書副本送達專利權人，限期三個月內答辯；屆期不答辯者，得逕行處理。

特許實施權，不妨礙他人就同一發明專利權再取得實施權。

特許實施權人應給與專利權人適當之補償金，有爭執時，由專利專責機關核定之。

特許實施權，應與特許實施有關之營業一併轉讓、信託、繼承、授權或設定質權。

特許實施之原因消滅時，專利專責機關得依申請廢止其特許實施。

第七十七條　依前條規定取得特許實施權人，違反特許實施之目的時，專利專責機關得依專利權人之申請或依職權廢止其特許實施。

第七十八條　再發明，指利用他人發明或新型之主要技術內容所完成之發明。

再發明專利權人未經原專利權人同意，不得實施其發明。

製造方法專利權人依其製造方法製成之物品為他人專利者，未經該他人同意，不得實施其發明。

前二項再發明專利權人與原發明專利權人，或製造方法專利權人與物品專利權人，得協議交互授權實施。

前項協議不成時，再發明專利權人與原發明專利權人或

製造方法專利權人與物品專利權人得依第七十六條規定申請特許實施。但再發明或製造方法發明所表現之技術，須較原發明或物品發明具相當經濟意義之重要技術改良者，再發明或製造方法專利權人始得申請特許實施。

再發明專利權人或製造方法專利權人取得之特許實施權，應與其專利權一併轉讓、信託、繼承、授權或設定質權。

第七十九條　發明專利權人應在專利物品或其包裝上標示專利證書號數，並得要求被授權人或特許實施權人為之；其未附加標示者，不得請求損害賠償。但侵權人明知或有事實足證其可得而知為專利物品者，不在此限。

第六節　納費

第 八十 條　關於發明專利之各項申請，申請人於申請時，應繳納申請費。

核准專利者，發明專利權人應繳納證書費及專利年費；請准延長、延展專利者，在延長、延展期內，仍應繳納專利年費。

申請費、證書費及專利年費之金額，由主管機關定之。

第八十一條　發明專利年費自公告之日起算，第一年年費，應依第五十一條第一項規定繳納；第二年以後年費，應於屆期前繳納之。

前項專利年費，得一次繳納數年，遇有年費調整時，毋庸補繳其差額。

第八十二條　發明專利第二年以後之年費，未於應繳納專利年費之期間內繳費者，得於期滿六個月內補繳之。但其年費應按規定之年費加倍繳納。

第八十三條　發明專利權人為自然人、學校或中小企業者，得向專利專責機關申請減免專利年費；其減免條件、年限、金額及其他應遵行事項之辦法，由主管機關定之。

第七節　損害賠償及訴訟

第八十四條　發明專利權受侵害時，專利權人得請求賠償損害，並得請求排除其侵害，有侵害之虞者，得請求防止之。

專屬被授權人亦得為前項請求。但契約另有約定者，從其約定。

發明專利權人或專屬被授權人依前二項規定為請求時，對於侵害專利權之物品或從事侵害行為之原料或器具，得請求銷燬或為其他必要之處置。

發明人之姓名表示權受侵害時，得請求表示發明人之姓名或為其他回復名譽之必要處分。

本條所定之請求權，自請求權人知有行為及賠償義務人時起，二年間不行使而消滅；自行為時起，逾十年者，亦同。

第八十五條　依前條請求損害賠償時，得就下列各款擇一計算其損害：

一、依民法第二百十六條之規定。但不能提供證據方法以證明其損害時，發明專利權人得就其實施專利權通常所可獲得之利益，減除受害後實施同一專利權所得之利益，以其差額為所受損害。

二、依侵害人因侵害行為所得之利益。於侵害人不能就其成本或必要費用舉證時，以銷售該項物品全部收入為所得利益。

除前項規定外，發明專利權人之業務上信譽，因侵害而致減損時，得另請求賠償相當金額。依前二項規定，侵害行為如屬故意，法院得依侵害情節，酌定損害額以上之賠償。但不得超過損害額之三倍。

第八十六條　用作侵害他人發明專利權行為之物，或由其行為所生之物，得以被侵害人之請求施行假扣押，於判決賠償後，作為賠償金之全部或一部。

當事人為前條起訴及聲請本條假扣押時，法院應依民事訴訟法之規定，准予訴訟救助。

第八十七條　製造方法專利所製成之物品在該製造方法申請專利前為國內外未見者，他人製造相同之物品，推定為以該專利方法所製造。

前項推定得提出反證推翻之。被告證明其製造該相同物品之方法與專利方法不同者，為已提出反證。

被告舉證所揭示製造及營業秘密之合法權益，應予充分保障。

第八十八條　發明專利訴訟案件，法院應以判決書正本一份送專利專責機關。

第八十九條　被侵害人得於勝訴判決確定後，聲請法院裁定將判決書全部或一部登報，其費用由敗訴人負擔。

第 九十 條　關於發明專利權之民事訴訟，在申請案、舉發案、撤銷案確定前，得停止審判。

法院依前項規定裁定停止審判時，應注意舉發案提出之正當性。

舉發案涉及侵權訴訟案件之審理者，專利專責機關得優先審查。

第九十一條　未經認許之外國法人或團體就本法規定事項得提起民事訴訟。但以條約或其本國法令、慣例，中華民國國民或團體得在該國享受同等權利者為限；其由團體或機構互訂保護專利之協議，經主管機關核准者，亦同。

第九十二條　法院為處理發明專利訴訟案件，得設立專業法庭或指定專人辦理。

司法院得指定侵害專利鑑定專業機構。

法院受理發明專利訴訟案件，得囑託前項機構為鑑定。

第三章　新型專利

第九十三條　新型，指利用自然法則之技術思想，對物品之形狀、構造或裝置之創作。

第九十四條　凡可供產業上利用之新型，無下列情事之一者，得依本法申請取得新型專利：

一、申請前已見於刊物或已公開使用者。

二、申請前已為公眾所知悉者。

新型有下列情事之一，致有前項各款情事，並於其事實發生之日起六個月內申請者，不受前項各款規定之限制：

一、因研究、實驗者。

二、因陳列於政府主辦或認可之展覽會者。

三、非出於申請人本意而洩漏者。

申請人主張前項第一款、第二款之情事者，應於申請時敘明事實及其年、月、日，並應於專利專責機關指定期間內檢附證明文件。

新型雖無第一項所列情事，但為其所屬技術領域中具有通常知識者依申請前之先前技術顯能輕易完成時，仍不得依本法申請取得新型專利。

第九十五條　申請專利之新型，與申請在先而在其申請後始公開或公告之發明或新型專利申請案所附說明書或圖式載明之內容相同者，不得取得新型專利。但其申請人與申請在先之發明或新型專利申請案之申請人相同者，不在此限。

第九十六條　新型有妨害公共秩序、善良風俗或衛生者，不予新型專利。

第九十七條　申請專利之新型，經形式審查認有下列各款情事之一者，應為不予專利之處分：

一、新型非屬物品形狀、構造或裝置者。

二、違反前條規定者。

三、違反第一百零八條準用第二十六條第一項、第四項規定之揭露形式者。

四、違反第一百零八條準用第三十二條規定者。

五、說明書及圖式未揭露必要事項或其揭露明顯不清楚者。

為前項處分前，應先通知申請人限期陳述意見或補

充、修正說明書或圖式。

第九十八條　申請專利之新型經形式審查後，認有前條規定情事者，應備具理由作成處分書，送達申請人或其代理人。

第九十九條　申請專利之新型，經形式審查認無第九十七條所定不予專利之情事者，應予專利，並應將申請專利範圍及圖式公告之。

第 一百 條　申請人申請補充、修正說明書或圖式者，應於申請日起二個月內為之。

依前項所為之補充、修正，不得超出申請時原說明書或圖式所揭露之範圍。

第一百零一條　申請專利之新型，申請人應於准予專利之處分書送達後三個月內，繳納證書費及第一年年費後，始予公告；屆期未繳費者，不予公告，其專利權自始不存在。

申請專利之新型，自公告之日起給予新型專利權，並發證書。

新型專利權期限，自申請日起算十年屆滿。

第一百零二條　申請發明或新式樣專利後改請新型專利者，或申請新型專利後改請發明專利者，以原申請案之申請日為改請案之申請日。但於原申請案准予專利之審定書、處分書送達後，或於原申請案不予專利之審定書、處分書送達之日起六十日後，不得改請。

第一百零三條　申請專利之新型經公告後，任何人得就第九十四條第一項第一款、第二款、第四項、第九十五條或第一百

零八條準用第三十一條規定之情事，向專利專責機關
申請新型專利技術報告。

專利專責機關應將前項申請新型專利技術報告之事
實，刊載於專利公報。

專利專責機關對於第一項之申請，應指定專利審查人
員作成新型專利技術報告，並由專利審查人員具名。

依第一項規定申請新型專利技術報告，如敘明有非專
利權人為商業上之實施，並檢附有關證明文件者，專
利專責機關應於六個月內完成新型專利技術報告。

新型專利技術報告之申請於新型專利權當然消滅
後，仍得為之。

依第一項規定所為之申請，不得撤回。

第一百零四條　新型專利權人行使新型專利權時，應提示新型專利技
術報告進行警告。

第一百零五條　新型專利權人之專利權遭撤銷時，就其於撤銷前，對
他人因行使新型專利權所致損害，應負賠償之責。

前項情形，如係基於新型專利技術報告之內容或已盡
相當注意而行使權利者，推定為無過失。

第一百零六條　新型專利權人，除本法另有規定者外，專有排除他人
未經其同意而製造、為販賣之要約、販賣、使用或為
上述目的而進口該新型專利物品之權。

新型專利權範圍，以說明書所載之申請專利範圍為
準，於解釋申請專利範圍時，並得審酌創作說明及圖
式。

第一百零七條　有下列情事之一者，專利專責機關應依舉發撤銷其新

型專利權,並限期追繳證書,無法追回者,應公告註
銷:

一、違反第十二條第一項、第九十三條至第九十六
條、第一百條第二項、第一百零八條準用第
二十六條或第一百零八條準用第三十一條規定
者。

二、專利權人所屬國家對中華民國國民申請專利不予
受理者。

三、新型專利權人為非新型專利申請權人者。

以違反第十二條第一項規定或有前項第三款情事,提
起舉發者,限於利害關係人;其他情事,任何人得附
具證據,向專利專責機關提起舉發。

舉發審定書,應由專利審查人員具名。

第一百零八條　第二十五條至第二十九條、第三十一條至第三十四
條、第三十五條第二項、第四十二條、第四十五條
第二項、第五十條、第五十七條、第五十九條至第
六十二條、第六十四條至第六十六條、第六十七條第
三項、第四項、第六十八條至第七十一條、第七十三
條至第七十五條、第七十八條第一項、第二項、第
四項、第七十九條至第八十六條、第八十八條至第
九十二條,於新型專利準用之。

第四章　新式樣專利

第一百零九條　新式樣,指對物品之形狀、花紋、色彩或其結合,透
過視覺訴求之創作。

聯合新式樣，指同一人因襲其原新式樣之創作且構成近似者。

第一百十條　凡可供產業上利用之新式樣，無下列情事之一者，得依本法申請取得新式樣專利：

一、申請前有相同或近似之新式樣，已見於刊物或已公開使用者。

二、申請前已為公眾所知悉者。

新式樣有下列情事之一，致有前項各款情事，並於其事實發生之日起六個月內申請者，不受前項各款規定之限制：

一、因陳列於政府主辦或認可之展覽會者。

二、非出於申請人本意而洩漏者。

申請人主張前項第一款之情事者，應於申請時敘明事實及其年、月、日，並應於專利專責機關指定期間內檢附證明文件。

新式樣雖無第一項所列情事，但為其所屬技藝領域中具有通常知識者依申請前之先前技藝易於思及者，仍不得依本法申請取得新式樣專利。

同一人以近似之新式樣申請專利時，應申請為聯合新式樣專利，不受第一項及前項規定之限制。但於原新式樣申請前有與聯合新式樣相同或近似之新式樣已見於刊物、已公開使用或已為公眾所知悉者，仍不得依本法申請取得聯合新式樣專利。

同一人不得就與聯合新式樣近似之新式樣申請為聯合新式樣專利。

第一百十一條　申請專利之新式樣，與申請在先而在其申請後始公告之新式樣專利申請案所附圖說之內容相同或近似者，不得取得新式樣專利。

但其申請人與申請在先之新式樣專利申請案之申請人相同者，不在此限。

第一百十二條　下列各款，不予新式樣專利：

一、純功能性設計之物品造形。

二、純藝術創作或美術工藝品。

三、積體電路電路布局及電子電路布局。

四、物品妨害公共秩序、善良風俗或衛生者。

五、物品相同或近似於黨旗、國旗、國父遺像、國徽、軍旗、印信、勳章者。

第一百十三條　申請專利之新式樣，經核准審定後，申請人應於審定書送達後三個月內，繳納證書費及第一年年費後，始予公告；屆期未繳費者，不予公告，其專利權自始不存在。

申請專利之新式樣，自公告之日起給予新式樣專利權，並發證書。

新式樣專利權期限，自申請日起算十二年屆滿；聯合新式樣專利權期限與原專利權期限同時屆滿。

第一百十四條　申請發明或新型專利後改請新式樣專利者，以原申請案之申請日為改請案之申請日。但於原申請案准予專利之審定書、處分書送達後，或於原申請案不予專利之審定書、處分書送達之日起六十日後，不得改請。

第一百十五條　申請獨立新式樣專利後改請聯合新式樣專利者，或申

請聯合新式樣專利後改請獨立新式樣專利者，以原申請案之申請日為改請案之申請日。但於原申請案准予專利之審定書送達後，或於原申請案不予專利之審定書送達之日起六十日後，不得改請。

第一百十六條　申請新式樣專利，由專利申請權人備具申請書及圖說，向專利專責機關申請之。

申請權人為雇用人、受讓人或繼承人時，應敘明創作人姓名，並附具僱傭、受讓或繼承證明文件。

申請新式樣專利，以申請書、圖說齊備之日為申請日。

前項圖說以外文本提出，且於專利專責機關指定期間內補正中文本者，以外文本提出之日為申請日；未於指定期間內補正者，申請案不予受理。但在處分前補正者，以補正之日為申請日。

第一百十七條　前條之圖說應載明新式樣物品名稱、創作說明、圖面說明及圖面。

圖說應明確且充分揭露，使該新式樣所屬技藝領域中具有通常知識者，能瞭解其內容，並可據以實施。

新式樣圖說之揭露方式，於本法施行細則定之。

第一百十八條　相同或近似之新式樣有二以上之專利申請案時，僅得就其最先申請者，准予新式樣專利。但後申請者所主張之優先權日早於先申請者之申請日者，不在此限。

前項申請日、優先權日為同日者，應通知申請人協議定之，協議不成時，均不予新式樣專利；其申請人為同一人時，應通知申請人限期擇一申請，屆期未擇一

申請者，均不予新式樣專利。

各申請人為協議時，專利專責機關應指定相當期間通知申請人申報協議結果，屆期未申報者，視為協議不成。

第一百十九條　申請新式樣專利，應就每一新式樣提出申請。

以新式樣申請專利，應指定所施予新式樣之物品。

第一百二十條　新式樣專利申請案違反第一百零九條至第一百十二條、第一百十七條、第一百十八條、第一百十九條第一項或第一百二十二條第三項規定者，應為不予專利之審定。

第一百二十一條　申請專利之新式樣經審查認無不予專利之情事者，應予專利，並應將圖面公告之。

第一百二十二條　專利專責機關於審查新式樣專利時，得依申請或依職權通知申請人限期為下列各款之行為：

一、至專利專責機關面詢。

二、補送模型或樣品。

三、補充、修正圖說。

前項第二款之補送模型或樣品，專利專責機關必要，時得至現場或指定地點實施勘驗。

依第一項第三款所為之補充、修正，不得超出申請時原圖說所揭露之範圍。

第一百二十三條　新式樣專利權人就其指定新式樣所施予之物品，除本法另有規定者外，專有排除他人未經其同意而製造、為販賣之要約、販賣、使用或為上述目的而進口該新式樣及近似新式樣專利物品之權。

新式樣專利權範圍，以圖面為準，並得審酌創作說明。

第一百二十四條　聯合新式樣專利權從屬於原新式樣專利權，不得單獨主張，且不及於近似之範圍。

原新式樣專利權撤銷或消滅者，聯合新式樣專利權應一併撤銷或消滅。

第一百二十五條　新式樣專利權之效力，不及於下列各款情事：

一、為研究、教學或試驗實施其新式樣，而無營利行為者。

二、申請前已在國內使用，或已完成必須之準備者。但在申請前六個月內，於專利申請人處得知其新式樣，並經專利申請人聲明保留其專利權者，不在此限。

三、申請前已存在國內之物品。

四、僅由國境經過之交通工具或其裝置。

五、非專利申請權人所得專利權，因專利權人舉發而撤銷時，其被授權人在舉發前善意在國內使用或已完成必須之準備者。

六、專利權人所製造或經其同意製造之專利物品販賣後，使用或再販賣該物品者。上述製造、販賣不以國內為限。

前項第二款及第五款之使用人，限於在其原有事業內繼續利用；第六款得為販賣之區域，由法院依事實認定之。

第一項第五款之被授權人，因該專利權經舉發而撤

銷之後仍實施時，於收到專利權人書面通知之日起，應支付專利權人合理之權利金。

第一百二十六條 新式樣專利權人得就所指定施予之物品，以其新式樣專利權讓與、信託、授權他人實施或設定質權，非經向專利專責機關登記，不得對抗第三人。但聯合新式樣專利權不得單獨讓與、信託、授權或設定質權。

第一百二十七條 新式樣專利權人對於專利之圖說，僅得就誤記或不明瞭之事項，向專利專責機關申請更正。

專利專責機關於核准更正後，應將其事由刊載專利公報。

圖說經更正公告者，溯自申請日生效。

第一百二十八條 有下列情事之一者，專利專責機關應依舉發或依職權撤銷其新式樣專利權，並限期追繳證書，無法追回者，應公告註銷：

一、違反第十二條第一項、第一百零九條至第一百十二條、第一百十七條、第一百十八條或第一百二十二條第三項規定者。

二、專利權人所屬國家對中華民國國民申請專利不予受理者。

三、新式樣專利權人為非新式樣專利申請權人者。

以違反第十二條第一項規定或有前項第三款情事，提起舉發者，限於利害關係人；其他情事，任何人得附具證據，向專利專責機關提起舉發。

第一百二十九條 第二十七條、第二十八條、第三十三條至第三十五

條、第四十二條、第四十三條、第四十五條第二
項、第四十六條、第四十七條、第六十條至第
六十二條、第六十五條、第六十六條、第六十七條
第三項、第四項、第六十八條至第七十一條、第
七十三條至第七十五條、第七十九條至第八十六
條、第八十八條至第九十二條規定，於新式樣專利
準用之。

第二十七條第一項所定期間，於新式樣專利案為六
個月。

第五章　附則

第一百三十條　專利檔案中之申請書件、說明書、圖式及圖說，應由
專利專責機關永久保存；其他文件之檔案，至少應保
存三十年。

前項專利檔案，得以微縮底片、磁碟、磁帶、光碟等
方式儲存；儲存紀錄經專利專責機關確認者，視同原
檔案，原紙本專利檔案得予銷燬；儲存紀錄之複製品
經專利專責機關確認者，推定其為真正。

前項儲存替代物之確認、管理及使用規則，由主管機
關定之。

第一百三十一條　主管機關為獎勵發明、創作，得訂定獎助辦法。

第一百三十二條　中華民國八十三年一月二十三日前所提出之申請
案，均不得依第五十二條規定，申請延長專利權期
間。

第一百三十三條　本法中華民國九十年十月二十四日修正施行前所提

出之追加專利申請案，尚未審查確定者，或其追加
專利權仍存續者，依修正前有關追加專利之規定辦
理。

第一百三十四條　本法中華民國八十三年一月二十一日修正施行
前，已審定公告之專利案，其專利權期限，適用修
正施行前之規定。但發明專利案，於世界貿易組織
協定在中華民國管轄區域內生效之日，專利權仍存
續者，其專利權期限，適用修正施行後之規定。

本法中華民國九十二年一月三日修正施行前，已審
定公告之新型專利申請案，其專利權期限，適用修
正施行前之規定。

新式樣專利案，於世界貿易組織協定在中華民國管
轄區域內生效之日，專利權仍存續者，其專利權期
限，適用本法中華民國八十六年五月七日修正施行
後之規定。

第一百三十五條　本法中華民國九十二年一月三日修正施行前，尚未
審定之專利申請案，適用修正施行後之規定。

第一百三十六條　本法中華民國九十二年一月三日修正施行前，已提
出之異議案，適用修正施行前之規定。

本法中華民國九十二年一月三日修正施行前，已審
定公告之專利申請案，於修正施行後，仍得依修正
施行前之規定，提起異議。

第一百三十七條　本法施行細則，由主管機關定之。

第一百三十八條　本法除第十一條自公布日施行外，其餘條文之施行
日期，由行政院定之。

附錄二　專利侵害實際案例

例：

高雄地方法院專利侵害鑑定報告

鑑定單位：屏東科技大學

2006/12/11

壹、鑑定事項：

函覆高雄地方法院雄院隆民泰94智27字第17411號函專利權損害賠償事件鑑定事宜；係排檔鎖編號1（專利案號：090206822號，申請日期：90年04月27日、申請人：鐘貫進）及排檔鎖編號2（專利案號：090209411號，申請日期：90年6月6日、申請人：楊福淦）鑑定：

1.已申請專利之審查標準而言，二者於設計上有無不同？

2.編號2排檔鎖有無侵犯編號1專利？若有，為何又准其申請專利通過？

貳、鑑定結果：

一、所提待鑑定編號排檔鎖1及排檔鎖編號2，**就專利審查而言，具有相同之功能與結構設計**。

二、所提**編號2排檔鎖物件，符合『全要件原則』與『均等論』，無適用禁反言問題，落入編號1排檔鎖之專利權範圍**。

三、所提編號2排檔鎖專利准其通過專利，係經濟部智慧財產局**審查制度**審定之結果。

四、本鑑定報告僅供專利侵害判斷之參考，如有疑義本校將以書面回覆意見或請另送其他鑑定機構辦理。

參、鑑定理由：

一、專利權範圍：

• 排檔鎖編號1（專利案號：090206822號）專利權範圍：

1. 一種**自排車排檔溝鎖**(二)，包含**覆板**及設於覆板下方吻合自動排檔箱排檔溝**平面形狀的突出崁塊**，在覆板上設有一垂直貫穿覆板與崁塊的組配腔，該組配鍵上方具有一內徑較大的內凹環面供鎖心由上向下安裝，而鎖心殼則由組配腔下方由下向上置入安裝，於鎖心底端設有突出的連動塊，藉該**連動塊及固定元件將一崁摯板固定於鎖心底端**，而同時達到**鎖心、鎖心殼、崁摯板與設有崁塊之覆板的組裝**。

2. 依申請專利範圍第1項所述之自排車排檔溝鎖(二)，其中該覆板下方崁塊的底面設定區段可**設成內凹面**。

3. 依申請專利範圍第1項所述之自排車排檔溝鎖(二)，其中該覆板非崁塊設置區城的其他下板面可**設置一襯墊**。

4. 依申請專利範圍第1項所述之自排車排檔溝鎖(二)，其中該鎖心上方**外徑恰可置入組配腔上方的內凹環面處**。

5. 依申請專利範圍第1項所述之自排車排檔溝鎖(二)，其中該鎖心殼係利用其**外突的梢珠室頂置於組配腔的一側延伸腔室中**，使鎖心殼**由下向上置入頂置定位**。

• 排檔鎖編號2（專利案號：090209411號專利權範圍）

1. 一種汽車鎖具的結構改良，係包括由**一本體、一鎖筒部、一舌片**所組成，其中：

該本體，係於其**底面對應排檔桿座的檔槽形狀一體設**

有凸塊，且於頂面中央成型有一鎖孔，以及其週端乃具有導緣，並環設有一崁槽，令該導緣可與排檔桿座呈弧狀相接，該崁槽則可提供令有螢光層之黏扣元件迫入者；該鎖筒部，其內部具有鎖心，且於前端套裝有一制鎖環，令該鎖筒部可固設於述及之鎖孔中，並利用**手旋制鎖環將鎖心上鎖**；該舌片，係略呈$\sqrt{}$形，其中央係套設於鎖心之末端，且稍高於凸塊之底緣；又，舌片之兩側端位乃形成一斜推面，當旋動鑽心時，可連動舌片驅轉，同時迫使舌片之兩側斜推面崁入排檔桿座之底端，以完成鎖固。

2.如申請專利範圍第一項所述之汽車鎖具的結構改良，其中該本體係以**高鋼性金屬成型為最佳**。

3.如申請專利範圍第一項所述之汽車鎖具的結構改良，其中該黏扣元件，係以**軟質橡膠磁鐵並塗佈有螢光層者**。

4.如申請專利範圍第一項所述之汽車鎖具的結構改良，其中**本體底面之凸塊，係對應不同型式排檔座之檔槽，而可成型不同形狀，並與之對應卡固者**。

5.如申請專利範圍第一項所述之汽車鎖具的結構改良，其中該含有螢光層之黏扣元件，係可以**黏扣帶（魔鬼氈）取代者**。

6.如申請專利範圍第一項所述之汽車鎖具的結構改良，其中本體上方係可成型**一個以上鎖孔，俾提供成對之鎖筒部和舌片對應套裝，以達到雙重卡摯和鎖固之效**。

二、待鑑定專利特徵

1.排檔鎖編號1（專利案號：090206822號）**所提待鑑定產品一，如附件圖一所示**，具有下列特徵：

①包含**覆板**及設於覆板下方**吻合自動排檔箱排檔溝平面形狀**

的突出崁塊。

②覆板下方崁塊的底面區段為*內凹面*，其間*設置一襯墊*。

③在覆板上設有*一垂直貫穿覆板與崁塊的組配腔*，該組配鍵上方具有一內徑較大的內凹環面供鎖心由上向下安裝，而鎖心殼則由組配腔下方由下向上置入安裝。

④該*連動塊及固定元件將一崁摯板固定於鎖心底端*，而同時藉該*連動塊驅轉固定元件*以完成鎖固。

2.排檔鎖編號2（專利案號：090209411號）*所提待鑑定產品二，如附件圖二所示，具有下列特徵：*

①係包括由*一本體*、一鎖筒部、一舌片所組成，該本體，係於其*底面對應排檔桿座的檔槽形狀一體設有凸塊*。

②覆板下方崁塊的底面區段為*內凹面*，其間*設置一襯墊*。

③該*鎖筒部*，其內部具有鎖心，且於前端套裝有一制鎖環，*令該鎖筒部可垂直固設於述及之鎖孔中*。

④利用手旋制鎖環將鎖心上鎖，其中央係套設於鎖心末端之√形舌片，藉由*迫使舌片之兩側斜推面崁入排檔桿座之底端以旋動鑽心連動舌片驅轉*以完成鎖固。

三、鑑定比對：

以下茲就申請專利範圍中技術特徵的文字意義與待鑑定產品進行分析比對，分析結果如下所列；

A.專利特徵比對

排檔鎖編號1 申請專利範圍之技術特徵	排檔鎖編號2 申請專利範圍之技術特徵	文義讀取	均等論
自排車排檔溝鎖(二)	汽車鎖具的結構改良	不符	符合

包含覆板及設於覆板下方吻合自動排檔箱排檔溝平面形狀的突出崁塊。	係包括由一本體、一鎖筒部、一舌片所組成，該本體，係於其底面對應排檔桿座的檔槽形狀一體設有凸塊。	符合	符合
在覆板上設有一垂直貫穿覆板與崁塊的組配腔。	該鎖筒部，其內部具有鎖心，且於前端套裝有一制鎖環，令該鎖筒部可垂直固設於述及之鎖孔中。	符合	符合
該連動塊及固定元件將一崁摯板固定於鎖心底端，而同時藉該連動塊驅轉固定元件以完成鎖固。	利用手旋制鎖環將鎖心上鎖，其中央係套設於鎖心末端之√形舌片，藉由迫使舌片之兩側斜推面崁入排檔桿座之底端以旋動鑽心連動舌片驅轉以完成鎖固。	符合	符合

B.被告待鑑定產品與原告專利特徵比對

原告申請專利範圍之技術特徵	被告待鑑定產品對應之特徵	均等論
自排車排檔溝鎖	實際屬自排車排檔溝鎖	符合
包含覆板及設於覆板下方吻合自動排檔箱排檔溝平面形狀的突出崁塊。	底面對應排檔桿座的檔槽形狀之凸塊	符合

在覆板上設有一垂直貫穿覆板與崁塊的組配腔。	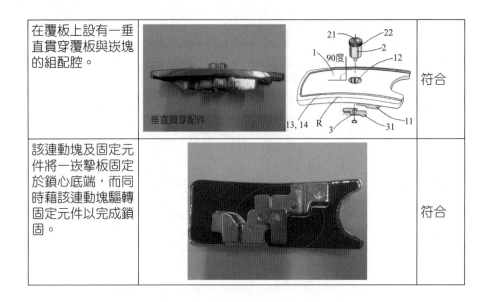	符合
該連動塊及固定元件將一崁擎板固定於鎖心底端，而同時藉該連動塊驅轉固定元件以完成鎖固。		符合

　　依據專利法第五十六條，專利權為專利權人專有排除他人未經同意戶授權實施（包括製造、為販賣之要約、販賣、使用及為上述目的而進口）專利說明書中之申請專利範圍所載之發明或新型之權利。**排他權**之意涵在於專利權人取得專利權後，專有排除他人實施其專利權，但並不當然享有實施其專利權之權利。若專利權人實施其專利權會牴觸他人之專利權範圍，則有侵害他人專利權之虞。

　　綜合上述，待鑑定排檔鎖編號2，**雖係依排檔鎖編號2（專利案號：090209411號）所產製**，惟依鑑定比對結果，該產品**符合『全要件原則』與『均等論』**，故該產品**落入排檔鎖編號1專利案號：090206822號之專利權範圍**。（自排車排檔溝鎖）

肆、附件：

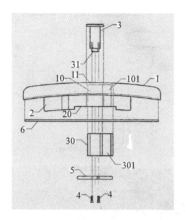

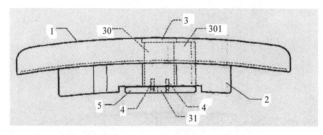

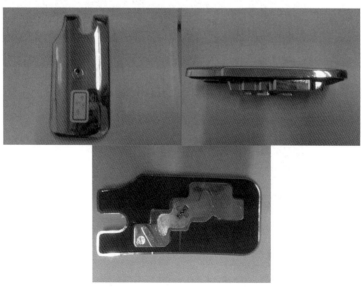

附圖一（排檔鎖編號1專利案號：090206822號）

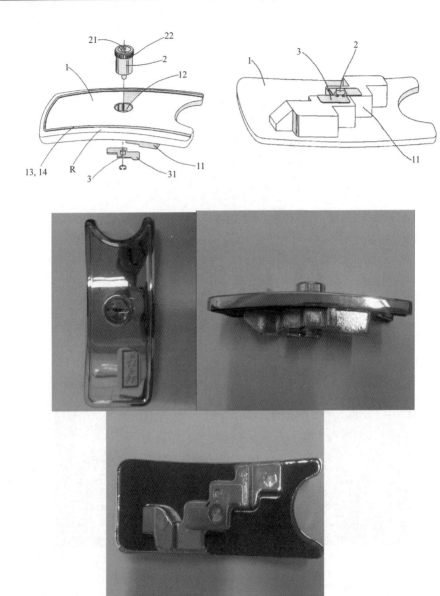

附圖二（排檔鎖編號2專利案號：090209411號）

習題：

（　）1. 專利法之主管機關為　(A)內政部　(B)經濟部　(C)財政部　(D)國防部。

（　）2. 自開工日起，機關依契約規定之期限辦理估驗計價並撥付估驗款，估驗時應由廠商提出估驗明細單，機關至遲應於　(A)三　(B)四　(C)五　(D)七日　內完成審核程序，並於接到廠商提出請款單據後五日內付款。

（　）3. 公開論文後，若欲申請專利，需於多久時間內申請？　(A)24個月　(B)18個月　(C)12個月　(D)6個月。

（　）4. 在公司中，於職務中研發產出專利，則該專利屬於　(A)公司　(B)個人　(C)部門。

（　）5. 發明專利期限自申請日起算幾年屆滿　(A)十年　(B)二十年　(C)三十年　(D)三十五年。

（　）6. 新型專利期限自申請日起算幾年屆滿　(A)十年　(B)二十年　(C)三十年　(D)三十五年。

（　）7. 發明專利權年限為　(A)10　(B)12　(C)15　(D)20年。

（　）8. 關於下列專利的基本要件，請選擇最不適當答案　(A)產業利用性　(B)新穎性　(C)進步性　(D)技術性。

（　）9. 某公司具自攻螺絲專利，則下列該專利權陳述，何者最適當？　(A)該公司有專利權，可以生產該自攻螺絲　(B)該公司有專利權，可以限制其他公司生產該自攻螺絲　(C)某公司購買專利權後，可以生產該自攻螺絲　(D)某公司未擁有專利權，但可以改變其造型後，生產該自攻螺絲。

（　）10.承上題，某其他公司生產自攻螺絲，若適用下列何項要件

時，則應判斷該自攻螺絲落入專利權範圍（侵權）？　(A)
先前技術組卻　(B)均等論　(C)禁反言　(D)逆均等論。

（　）11.承上題，某其他公司生產自攻螺絲，若適用下列何項要件
時，則應判斷該自攻螺絲未落入專利權範圍（未侵權）？
(A)文意讀取　(B)均等論　(C)禁反言　(D)全要件原則。

4 採購法倫理

第一節　政府採購法令

4-1.1 前言

　　政府為講求採購效益，公部門之採購行為與一般民間的最大差異，通常具有較大的採購量及繁瑣的行政程序，然而也具有穩定的經濟利益，故政府採購行為除講求採購效益外，亦重視採購程序之公平性。

　　台灣現行的政府採購法係頒布於民國87年5月27日，並於次（88）年5月27日開始實施。此法為政府機關、公立學校、公營事業或符合特定條件的受補助法人及團體，辦理採購程序之法源準據。根據行政院公共工程委員會統計，民國96年全國辦理採購件數達173,257件，決標金額達12,756億餘元[1]；而民國97年度於9月23日止之全國辦理採購件數達117,392件，決標金額達7, 246億餘元[2]；可見政府採購量所具有之影響力，故政府採購法[3]第1條即揭櫫此法目的為建立政府採購制度，依公平、公開之採購程序，提升採購效率與功能，確保採購品質。

4-1.2 政府採購法與政府採購法施行細則[4]

　　政府採購法共分為8章，依序為：總則、招標、決標、履約管理、驗收、異議及申訴、罰則及附則等，共計114條條文，其內容涵括了政府採購各種程序。相應於本法各條文之施行方式，並訂有政府採購法施行細則，共分為7章，依序為：總則、招標、決標、履約管理、驗收、爭議處理及附則等，共計113條條文。本書為詳細說明採購倫理，將政府採購法之條文與各條文有關之政府採購法施行細則同步列出，俾利研讀及課程解說。

4-1.3 採購人員倫理準則[5]

　　為使政府機關依據政府採購法規定，辦理採購之人員，能致力於公平、公開之採購程序，提升採購效率與功能，確保採購品質，並促使採購制度健全發展，訂有採購人員倫理準則，以規範採購人員及辦理獎懲的依據。

　　政府採購法頒行以後，主管機關為行政院公共工程委員會，為利於各不同機關可能具有不同性質之採購需求與特殊屬性，在採購法授權之下，制定多達數十項之子法，使得整個政府採購法成為一個完整的法制架構。在工程品質管理相關法規部分，即有公共工程施工品質管理作業要點、工程施工查核小組組織準則、工程施工查核小組作業辦法等十四項及許多相關函釋。本書為契合工程倫理【採購法】之主題，選擇【政府採購法】、【政府採購法施行細則】及【採購人員倫理準則】等三部分，作為課程解說之用。

第二節　採購法倫理解析

本節將政府採購法（以下簡稱本法並以※表示）與政府採購法施行細則（以下簡稱細則並以＊表示），並列說明逐條解說。

※【政府採購法】第一章　總則

第一條　為建立政府採購制度，依公平、公開之採購程序，提升採購效率與功能，確保採購品質，爰制定本法。

＊【政府採購法施行細則】第一章　總則

第一條　本細則依政府採購法（以下簡稱本法）第一百十三條規定訂定之。

解說：【政府採購法】開宗明義即指出本法係為建立政府在公平、公開的採購程序下所建立的採購制度。由於制度透明化，不必受人情壓力，所有的採購規格及流程均可受到掌控，故可提升採購效率與功能，確保採購品質。本法係一母法，指出政府採購流程中所有環節之原則，為能順利執行本法，訂定【政府採購法施行細則】以詳細規定本法施行之細節。

※

第二條　本法所稱採購，指工程之定作、財物之買受、定製、承租及勞務之委任或僱傭等。

第三條　政府機關、公立學校、公營事業（以下簡稱機關）辦理採購，依本法之規定；本法未規定者，適用其他法律之規定。

第四條　法人或團體接受機關補助辦理採購，其補助金額占採購金額半數以上，且補助金額在公告金額以上者，適用本法之規

定，並應受該機關之監督。

*

第二條　機關補助法人或團體辦理採購，其補助金額達本法第四條
規定者，受補助者於辦理開標、比價、議價、決標及驗收
時，應受該機關監督。前項採購關於本法及本細則規定上級
機關行使之事項，由本法第四條所定監督機關為之。

第三條　本法第四條所定補助金額，於二以上機關補助法人或團體辦
理同一採購者，以其補助總金額計算之。補助總金額達本法
第四條規定者，受補助者應通知各補助機關，並由各補助機
關共同或指定代表機關辦理監督。

本法第四條所稱接受機關補助辦理採購，包括法人或團體接
受機關獎助、捐助或以其他類似方式動支機關經費辦理之採
購。

本法第四條之採購，其受理申訴之採購申訴審議委員會，
為受理補助機關自行辦理採購之申訴之採購申訴審議委員
會；其有第一項之情形者，依指定代表機關或所占補助金額
比率最高者認定之。

解說：本法第四條係用於政府補助法人或團體，其金額達到一定比
率及額度時，若受補助單位非屬政府單位，原不受本法之規
範，然而為使政府補助款得到最佳效益，依本條文之規定，應
依本法辦理採購。

細則第二條說明本法第四條約束之內容為：受補助者於辦理開
標、比價、議價、決標及驗收時，應受補助機關監督。

細則第三條係用於受補助者接受非單一政府單位補助時，為避
免化整為零規避本法之約束，應以總補助金額計算比率，且規

範監督之方式。

※

第五條　機關採購得委託法人或團體代辦。

前項採購適用本法之規定，該法人或團體並受委託機關之監督。

＊

第四條　機關依本法第五條第一項規定委託法人或團體代辦採購，其委託屬勞務採購。受委託代辦採購之法人或團體，並須具備熟諳政府採購法令之人員。

代辦採購之法人、團體與其受雇人及關係企業，不得為該採購之投標廠商或分包廠商。

解說：本法第五條指出政府機關採購得委託法人或團體代辦。

細則第四條則規定代辦者須具備熟諳政府採購法令之人員，且代辦者與其受雇人及關係企業，不得為該採購之投標廠商或分包廠商，避免內線交易或量身定作之嫌。

※

第六條　機關辦理採購，應以維護公共利益及公平合理為原則，對廠商不得為無正當理由之差別待遇。

辦理採購人員於不違反本法規定之範圍內，得基於公共利益、採購效益或專業判斷之考量，為適當之採購決定。

司法、監察或其他機關對於採購機關或人員之調查、起訴、審判、彈劾或糾舉等，得洽請主管機關協助、鑑定或提供專業意見。

第七條　本法所稱工程，指在地面上下新建、增建、改建、修建、拆除構造物與其所屬設備及改變自然環境之行為，包括建

築、土木、水利、環境、交通、機械、電氣、化工及其他經主管機關認定之工程。

本法所稱財物，指各種物品（生鮮農漁產品除外）、材料、設備、機具與其他動產、不動產、權利及其他經主管機關認定之財物。

本法所稱勞務，指專業服務、技術服務、資訊服務、研究發展、營運管理、維修、訓練、勞力及其他經主管機關認定之勞務。

採購兼有工程、財物、勞務二種以上性質，難以認定其歸屬者，按其性質所占預算金額比率最高者歸屬之。

第八條　本法所稱廠商，指公司、合夥或獨資之工商行號及其他得提供各機關工程、財物、勞務之自然人、法人、機構或團體。

第九條　本法所稱主管機關，為行政院採購暨公共工程委員會，以政務委員一人兼任主任委員。

本法所稱上級機關，指辦理採購機關直屬之上一級機關。其無上級機關者，由該機關執行本法所規定上級機關之職權。

＊

第五條　本法第九條第二項所稱上級機關，於公營事業或公立學校為其所隸屬之政府機關。

本法第九條第二項所稱辦理採購無上級機關者，在中央為國民大會、總統府、國家安全會議與五院及院屬各一級機關；在地方為直轄市、縣（市）政府及議會。

解說：本法第六條指出政府採購應以維護公共利益及公平合理為原

則；司法、監察機關則負調查、起訴、審判、彈劾或糾舉等監督之責。

第七條定義本法所稱工程。

第八條定義本法所稱廠商。

第九條定義本法所稱主管機關，為行政院採購暨公共工程委員會。上級機關，指辦理採購機關直屬之上一級機關。其無上級機關者，由該機關執行本法所規定上級機關之職權。

細則第五條則對上級機關作更明確的定義：包括公營事業或公立學校的上級機關為其所隸屬之政府機關。而無上級機關者，亦分別說明在中央及地方機關的定義。

※

第十條　　主管機關掌理下列有關政府採購事項：

　　　　一、政府採購政策與制度之研訂及政令之宣導。

　　　　二、政府採購法令之研訂、修正及解釋。

　　　　三、標準採購契約之檢討及審定。

　　　　四、政府採購資訊之蒐集、公告及統計。

　　　　五、政府採購專業人員之訓練。

　　　　六、各機關採購之協調、督導及考核。

　　　　七、中央各機關採購申訴之處理。

　　　　八、其他關於政府採購之事項。

第十一條　主管機關應設立採購資訊中心，統一蒐集共通性商情及同等品分類之資訊，並建立工程價格資料庫，以供各機關採購預算編列及底價訂定之參考。除應秘密之部分外，應無償提供廠商。

　　　　　機關辦理工程採購之預算金額達一定金額以上者，應於

決標後將得標廠商之單價資料傳輸至前項工程價格資料庫。

前項一定金額、傳輸資料內容、格式、傳輸方式及其他相關事項之辦法，由主管機關定之。

財物及勞務項目有建立價格資料庫之必要者，得準用前二項規定。

第十二條　機關辦理查核金額以上採購之開標、比價、議價、決標及驗收時，應於規定期限內，檢送相關文件報請上級機關派員監辦；上級機關得視事實需要訂定授權條件，由機關自行辦理。

機關辦理未達查核金額之採購，其決標金額達查核金額者，或契約變更後其金額達查核金額者，機關應補具相關文件送上級機關備查。

查核金額由主管機關定之。

＊

第六條　機關辦理採購，其屬巨額採購、查核金額以上之採購、公告金額以上之採購或小額採購，依採購金額於招標前認定之；其採購金額之計算方式如下：

一、採分批辦理採購者，依全部批數之預算總額認定之。

二、依本法第五十二條第一項第四款採複數決標者，依全部項目或數量之預算總額認定之。但項目之標的不同者，依個別項目之預算金額認定之。

三、招標文件含有選購或後續擴充項目者，應將預估選購或擴充項目所需金額計入。

四、採購項目之預算案尚未經立法程序者，應將預估需用金

　　額計入。

五、採單價決標者，依預估採購所需金額認定之。

六、租期不確定者，以每月租金之四十八倍認定之。

七、依本法第九十九條規定甄選投資廠商者，以預估廠商興建、營運所需金額認定之。依本法第七條第三項規定營運管理之委託，包括廠商興建、營運金額者，亦同。

八、依本法第二十一條第一項規定建立合格廠商名單，其預先辦理廠商資格審查階段，以該名單有效期內預估採購總額認定之；邀請符合資格廠商投標階段，以邀請當次之採購預算金額認定之。

九、招標文件規定廠商報價金額包括機關支出及收入金額者，以支出所需金額認定之。

十、機關以提供財物或權利之使用為對價，而無其他支出者，以該財物或權利之使用價值認定之。

第七條　機關辦理查核金額以上採購之招標，應於等標期或截止收件日五日前檢送採購預算資料、招標文件及相關文件，報請上級機關派員監辦。

　　　　前項報請上級機關派員監辦之期限，於流標、廢標或取消招標重行招標時，得予縮短；其依前項規定應檢送之文件，得免重複檢送。

第八條　機關辦理查核金額以上採購之決標，其決標不與開標、比價或議價合併辦理者，應於預定決標日三日前，檢送審標結果，報請上級機關派員監辦。

　　　　前項決標與開標、比價或議價合併辦理者，應於決標前當場確認審標結果，並列入紀錄。

第九條　機關辦理查核金額以上採購之驗收，應於預定驗收日五日前，檢送結算表及相關文件，報請上級機關派員監辦。結算表及相關文件併入結算驗收證明書編送時，得免另行填送。

財物之驗收，其有分批交貨、因緊急需要必須立即使用或因逐一開箱或裝配完成後方知其數量，報請上級機關派員監辦確有困難者，得視個案實際情形，事先敘明理由，函請上級機關同意後自行辦理，並於全部驗收完成後一個月內，將結算表及相關文件彙總報請上級機關備查。

第十條　機關辦理查核金額以上採購之開標、比價、議價、決標或驗收，上級機關得斟酌其金額、地區或其他特殊情形，決定應否派員監辦。其未派員監辦者，應事先通知機關自行依法辦理。

第十一條　本法第十條第一項所稱監辦，指監辦人員實地監視或書面審核機關辦理開標、比價、議價、決標及驗收是否符合本法規定之程序。監辦人員採書面審核監辦者，應經機關首長或其授權人員核准。

前項監辦，不包括涉及廠商資格、規格、商業條款、底價訂定、決標條件及驗收方法等實質或技術事項之審查。監辦人員發現該等事項有違反法令情形者，仍得提出意見。

監辦人員對採購不符合本法規定程序而提出意見，辦理採購之主持人或主驗人如不接受，應納入紀錄，報機關首長或其授權人員決定之。但不接受上級機關監辦人員意見者，應報上級機關核准。

解說： 本法第十條說明主管機關掌理有關政府採購事項。

第十一條規定主管機關應設立採購資訊中心，並提供各機關採購預算編列及底價訂定之參考。

第十二條則規定機關辦理查核金額以上採購之開標、比價、議價、決標及驗收時，應報請上級機關派員監辦。

細則第六條則規定採購規模種類：巨額採購、查核金額以上之採購、公告金額以上之採購或小額採購。依採購金額數值，於招標前認定採購規模類別。為避免化整為零，規定分批採購的認定方式。

細則第七條規定機關辦理查核金額以上採購之招標，報請上級機關派員監辦的時程及應檢送的資料。

細則第八條規定機關辦理查核金額以上採購之決標，報請上級機關派員監辦的時程及應檢送的資料。

細則第九條規定機關辦理查核金額以上採購之驗收，報請上級機關派員監辦的時程及應檢送的資料。

細則第十條則指出前三條之監辦，上級機關可決定應否派員監辦。

細則第十一條指示上級機關監辦的內容。

※

第十三條　機關辦理公告金額以上採購之開標、比價、議價、決標及驗收，除有特殊情形者外，應由其主（會）計及有關單位會同監辦。

未達公告金額採購之監辦，依其屬中央或地方，由主管機關、直轄市或縣（市）政府另定之。未另定者，比照前項規定辦理。

公告金額應低於查核金額，由主管機關參酌國際標準定之。

第一項會同監辦採購辦法，由主管機關會同行政院主計處定之。

第十四條　機關不得意圖規避本法之適用，分批辦理公告金額以上之採購。其有分批辦理之必要，並經上級機關核准者，應依其總金額核計採購金額，分別按公告金額或查核金額以上之規定辦理。

＊

第十三條　本法第十四條所定意圖規避本法適用之分批，不包括依不同標的、不同施工或供應地區、不同需求條件或不同行業廠商之專業項目所分別辦理者。

機關分批辦理公告金額以上之採購，法定預算書已標示分批辦理者，得免報經上級機關核准。

解說：本法第十三條規定機關辦理公告金額以上採購之開標、比價、議價、決標及驗收，除有特殊情形者外，應由其主（會）計及有關單位會同監辦。

本法第十四條規定機關不得意圖規避本法之適用，化整為零分批辦理公告金額以上之採購。

細則第十三條說明分批的定義。

※

第十五條　機關承辦、監辦採購人員離職後三年內不得為本人或代理廠商向原任職機關接洽處理離職前五年內與職務有關之事務。

機關承辦、監辦採購人員對於與採購有關之事項，涉及本

人、配偶、三親等以內血親或姻親，或同財共居親屬之利益時，應行迴避。

機關首長發現承辦、監辦採購人員有前項應行迴避之情事而未依規定迴避者，應令其迴避，並另行指定承辦、監辦人員。

廠商或其負責人與機關首長有第二項之情形者，不得參與該機關之採購。但本項之執行反不利於公平競爭或公共利益時，得報請主管機關核定後免除之。

採購之承辦、監辦人員應依公職人員財產申報法之相關規定，申報財產。

*

第十四條　本法第十五條第四項所稱機關首長，其範圍如下：

一、招標機關之機關首長。

二、法人或團體接受機關補助依本法第四條辦理採購者，為補助機關之機關首長及受補助之法人或團體之負責人。

三、依本法第五條委託法人或團體代辦採購者，為委託機關之機關首長及受託法人或團體之負責人。

四、依本法第四十條洽由其他機關代辦採購者，為洽辦機關及代辦機關之機關首長。

第十五條　依本法第十五條第五項規定應申報財產之採購之承辦、監辦人員，其範圍依公職人員財產申報法之規定。

解說：本法第十五條規定機關承辦、監辦採購人員離職後三年內不得為本人或代理廠商向原任職機關接洽處理離職前五年內與職務有關之事務。即俗稱旋轉門條款，避免熟知內幕之不公平情

事,或有長官部屬之私人情誼。惟若本項之執行反不利於公平競爭或公共利益時,得報請主管機關核定後免除之。

為清廉辦理採購,規定採購之承辦、監辦人員應申報財產。

細則第十四條針對本法第十五條之機關首長予以定義。

細則第十五條規定應申報財產之人員,其範圍依公職人員財產申報法之規定。

※

第十六條　請託或關說,宜以書面為之或作成紀錄。

　　　　政風機構得調閱前項書面或紀錄。

　　　　第一項之請託或關說,不得作為評選之參考。

＊

第十六條　本法第十六條所稱請託或關說,指不循法定程序,對採購案提出下列要求:

　　　　一、於招標前,對預定辦理之採購事項,提出請求。

　　　　二、於招標後,對招標文件內容或審標、決標結果,要求變更。

　　　　三、於履約及驗收期間,對契約內容或查驗、驗收結果,要求變更。

第十七條　本法第十六條第一項所稱作成紀錄者,得以文字或錄音等方式為之,附於採購文件一併保存。其以書面請託或關說者,亦同。

第十八條　機關依本法對廠商所為之通知,除本法另有規定者外,得以口頭、傳真或其他電子資料傳輸方式辦理。前項口頭通知,必要時得作成紀錄。

解說:本法第十六條規定採購之請託或關說,宜以書面為之或作成紀

錄。

細則第十六條則說明請託或關說係指不循法定程序，對採購案提出之要求內容。

細則第十七條規定請託或關說紀錄之方式。

細則第十八條規定機關對廠商所為之通知方式。

※

第十七條　外國廠商參與各機關採購，應依我國締結之條約或協定之規定辦理。

　　　　　前項以外情形，外國廠商參與各機關採購之處理辦法，由主管機關定之。

　　　　　外國法令限制或禁止我國廠商或產品服務參與採購者，主管機關得限制或禁止該國廠商或產品服務參與採購。

解說：本法第十七條規定外國廠商參與各機關採購，應依我國締結之條約或協定之規定辦理，並應基於對等之原則。

※第二章　招標

第十八條　採購之招標方式，分為公開招標、選擇性招標及限制性招標。

　　　　　本法所稱公開招標，指以公告方式邀請不特定廠商投標。

　　　　　本法所稱選擇性招標，指以公告方式預先依一定資格條件辦理廠商資格審查後，再行邀請符合資格之廠商投標。

　　　　　本法所稱限制性招標，指不經公告程序，邀請二家以上廠商比價或僅邀請一家廠商議價。

＊第二章　招標

第十九條　機關辦理限制性招標，邀請二家以上廠商比價，有二家廠

商投標者，即得比價；僅有一家廠商投標者，得當場改為議價辦理。

解說：本法第十八條指出採購之三種招標方式，及各招標方式的作法。

　　　細則第十九條說明限制性招標之比價及議價時機。

※

第十九條　機關辦理公告金額以上之採購，除依第二十條及第二十二條辦理者外，應公開招標。

第二十條　機關辦理公告金額以上之採購，符合下列情形之一者，得採選擇性招標：

　　　一、經常性採購。

　　　二、投標文件審查，須費時長久始能完成者。

　　　三、廠商準備投標需高額費用者。

　　　四、廠商資格條件複雜者。

　　　五、研究發展事項。

第二十一條　機關為辦理選擇性招標，得預先辦理資格審查，建立合格廠商名單。但仍應隨時接受廠商資格審查之請求，並定期檢討修正合格廠商名單。

　　　　　未列入合格廠商名單之廠商請求參加特定招標時，機關於不妨礙招標作業，並能適時完成其資格審查者，於審查合格後，邀其投標。

　　　　　經常性採購，應建立六家以上之合格廠商名單。

　　　　　機關辦理選擇性招標，應予經資格審查合格之廠商平等受邀之機會。

＊

第二十條　機關辦理選擇性招標，其預先辦理資格審查所建立之合格廠商名單，有效期逾一年者，應逐年公告辦理資格審查，並檢討修正既有合格廠商名單。

前項名單之有效期未逾三年，且已於辦理資格審查之公告載明不再公告辦理資格審查者，於有效期內得免逐年公告。但機關仍應逐年檢討修正該名單。

機關於合格廠商名單有效期內發現名單內之廠商有不符合原定資格條件之情形者，得限期通知該廠商提出說明。廠商逾期未提出合理說明者，機關應將其自合格廠商名單中刪除。

第二十一條　機關為特定個案辦理選擇性招標，應於辦理廠商資格審查後，邀請所有符合資格之廠商投標。

機關依本法第二十一條第一項建立合格廠商名單者，於辦理採購時，得擇下列方式之一為之，並於辦理廠商資格審查之文件中載明。其有每次邀請廠商家數之限制者，亦應載明。

一、個別邀請所有符合資格之廠商投標。

二、公告邀請所有符合資格之廠商投標。

三、依辦理廠商資格審查文件所標示之邀請順序，依序邀請符合資格之廠商投標。

四、以抽籤方式擇定邀請符合資格之廠商投標。

解說：本法第十九條規定公開招標之採購規模。

本法第二十條說明可採選擇性招標的條件。

本法第二十一條說明選擇性招標，得預先辦理資格審查，建

立合格廠商名單，經資格審查合格之廠商應有平等受邀之機會。

細則第二十條規定合格廠商名單之有效期。

細則第二十一條說明邀請合格廠商的方式。

※

第二十二條　機關辦理公告金額以上之採購，符合下列情形之一者，得採限制性招標：

一、以公開招標、選擇性招標或依第九款至第十一款公告程序辦理結果，無廠商投標或無合格標，且以原定招標內容及條件未經重大改變者。

二、屬專屬權利、獨家製造或供應、藝術品、秘密諮詢，無其他合適之替代標的者。

三、遇有不可預見之緊急事故，致無法以公開或選擇性招標程序適時辦理，且確有必要者。

四、原有採購之後續維修、零配件供應、更換或擴充，因相容或互通性之需要，必須向原供應廠商採購者。

五、屬原型或首次製造、供應之標的，以研究發展、實驗或開發性質辦理者。

六、在原招標目的範圍內，因未能預見之情形，必須追加契約以外之工程，如另行招標，確有產生重大不便及技術或經濟上困難之虞，非洽原訂約廠商辦理，不能達契約之目的，且未逾原主契約金額百分之五十者。

七、原有採購之後續擴充，且已於原招標公告及招標文

件敘明擴充之期間、金額或數量者。

八、在集中交易或公開競價市場採購財物。

九、委託專業服務、技術服務或資訊服務，經公開客觀
　　評選為優勝者。

十、辦理設計競賽，經公開客觀評選為優勝者。

十一、因業務需要，指定地區採購房地產，經依所需條
　　　件公開徵求勘選認定適合需要者。

十二、購買身心障礙者、原住民或受刑人個人、身心障
　　　礙福利機構、政府立案之原住民團體、監獄工
　　　場、慈善機構所提供之非營利產品或勞務。

十三、委託在專業領域具領先地位之自然人或經公告審
　　　查優勝之學術或非營利機構進行科技、技術引
　　　進、行政或學術研究發展。

十四、邀請或委託具專業素養、特質或經公告審查優勝
　　　之文化、藝術專業人士、機構或團體表演或參與
　　　文藝活動。

十五、公營事業為商業性轉售或用於製造產品、提供服
　　　務以供轉售目的所為之採購，基於轉售對象、製
　　　程或供應源之特性或實際需要，不適宜以公開招
　　　標或選擇性招標方式辦理者。

十六、其他經主管機關認定者。

前項第九款及第十款之廠商評選辦法與服務費用計算方
式與第十一款、第十三款及第十四款之作業辦法，由主
管機關定之。

第一項第十三款及第十四款，不適用工程採購。

*

第二十二條　本法第二十二條第一項第一款所稱無廠商投標，指公告或邀請符合資格之廠商投標結果，無廠商投標或提出資格文件；所稱無合格標，指審標結果無廠商合於招標文件規定。但有廠商異議或申訴在處理中者，均不在此限。

本法第二十二條第一項第二款所稱專屬權利，指已立法保護之智慧財產權。但不包括商標專用權。

本法第二十二條第一項第五款所稱供應之標的，包括工程、財物或勞務；所稱以研究發展、實驗或開發性質辦理者，指以契約要求廠商進行研究發展、實驗或開發，以獲得原型或首次製造、供應之標的，並得包括測試品質或功能所為之限量生產或供應。但不包括商業目的或回收研究發展、實驗或開發成本所為之大量生產或供應。

本法第二十二條第一項第六款所稱百分之五十，指追加累計金額占原主契約金額之比率。

本法第二十二條第一項第十二款所稱身心障礙者及身心障礙福利機構，其認定依身心障礙者保護法之規定；所稱原住民，其認定依原住民身分法之規定。

第二十三條　機關辦理採購，屬專屬權利或獨家製造或供應，無其他合適之替代標的之部分，其預估金額達採購金額之百分之五十以上，分別辦理採購確有重大困難之虞，必須與其他部分合併採購者，得依本法第二十二條第一項第二款規定採限制性招標。

第二十三條之一　機關依本法第二十二條第一項規定辦理限制性招標，應由需求、使用或承辦採購單位，就個案敘明符合各款之情形，簽報機關首長或其授權人員核准。其得以比價方式辦理者，優先以比價方式辦理。

機關辦理本法第二十二條第一項所定限制性招標，得將徵求受邀廠商之公告刊登政府採購公報或公開於主管機關之資訊網路。但本法另有規定者，依其規定辦理。

解說：本法第二十二條說明得採限制性招標的條件。

細則第二十二條、細則第二十三條及細則第二十三條之一，解釋本法第二十二條內容。

※

第二十三條　未達公告金額之招標方式，在中央由主管機關定之；在地方由直轄市或縣（市）政府定之。地方未定者，比照中央規定辦理。

第二十四條　機關基於效率及品質之要求，得以統包辦理招標。

前項所稱統包，指將工程或財物採購中之設計與施工、供應、安裝或一定期間之維修等併於同一採購契約辦理招標。

統包實施辦法，由主管機關定之。

第二十五條　機關得視個別採購之特性，於招標文件中規定允許一定家數內之廠商共同投標。

前項所稱共同投標，指二家以上之廠商共同具名投標，並於得標後共同具名簽約，連帶負履行採購契約之

責,以承攬工程或提供財物、勞務之行為。

共同投標以能增加廠商之競爭或無不當限制競爭者為限。

同業共同投標應符合公平交易法第十四條但書各款之規定。

共同投標廠商應於投標時檢附共同投標協議書。

共同投標辦法,由主管機關定之。

第二十六條　機關辦理公告金額以上之採購,應依功能或效益訂定招標文件。其有國際標準或國家標準者,應從其規定。

機關所擬定、採用或適用之技術規格,其所標示之擬採購產品或服務之特性,諸如品質、性能、安全、尺寸、符號、術語、包裝、標誌及標示或生產程序、方法及評估之程序,在目的及效果上均不得限制競爭。

招標文件不得要求或提及特定之商標或商名、專利、設計或型式、特定來源地、生產者或供應者。但無法以精確之方式說明招標要求,而已在招標文件內註明諸如「或同等品」字樣者,不在此限。

＊

第二十四條　本法第二十六條第一項所稱國際標準及國家標準,依標準法第三條之規定。

第二十五條　本法第二十六條第三項所稱同等品,指經機關審查認定,其功能、效益、標準或特性不低於招標文件所要求或提及者。

招標文件允許投標廠商提出同等品,並規定應於投標文件內預先提出者,廠商應於投標文件內敘明同等品之廠

牌、價格及功能、效益、標準或特性等相關資料，以供
審查。

招標文件允許投標廠商提出同等品，未規定應於投標文
件內預先提出者，得標廠商得於使用同等品前，依契約
規定向機關提出同等品之廠牌、價格及功能、效益、標
準或特性等相關資料，以供審查。

第二十五條之一　各機關不得以足以構成妨礙競爭之方式，尋求或接
　　　　　　　　受在特定採購中有商業利益之廠商之建議。

解說：本法第二十三條說明未達公告金額之招標方式。

本法第二十四條規定統包的條件。

本法第二十五條指出允許共同投標的限制。

本法第二十六條規定辦理公告金額以上之採購，應依功能或
效益訂定招標文件。其有國際標準或國家標準者，應從其規
定。招標文件不得要求或提及特定之商標或商品名稱、專
利、設計或型式、特定來源地、生產者或供應者，亦即不得有
俗稱綁標之情形。

細則第二十四條、細則第二十五條及細則第二十五條之一，解
釋本法第二十六條內容。

※

第二十七條　機關辦理公開招標或選擇性招標，應將招標公告或辦理
　　　　　　資格審查之公告刊登於政府採購公報並公開於資訊網
　　　　　　路。公告之內容修正時，亦同。

前項公告內容、公告日數、公告方法及政府採購公報發
行辦法，由主管機關定之。

機關辦理採購時，應估計採購案件之件數及每件之預計

金額。預算及預計金額，得於招標公告中一併公開。

*

第二十六條　機關依本法第二十七條第三項得於招標公告中一併公開
　　　　　　之預算金額，為該採購得用以支付得標廠商契約價金
　　　　　　之預算金額。預算案尚未經立法程序者，為預估需用金
　　　　　　額。

機關依本法第二十七條第三項得於招標公告中一併公開之預計金
額，為該採購之預估決標金額。

解說：本法第二十七條規定公開招標或選擇性招標應將公告刊登於政
　　　　府採購公報並公開於資訊網路，亦即各項訊息均能公開，且預
　　　　算及預計金額，得於招標公告中一併公開。

　　　　細則第二十六條說明本法第二十七條之【預計金額】，若預算
　　　　案尚未經立法程序者，為預估需用金額。

※

第二十八條　機關辦理招標，其自公告日或邀標日起至截止投標或收
　　　　　　件日止之等標期，應訂定合理期限。其期限標準，由主
　　　　　　管機關定之。

*

第二十七條　本法第二十八條第一項所稱公告日，指刊登於政府採購
　　　　　　公報之日；邀標日，指發出通知邀請符合資格之廠商投
　　　　　　標之日。

解說：本法第二十八條規定自公告日或邀標日起至截止投標或收件日
　　　　止之等標期，應訂定合理期限。

　　　　細則第二十七條則定義公告日及邀標日。

※

第二十九條 公開招標之招標文件及選擇性招標之預先辦理資格審查文件，應自公告日起至截止投標日或收件日止，公開發給、發售及郵遞方式辦理。發給、發售或郵遞時，不得登記領標廠商之名稱。

選擇性招標之文件應公開載明限制投標廠商資格之理由及其必要性。

第一項文件內容，應包括投標廠商提交投標書所需之一切必要資料。

＊

第二十八條之一 機關依本法第二十九條第一項規定發售文件，其收費應以人工、材料、郵遞等工本費為限。其由機關提供廠商使用招標文件或書表樣品而收取押金或押圖費者，亦同。

解說：本法第二十九條規定招標文件及資格審查文件應公開發給、發售及郵遞方式辦理。

細則第二十八條之一規定發售文件，其收費應以人工、材料、郵遞等工本費為限。由機關提供廠商使用招標文件或書表樣品而收取押金或押圖費者，亦同。

※

第三十條 機關辦理招標，應於招標文件中規定投標廠商須繳納押標金；得標廠商須繳納保證金或提供或併提供其他擔保。但有下列情形之一者，不在此限：

一、勞務採購，得免收押標金、保證金。

二、未達公告金額之工程、財物採購，得免收押標金、保

證金。

三、以議價方式辦理之採購，得免收押標金。

四、依市場交易慣例或採購案特性，無收取押標金、保證
　　金之必要或可能者。

押標金及保證金應由廠商以現金、金融機構簽發之本票或
支票、保付支票、郵政匯票、無記名政府公債、設定質權
之金融機構定期存款單、銀行開發或保兌之不可撤銷擔保
信用狀繳納，或取具銀行之書面連帶保證、保險公司之連
帶保證保險單為之。

押標金、保證金及其他擔保之種類、額度及繳納、退
還、終止方式，由主管機關定之。

第三十一條　機關對於廠商所繳納之押標金，應於決標後無息發還未
　　　　　　得標之廠商。廢標時，亦同。

機關得於招標文件中規定，廠商有下列情形之一者，
其所繳納之押標金，不予發還，其已發還者，並予追
繳：

一、以偽造、變造之文件投標。

二、投標廠商另行借用他人名義或證件投標。

三、冒用他人名義或證件投標。

四、在報價有效期間內撤回其報價。

五、開標後應得標者不接受決標或拒不簽約。

六、得標後未於規定期限內，繳足保證金或提供擔
　　保。

七、押標金轉換為保證金。

八、其他經主管機關認定有影響採購公正之違反法令行

為者。

第三十二條　機關應於招標文件中規定，得不發還得標廠商所繳納之保證金及其孳息，或擔保者應履行其擔保責任之事由，並敘明該項事由所涉及之違約責任、保證金之抵充範圍及擔保者之擔保責任。

第三十三條　廠商之投標文件，應以書面密封，於投標截止期限前，以郵遞或專人送達招標機關或其指定之場所。

前項投標文件，廠商得以電子資料傳輸方式遞送。但以招標文件已有訂明者為限，並應於規定期限前遞送正式文件。

機關得於招標文件中規定允許廠商於開標前補正非契約必要之點之文件。

＊

第二十九條　本法第三十三條第一項所稱書面密封，指將投標文件置於不透明之信封或容器內，並以漿糊、膠水、膠帶、釘書針、繩索或其他類似材料封裝者。信封上或容器外應標示廠商名稱及地址。其交寄或付郵所在地，機關不得予以限制。

本法第三十三條第一項所稱指定之場所，不得以郵政信箱為唯一場所。

第三十二條　本法第三十三條第三項所稱非契約必要之點，包括下列事項：

一、原招標文件已標示得更改之項目。

二、不列入標價評比之選購項目。

三、參考性質之事項。

四、其他於契約成立無影響之事項。

第三十三條　同一投標廠商就同一採購之投標，以一標為限；其有違反者，依下列方式處理：

一、開標前發現者，所投之標應不予開標。

二、開標後發現者，所投之標應不予接受。

廠商與其分支機構，或其二以上之分支機構，就同一採購分別投標者，視同違反前項規定。

第一項規定，於採最低標，且招標文件訂明投標廠商得以同一報價載明二以上標的供機關選擇者，不適用之。

解說：本法第三十條規定投標廠商繳納押標金、得標廠商須繳納保證金或提供或併提供其他擔保的條件與方式；押標金、保證金及其他擔保之種類、額度及繳納、退還、終止方式，則由主管機關定之。

本法第三十一條規定機關對於廠商所繳納之押標金，應於決標後無息發還未得標之廠商。廢標時，亦同。若投標廠商有本條文所列之不法情事，所繳納之押標金，不予發還，其已發還者，並予追繳。本條文對不法廠商於採購案中圖謀非法手段時，雖未得標亦受押標金被追繳的懲處。

本法第三十二條規定機關應於招標文件中規定，得不發還得標廠商所繳納之保證金及其孳息等之事由。

本法第三十三條規定投標文件的遞送方式。

細則第二十九條則對本法第三十三條的規定更明確規範。

※

第三十四條　機關辦理採購，其招標文件於公告前應予保密。但須公

開說明或藉以公開徵求廠商提供參考資料者，不在此限。

機關辦理招標，不得於開標前洩漏底價，領標、投標廠商之名稱與家數及其他足以造成限制競爭或不公平競爭之相關資料。

底價於開標後至決標前，仍應保密，決標後除有特殊情形外，應予公開。但機關依實際需要，得於招標文件中公告底價。

機關對於廠商投標文件，除供公務上使用或法令另有規定外，應保守秘密。

*

第三十四條　機關依本法第三十四條第一項規定向廠商公開說明或公開徵求廠商提供招標文件之參考資料者，應刊登政府採購公報或公開於主管機關之資訊網路。

第三十五條　底價於決標後有下列情形之一者，得不予公開。但應通知得標廠商：

一、符合本法第一百零四條第一項第二款之採購。

二、以轉售或供製造成品以供轉售之採購，其底價涉及商業機密者。

三、採用複數決標方式，尚有相關之未決標部分。但於相關部分決標後，應予公開。

四、其他經上級機關認定者。

解說：本法第三十四條為招標文件於公告前應予保密之規定；但須公開說明或藉以公開徵求廠商提供參考資料者，不在此限。

細則第三十四條則對本法第三十四條規定須公開說明或藉以公

開徵求廠商之作法。

細則第三十五條則規定底價於決標後得不予公開之條件。

※

第三十五條　機關得於招標文件中規定，允許廠商在不降低原有功能條件下，得就技術、工法、材料或設備，提出可縮減工期、減省經費或提高效率之替代方案。其實施辦法，由主管機關定之。

第三十六條　機關辦理採購，得依實際需要，規定投標廠商之基本資格。

特殊或巨額之採購，須由具有相當經驗、實績、人力、財力、設備等之廠商始能擔任者，得另規定投標廠商之特定資格。

外國廠商之投標資格及應提出之資格文件，得就實際需要另行規定，附經公證或認證之中文譯本，並於招標文件中訂明。

第一項基本資格、第二項特定資格與特殊或巨額採購之範圍及認定標準，由主管機關定之。

＊

第三十六條　投標廠商應符合之資格之一部分，得以分包廠商就其分包部分所具有者代之。但以招標文件已允許以分包廠商之資格代之者為限。

前項分包廠商及其分包部分，投標廠商於得標後不得變更。但有特殊情形必須變更者，以具有不低於原分包廠商就其分包部分所具有之資格，並經機關同意者為限。

第三十七條　依本法第三十六條第三項規定投標文件附經公證或認證之資格文件中文譯本，其中文譯本之內容有誤者，以原文為準。

第三十八條　機關辦理採購，應於招標文件規定廠商有下列情形之一者，不得參加投標、作為決標對象或分包廠商或協助投標廠商：

一、提供規劃、設計服務之廠商，於依該規劃、設計結果辦理之採購。

二、代擬招標文件之廠商，於依該招標文件辦理之採購。

三、提供審標服務之廠商，於該服務有關之採購。

四、因履行機關契約而知悉其他廠商無法知悉或應秘密之資訊之廠商，於使用該等資訊有利於該廠商得標之採購。

五、提供專案管理服務之廠商，於該服務有關之採購。

前項第一款及第二款之情形，於無利益衝突或無不公平競爭之虞，經機關同意者，得不適用於後續辦理之採購。

第三十九條　前條第一項規定，於下列情形之一，得不適用之：

一、提供規劃、設計服務之廠商，為依該規劃、設計結果辦理採購之獨家製造或供應廠商，且無其他合適之替代標的者。

二、代機關開發完成新產品並據以代擬製造該產品招標文件之廠商，於依該招標文件辦理之採購。

三、招標文件係由二家以上廠商各就不同之主要部分分
別代擬完成者。

四、其他經主管機關認定者。

解說：本法第三十五條提出機關得於招標文件中規定，在有利於採購
案時，允許廠商提出替代方案的條件，其實施辦法，由主管機
關定之。

本法第三十六條在確保採購案的品質要求下，可規定投標廠商
之基本資格。

細則第三十六條則規範若允許分包時，廠商之基本資格得以分
包廠商就其分包部分所具有者代之。

細則第三十七條則對本法第三十六條之外國廠商投標文件附
經公證或認證之資格文件中文譯本，其中文譯本之內容有誤
者，以原文為準，係為避免外國廠商取巧故意誤譯。

細則第三十八條規定不得參加投標、作為決標對象或分包廠
商或協助投標廠商的條件。但對於特殊情況下，則以細則第
三十九條列出例外條件。

※

第三十七條　機關訂定前條投標廠商之資格，不得不當限制競爭，並
以確認廠商具備履行契約所必須之能力者為限。

投標廠商未符合前條所定資格者，其投標不予受理。但
廠商之財力資格，得以銀行或保險公司之履約及賠償連
帶保證責任、連帶保證保險單代之。

第三十八條　政黨及與其具關係企業關係之廠商，不得參與投標。

前項具關係企業關係之廠商，準用公司法有關關係企業
之規定。

＊

第四十一條　本法第三十八條第一項所稱不得參與投標，不包括作為
　　　　　　投標廠商之分包廠商。

解說：本法第三十七條規定機關必須訂定公平競爭之廠商資格，且能
　　　具備履行契約所必須之能力者為限。

　　　本法第三十八條規定政黨及與其具關係企業關係之廠商，不得
　　　參與投標。

　　　細則第四十一條則對本法第三十八條規定之不得參與投標，可
　　　以作為投標廠商之分包廠商。

※

第三十九條　機關辦理採購，得依本法將其對規劃、設計、供應或履
　　　　　　約業務之專案管理，委託廠商為之。

　　　　　　承辦專案管理之廠商，其負責人或合夥人不得同時為規
　　　　　　劃、設計、施工或供應廠商之負責人或合夥人。

　　　　　　承辦專案管理之廠商與規劃、設計、施工或供應廠
　　　　　　商，不得同時為關係企業或同一其他廠商之關係企
　　　　　　業。

第四十條　機關之採購，得洽由其他具有專業能力之機關代辦。

　　　　　　上級機關對於未具有專業採購能力之機關，得命其洽由其
　　　　　　他具有專業能力之機關代辦採購。

＊

第四十二條　機關依本法第四十條規定洽由其他具有專業能力之機關
　　　　　　代辦採購，依下列原則處理：

　　　　　　一、關於監辦該採購之上級機關，為洽辦機關之上級機
　　　　　　　　關。但洽辦機關之上級機關得洽請代辦機關之上級

機關代行其上級機關之職權。

二、關於監辦該採購之主（會）計及有關單位，為洽辦
　　機關之單位。但代辦機關有類似單位者，洽辦機關
　　得一併洽請代辦。

三、除招標文件另有規定外，以代辦機關為招標機
　　關。

四、洽辦機關及代辦機關分屬中央及地方機關者，依洽
　　辦機關之屬性認定該採購係屬中央或地方機關辦理
　　之採購。

五、洽辦機關得行使之職權或應辦理之事項，得由代辦
　　機關代為行使或辦理。

機關依本法第五條規定委託法人或團體代辦採購，準用
前項規定。

解說：本法第三十九條規定機關辦理採購可以採用專案管理之廠商為
　　　之。

　　　本法第四十條規定機關之採購，得洽由其他具有專業能力之機
　　　關代辦，以解決該單位無適當專業能力人員之困境。

　　　細則第四十二條訂定代辦採購之處理原則。

※

第四十一條　廠商對招標文件內容有疑義者，應於招標文件規定之日
　　　　　　期前，以書面向招標機關請求釋疑。

　　　　　　機關對前項疑義之處理結果，應於招標文件規定之日期
　　　　　　前，以書面答復請求釋疑之廠商，必要時得公告之；其
　　　　　　涉及變更或補充招標文件內容者，除選擇性招標之規格
　　　　　　標與價格標及限制性招標得以書面通知各廠商外，應另

　　　　　　　行公告，並視需要延長等標期。機關自行變更或補充招
　　　　　　　標文件內容者，亦同。

＊

第四十三條　機關於招標文件規定廠商得請求釋疑之期限，至少應有
　　　　　　　等標期之四分之一；其不足一日者以一日計。選擇性招
　　　　　　　標預先辦理資格審查文件者，自公告日起至截止收件日
　　　　　　　止之請求釋疑期限，亦同。
　　　　　　　機關釋疑之期限，不得逾截止投標日或資格審查截止收
　　　　　　　件日前一日。

解說：本法第四十一條規定廠商對招標文件內容有疑義者之釋疑請求
　　　　及機關對疑義之處理方式。
　　　　細則第四十三條則對釋疑之期限予以規定。

※

第四十二條　機關辦理公開招標或選擇性招標，得就資格、規格與價
　　　　　　　格採取分段開標。
　　　　　　　機關辦理分段開標，除第一階段應公告外，後續階段之
　　　　　　　邀標，得免予公告。

＊

第四十四條　機關依本法第四十二條第一項辦理分段開標，得規定資
　　　　　　　格、規格及價格分段投標分段開標或一次投標分段開
　　　　　　　標。但僅就資格投標者，以選擇性招標為限。
　　　　　　　前項分段開標之順序，得依資格、規格、價格之順序開
　　　　　　　標，或將資格與規格或規格與價格合併開標。
　　　　　　　機關辦理分段投標，未通過前一階段審標之投標廠
　　　　　　　商，不得參加後續階段之投標；辦理一次投標分段開

標，其已投標未開標之部分，原封發還。

分段投標之第一階段投標廠商家數已達本法第四十八條第一項三家以上合格廠商投標之規定者，後續階段之開標，得不受該廠商家數之限制。

採一次投標分段開標者，廠商應將各段開標用之投標文件分別密封。

解說：本法第四十二條規定開標方式。

細則第四十四條規定機關依本法第四十二條辦理分段開標之順序，並規定未通過前一階段審標之投標廠商，不得參加後續階段之投標。

※

第四十三條　機關辦理採購，除我國締結之條約或協定另有禁止規定者外，得採行下列措施之一，並應載明於招標文件中：

一、要求投標廠商採購國內貨品比率、技術移轉、投資、協助外銷或其他類似條件，作為採購評選之項目，其比率不得逾三分之一。

二、外國廠商為最低標，且其標價符合第五十二條規定之決標原則者，得以該標價優先決標予國內廠商。

＊

第四十五條　機關依本法第四十三條第一款訂定採購評選項目之比率，應符合下列情形之一：

一、以金額計算比率者，招標文件所定評選項目之標價金額占總標價之比率，不得逾三分之一。

　　　　　二、以評分計算比率者，招標文件所定評選項目之分數
　　　　　　　占各項目滿分合計總分數之比率，不得逾三分之
　　　　　　　一。

第四十六條　機關依本法第四十三條第二款優先決標予國內廠商
　　　　　者，應依各該廠商標價排序，自最低標價起，依次洽減
　　　　　一次，以最先減至外國廠商標價以下者決標。

　　　　　前項國內廠商標價有二家以上相同者，應同時洽減一
　　　　　次，優先決標予減至外國廠商標價以下之最低標。

解說：本法第四十三條規定要求投標廠商採購國內貨品比率、技術
　　　移轉、投資、協助外銷或其他類似條件，作為採購評選之項
　　　目。若外國廠商為最低標，且符合本法規定之決標原則者，得
　　　以該標價優先決標予國內廠商，以保護及扶植國內廠商。

　　　細則第四十五條規定依本法第四十三條訂定採購評選項目之比
　　　率。

　　　細則第四十六條訂定依本法第四十三條得以優先決標予國內廠
　　　商之辦法。

※

第四十四條　機關辦理特定之採購，除我國締結之條約或協定另有禁
　　　　　止規定者外，得對國內產製加值達百分之五十之財物或
　　　　　國內供應之工程、勞務，於外國廠商為最低標，且其標
　　　　　價符合第五十二條規定之決標原則時，以高於該標價一
　　　　　定比率以內之價格，優先決標予國內廠商。

　　　　　前項措施之採行，以合於就業或產業發展政策者為
　　　　　限，且一定比率不得逾百分之三，優惠期限不得逾五
　　　　　年；其適用範圍、優惠比率及實施辦法，由主管機關會

同相關目的事業主管機關定之。

＊

第四十七條　同一採購不得同時適用本法第四十三條第二款及第四十四條之規定。

解說：本法第四十四條規定對國內產製加值達百分之五十之財物或國內供應之工程、勞務，若外國廠商為最低標，且符合本法規定之決標原則者，可以高於該標價一定比率以內之價格，優先決標予國內廠商。一定比率不得逾百分之三，優惠期限不得逾五年。

細則第四十七條規定同一採購不得同時適用本法第四十三條第二款及第四十四條之規定。

※第三章　決標

第四十五條　公開招標及選擇性招標之開標，除法令另有規定外，應依招標文件公告之時間及地點公開為之。

＊第三章　決標

第四十八條　本法第四十五條所稱開標，指依招標文件標示之時間及地點開啟廠商投標文件之標封，宣布投標廠商之名稱或代號、家數及其他招標文件規定之事項。有標價者，並宣布之。

前項開標，應允許投標廠商之負責人或其代理人或授權代表出席。但機關得限制出席人數。

限制性招標之比價，其開標適用前二項規定。

第四十九條　公開招標及選擇性招標之開標，有下列情形之一者，招標文件得免標示開標之時間及地點：

一、依本法第二十一條規定辦理選擇性招標之資格審

查，供建立合格廠商名單。

二、依本法第四十二條規定採分段開標，後續階段開標之時間及地點無法預先標示。

三、依本法第五十七條第一款規定，開標程序及內容應予保密。

四、依本法第一百零四條第一項第二款規定辦理之採購。

五、其他經主管機關認定者。

前項第二款之情形，後續階段開標之時間及地點，由機關另行通知前一階段合格廠商。

第四十九條之一　公開招標、選擇性招標及限制性招標之比價，其招標文件所標示之開標時間，為等標期屆滿當日或次一上班日。但採分段開標者，其第二段以後之開標，不適用之。

第五十條　辦理開標人員之分工如下：

一、主持開標人員：主持開標程序、負責開標現場處置及有關決定。

二、承辦開標人員：辦理開標作業及製作紀錄等事項。

主持開標人員，由機關首長或其授權人員指派適當人員擔任。

主持開標人員得兼任承辦開標人員。

承辦審標、評審或評選事項之人員，必要時得協助開標。

有監辦開標人員者，其工作事項為監視開標程序。

機關辦理比價、議價或決標，準用前五項規定。

第五十一條　機關辦理開標時應製作紀錄，記載下列事項，由辦理開標人員會同簽認；有監辦開標人員者，亦應會同簽認：

一、有案號者，其案號。

二、招標標的之名稱及數量摘要。

三、投標廠商名稱。

四、有標價者，各投標廠商之標價。

五、開標日期。

六、其他必要事項。

流標時應製作紀錄，其記載事項，準用前項規定，並應記載流標原因。

解說：本法第四十五條規定開標應依招標文件公告之時間及地點公開為之。

細則第四十八條、第四十九條、第四十九條之一、第五十條及第五十一條規定開標實施之細節及步驟。

※

第四十六條　機關辦理採購，除本法另有規定外，應訂定底價。底價應依圖說、規範、契約並考量成本、市場行情及政府機關決標資料逐項編列，由機關首長或其授權人員核定。

前項底價之訂定時機，依下列規定辦理：

一、公開招標應於開標前定之。

二、選擇性招標應於資格審查後之下一階段開標前定之。

三、限制性招標應於議價或比價前定之。

＊

第五十二條　機關訂定底價，得基於技術、品質、功能、履約地、商
　　　　　　業條款、評分或使用效益等差異，訂定不同之底價。

第五十三條　機關訂定底價，應由規劃、設計、需求或使用單位提出
　　　　　　預估金額及其分析後，由承辦採購單位簽報機關首長
　　　　　　或其授權人員核定。但重複性採購或未達公告金額之採
　　　　　　購，得由承辦採購單位逕行簽報核定。

第五十四條　公開招標採分段開標者，其底價應於第一階段開標前定
　　　　　　之。
　　　　　　限制性招標之比價，其底價應於辦理比價之開標前定
　　　　　　之。
　　　　　　限制性招標之議價，訂定底價前應先參考廠商之報價或
　　　　　　估價單。
　　　　　　依本法第四十九條採公開取得三家以上廠商之書面報價
　　　　　　或企劃書者，其底價應於進行比價或議價前定之。

解說：本法第四十六條規定訂定底價的原則、底價訂定的時機。
　　　　細則第五十二條、第五十三條及第五十四條則對訂定底價的原
　　　　則、底價訂定的時機之細節予以明確的規範。

※

第四十七條　機關辦理下列採購，得不訂底價。但應於招標文件內敘
　　　　　　明理由及決標條件與原則：
　　　　　　一、訂定底價確有困難之特殊或複雜案件。
　　　　　　二、以最有利標決標之採購。
　　　　　　三、小額採購。
　　　　　　前項第一款及第二款之採購，得規定廠商於投標文件內

詳列報價內容。

小額採購之金額，在中央由主管機關定之；在地方由直轄市或縣（市）政府定之。但均不得逾公告金額十分之一。地方未定者，比照中央規定辦理。

＊

第五十四條之一　機關辦理採購，依本法第四十七條第一項第一款及第二款規定不訂底價者，得於招標文件預先載明契約金額或相關費率作為決標條件。

解說：本法第四十七條規定可不訂底價的採購案類別。

細則第五十四條之一則對不訂底價時，招標文件之處理方式。

※

第四十八條　機關依本法規定辦理招標，除有下列情形之一不予開標決標外，有三家以上合格廠商投標，即應依招標文件所定時間開標決標：

一、變更或補充招標文件內容者。

二、發現有足以影響採購公正之違法或不當行為者。

三、依第八十二條規定暫緩開標者。

四、依第八十四條規定暫停採購程序者。

五、依第八十五條規定由招標機關另為適法之處置者。

六、因應突發事故者。

七、採購計畫變更或取銷採購者。

八、經主管機關認定之特殊情形。

第一次開標，因未滿三家而流標者，第二次招標之等標

期間得予縮短，並得不受前項三家廠商之限制。

*

第五十五條 本法第四十八條第一項所稱三家以上合格廠商投標，指機關辦理公開招標，有三家以上廠商投標，且符合下列規定者：

一、依本法第三十三條規定將投標文件送達於招標機關或其指定之場所。

二、無本法第五十條第一項規定不予開標之情形。

三、無第三十三條第一項及第二項規定不予開標之情形。

四、無第三十八條第一項規定不得參加投標之情形。

第五十六條 廢標後依原招標文件重行招標者，準用本法第四十八條第二項關於第二次招標之規定。

第五十七條 機關辦理公開招標，因投標廠商家數未滿三家而流標者，得發還投標文件。廠商要求發還者，機關不得拒絕。

機關於開標後因故廢標，廠商要求發還投標文件者，機關得保留其中一份，其餘發還，或僅保留影本。採分段開標者，尚未開標之部分應予發還。

解說：本法第四十八條規定不予開標決標的要件，且若第一次開標，因未滿三家而流標者，第二次招標之等標期間得予縮短，並得不受前項三家廠商之限制。

細則第五十五條定義本法第四十八條三家以上合格廠商投標的內容。

細則第五十六條及第五十七條規定對廢標及流標的處理方

式。

※

第四十九條　未達公告金額之採購，其金額逾公告金額十分之一
　　　　　者，除第二十二條第一項各款情形外，仍應公開取得三
　　　　　家以上廠商之書面報價或企劃書。

第五十條　投標廠商有下列情形之一，經機關於開標前發現者，其所
　　　　投之標應不予開標；於開標後發現者，應不決標予該廠
　　　　商：

　　　　一、未依招標文件之規定投標。

　　　　二、投標文件內容不符合招標文件之規定。

　　　　三、借用或冒用他人名義或證件，或以偽造、變造之文件
　　　　　　投標。

　　　　四、偽造或變造投標文件。

　　　　五、不同投標廠商間之投標文件內容有重大異常關聯
　　　　　　者。

　　　　六、第一百零三條第一項不得參加投標或作為決標對象之
　　　　　　情形。

　　　　七、其他影響採購公正之違反法令行為。

　　　　決標或簽約後發現得標廠商於決標前有前項情形者，應撤
　　　　銷決標、終止契約或解除契約，並得追償損失。但撤銷決
　　　　標、終止契約或解除契約反不符公共利益，並經上級機關
　　　　核准者，不在此限。

　　　　第一項不予開標或不予決標，致採購程序無法繼續進行
　　　　者，機關得宣布廢標。

＊

第五十八條　機關依本法第五十條第二項規定撤銷決標或解除契約時，得依下列方式之一續行辦理：

一、重行辦理招標。

二、原係採最低標為決標原則者，得以原決標價依決標前各投標廠商標價之順序，自標價低者起，依序洽其他合於招標文件規定之未得標廠商減至該決標價後決標。其無廠商減至該決標價者，得依本法第五十二條第一項第一款、第二款及招標文件所定決標原則辦理決標。

三、原係採最有利標為決標原則者，得召開評選委員會會議，依招標文件規定重行辦理評選。

前項規定，於廠商得標後放棄得標、拒不簽約或履約、拒繳保證金或拒提供擔保等情形致撤銷決標、解除契約者，準用之。

第五十九條　機關發現廠商投標文件所標示之分包廠商，於截止投標或截止收件期限前屬本法第一百零三條第一項規定期間內不得參加投標或作為決標對象或分包廠商之廠商者，應不決標予該投標廠商。

廠商投標文件所標示之分包廠商，於投標後至決標前方屬本法第一百零三條第一項規定期間內不得參加投標或作為決標對象或分包廠商之廠商者，得依原標價以其他合於招標文件規定之分包廠商代之，並通知機關。

機關於決標前發現廠商有前項情形者，應通知廠商限期改正；逾期未改正者，應不決標予該廠商。

解說：本法第四十九條規定未達公告金額之採購，其金額逾公告金額十分之一者之採購辦法。

本法第五十條規定廠商不符規定之事項，於開標前發現者應不予開標，或於開標後發現者，應不決標予該廠商。若決標或簽約後發現，應撤銷決標、終止契約或解除契約，並得追償損失。但撤銷決標、終止契約或解除契約反不符公共利益，並經上級機關核准者，不在此限。

細則第五十八條規定撤銷決標或解除契約後之續辦方式。

細則第五十九條規定廠商投標文件所標示之分包廠商，於【截止投標或截止收件】期限前屬本法規定於該期間內不得參加投標或作為決標對象或分包廠商之廠商者，應不決標予該投標廠商。惟若於【投標後至決標前】才屬本法規定期間內不得參加投標或作為決標對象或分包廠商之廠商者，得依原標價以其他合於招標文件規定之分包廠商代之，並通知機關；若機關於決標前發現廠商有前項情形者，應通知廠商限期改正；逾期未改正者，應不決標予該廠商。

※

第五十一條　機關應依招標文件規定之條件，審查廠商投標文件，對其內容有疑義時，得通知投標廠商提出說明。

前項審查結果應通知投標廠商，對不合格之廠商，並應敘明其原因。

＊

第六十條　機關審查廠商投標文件，發現其內容有不明確、不一致或明顯打字或書寫錯誤之情形者，得通知投標廠商提出說明，以確認其正確之內容。

前項文件內明顯打字或書寫錯誤，與標價無關，機關得允許廠商更正。

第六十一條　機關依本法第五十一條第二項規定將審查廠商投標文件之結果通知各該廠商者，應於審查結果完成後儘速通知，最遲不得逾決標或廢標日十日。

前項通知，經廠商請求者，得以書面為之。

解說：本法第五十一條規定機關審查廠商投標文件，對其內容有疑義及審查結果不合格之處理辦法。

細則第六十條及第六十一條說明本法第五十一條之詳細作法。

※

第五十二條　機關辦理採購之決標，應依下列原則之一辦理，並應載明於招標文件中：

一、訂有底價之採購，以合於招標文件規定，且在底價以內之最低標為得標廠商。

二、未訂底價之採購，以合於招標文件規定，標價合理，且在預算數額以內之最低標為得標廠商。

三、以合於招標文件規定之最有利標為得標廠商。

四、採用複數決標之方式：機關得於招標文件中公告保留採購項目或數量選擇之組合權利，但應合於最低價格或最有利標之競標精神。

機關採前項第三款決標者，以異質之工程、財物或勞務採購而不宜以前項第一款或第二款辦理者為限。

機關辦理公告金額以上之專業服務、技術服務或資訊服務者，得採不訂底價之最有利標。

決標時得不通知投標廠商到場，其結果應通知各投標廠商。

　＊

第六十二條　機關採最低標決標者，二家以上廠商標價相同，且均得為決標對象時，其比減價格次數已達本法第五十三條或第五十四條規定之三次限制者，逕行抽籤決定之。

前項標價相同，其比減價格次數未達三次限制者，應由該等廠商再行比減價格一次，以低價者決標。比減後之標價仍相同者，抽籤決定之。

第六十三條　機關採最低標決標，廠商之標價依招標文件規定之計算方式，有依投標標的之性能、耐用年限、保固期、能源使用效能或維修費用等之差異，就標價予以加價或減價以定標價之高低序位者，以加價或減價後之標價決定最低標。

第六十四條　投標廠商之標價幣別，依招標文件規定在二種以上者，由機關擇其中一種或以新臺幣折算總價，以定標序及計算是否超過底價。

前項折算總價，依辦理決標前一辦公日台灣銀行外匯交易收盤即期賣出匯率折算之。

第六十四條之一　機關依本法第五十二條第一項第一款或第二款規定採最低標決標，其因履約期間數量不確定而於招標文件規定以招標標的之單價決定最低標者，並應載明履約期間預估需求數量。招標標的在二項以上而未採分項決標者，並應以各項單價及其預估需求數量之乘積加總計算，決定最低標。

第六十四條之二　機關依本法第五十二條第一項第一款或第二款辦理異質之工程、財物或勞務採購，得於招標文件訂定評分項目、各項配分、及格分數等審查基準，並成立審查委員會及工作小組，採評分方式審查，就資格及規格合於招標文件規定，且總平均評分在及格分數以上之廠商開價格標，採最低標決標。

依前項方式辦理者，應依下列規定辦理：

一、分段開標，最後一段為價格標。

二、評分項目不包括價格。

三、審查委員會及工作小組之組成、任務及運作，準用採購評選委員會組織準則、採購評選委員會審議規則及最有利標評選辦法之規定。

第六十五條　機關依本法第五十二條第一項第四款採用複數決標方式者，應依下列原則辦理：

一、招標文件訂明得由廠商分項報價之項目，或依不同數量報價之項目及數量之上、下限。

二、訂有底價之採購，其底價依項目或數量分別訂定。

三、押標金、保證金及其他擔保得依項目或數量分別繳納。

四、得分項報價者，分項決標；得依不同數量報價者，依標價及可決標之數量依序決標，並得有不同之決標價。

五、分項決標者，得分項簽約及驗收；依不同數量決標

者，得分別簽約及驗收。

第六十六條　本法第五十二條第二項所稱異質之工程、財物或勞務
　　　　　　　採購，指不同廠商所供應之工程、財物或勞務，於技
　　　　　　　術、品質、功能、效益、特性或商業條款等，有差異
　　　　　　　者。

第六十七條　機關辦理決標，合於決標原則之廠商無需減價或已完成
　　　　　　　減價或綜合評選程序者，得不通知投標廠商到場。

第六十八條　機關辦理決標時應製作紀錄，記載下列事項，由辦理決
　　　　　　　標人員會同簽認；有監辦決標人員或有得標廠商代表參
　　　　　　　加者，亦應會同簽認：

　　　　　　　一、有案號者，其案號。

　　　　　　　二、決標標的之名稱及數量摘要。

　　　　　　　三、審標結果。

　　　　　　　四、得標廠商名稱。

　　　　　　　五、決標金額。

　　　　　　　六、決標日期。

　　　　　　　七、有減價、比減價格、協商或綜合評選者，其過
　　　　　　　　　程。

　　　　　　　八、超底價決標者，超底價之金額、比率及必須決標之
　　　　　　　　　緊急情事。

　　　　　　　九、所依據之決標原則。

　　　　　　　十、有尚未解決之異議或申訴事件者，其處理情形。

　　　　　　　廢標時應製作紀錄，其記載事項，準用前項規定，並應
　　　　　　　記載廢標原因。

第六十九條　機關辦理減價或比減價格結果在底價以內時，除有本法

第五十八條總標價或部分標價偏低之情形者外，應即宣布決標。

解說：本法第五十二條規定決標原則。

細則第六十二條、第六十三條、第六十四條、第六十四條之一、第六十五條、第六十六條、第六十七條、第六十八條及第六十九條則詳述本法第五十二條規定之各種決標原則之作法。

※

第五十三條 合於招標文件規定之投標廠商之最低標價超過底價時，得洽該最低標廠商減價一次；減價結果仍超過底價時，得由所有合於招標文件規定之投標廠商重新比減價格，比減價格不得逾三次。

前項辦理結果，最低標價仍超過底價而不逾預算數額，機關確有緊急情事需決標時，應經原底價核定人或其授權人員核准，且不得超過底價百分之八。但查核金額以上之採購，超過底價百分之四者，應先報經上級機關核准後決標。

＊

第七十條 機關於第一次比減價格前，應宣布最低標廠商減價結果；第二次以後比減價格前，應宣布前一次比減價格之最低標價。

機關限制廠商比減價格或綜合評選之次數為一次或二次者，應於招標文件中規定或於比減價格或採行協商措施前通知參加比減價格或協商之廠商。

參加比減價格或協商之廠商有下列情形之一者，機關得不

通知其參加下一次之比減價格或協商：

一、未能減至機關所宣布之前一次減價或比減價格之最低標價。

二、依本法第六十條規定視同放棄。

第七十一條　機關辦理查核金額以上之採購，擬決標之最低標價超過底價百分之四未逾百分之八者，得先保留決標，並應敘明理由連同底價、減價經過及報價比較表或開標紀錄等相關資料，報請上級機關核准。

前項決標，上級機關派員監辦者，得由監辦人員於授權範圍內當場予以核准，或由監辦人員簽報核准之。

第七十二條　機關依本法第五十三條第一項及第五十四條規定辦理減價及比減價格，參與之廠商應書明減價後之標價。

合於招標文件規定之投標廠商僅有一家或採議價方式辦理採購，廠商標價超過底價或評審委員會建議之金額，經洽減結果，廠商書面表示減至底價或評審委員會建議之金額，或照底價或評審委員會建議之金額再減若干數額者，機關應予接受。比減價格時，僅餘一家廠商書面表示減價者，亦同。

第七十三條　合於招標文件規定之投標廠商僅有一家或採議價方式辦理，須限制減價次數者，應先通知廠商。

前項減價結果，適用本法第五十三條第二項超過底價而不逾預算數額需決標，或第五十四條逾評審委員會建議之金額或預算金額應予廢標之規定。

解說： 本法第五十三條規定投標廠商之最低標價超過底價時之處理辦法。

細則第七十條、第七十一條、第七十二條及第七十三條對本法
第五十三條規定投標廠商之最低標價超過底價時之減價處理過
程細節。

※

第五十四條　決標依第五十二條第一項第二款規定辦理者，合於招標
　　　　　　文件規定之最低標價逾評審委員會建議之金額或預算金
　　　　　　額時，得洽該最低標廠商減價一次。減價結果仍逾越上
　　　　　　開金額時，得由所有合於招標文件規定之投標廠商重新
　　　　　　比減價格。機關得就重新比減價格之次數予以限制，比
　　　　　　減價格不得逾三次，辦理結果，最低標價仍逾越上開金
　　　　　　額時，應予廢標。

＊

第七十四條　決標依本法第五十二條第一項第二款規定辦理者，除小
　　　　　　額採購外，應成立評審委員會，其成員由機關首長或其
　　　　　　授權人員就對於採購標的之價格具有專門知識之機關職
　　　　　　員或公正人士派兼或聘兼之。

　　　　　　前項評審委員會之成立時機，準用本法第四十六條第二
　　　　　　項有關底價之訂定時機。

　　　　　　第一項評審委員會，機關得以本法第九十四條成立之評
　　　　　　選委員會代之。

第七十五條　決標依本法第五十二條第一項第二款規定辦理且設有
　　　　　　評審委員會者，應先審查合於招標文件規定之最低標
　　　　　　價後，再由評審委員會提出建議之金額。但標價合理
　　　　　　者，評審委員會得不提出建議之金額。

　　　　　　評審委員會提出建議之金額，機關依本法第五十四條規

定辦理減價或比減價格結果在建議之金額以內時，除有
本法第五十八條總標價或部分標價偏低之情形外，應即
宣布決標。

第一項建議之金額，於決標前應予保密，決標後除有第
三十五條之情形者外，應予公開。

解說：本法第五十四條規定決標依第五十二條第一項第二款【未訂底
價之採購，以合於招標文件規定，標價合理，且在預算數額
以內之最低標為得標廠商。】規定辦理者，合於招標文件規定
之最低標價逾評審委員會建議之金額或預算金額時之辦理方
式。

細則第七十四條及第七十五條說明本法第五十四條規定之評審
委員會之成立時機及評審委員會建議之金額規定。

※

第五十五條　機關辦理以最低標決標之採購，經報上級機關核准，並
於招標公告及招標文件內預告者，得於依前二條規定無
法決標時，採行協商措施。

第五十六條　決標依第五十二條第一項第三款規定辦理者，應依招標
文件所規定之評審標準，就廠商投標標的之技術、品
質、功能、商業條款或價格等項目，作序位或計數之綜
合評選，評定最有利標。價格或其與綜合評選項目評分
之商數，得做為單獨評選之項目或決標之標準。未列入
之項目，不得做為評選之參考。評選結果無法依機關首
長或評選委員會過半數之決定，評定最有利標時，得採
行協商措施，再作綜合評選，評定最有利標。評定應附
理由。綜合評選不得逾三次。

依前項辦理結果，仍無法評定最有利標時，應予廢標。

機關採最有利標決標者，應先報經上級機關核准。

最有利標之評選辦法，由主管機關定之。

第五十七條　機關依前二條之規定採行協商措施者，應依下列原則辦理：

一、開標、投標、審標程序及內容均應予保密。

二、協商時應平等對待所有合於招標文件規定之投標廠商，必要時並錄影或錄音存證。

三、原招標文件已標示得更改項目之內容，始得納入協商。

四、前款得更改之項目變更時，應以書面通知所有得參與協商之廠商。

五、協商結束後，應予前款廠商依據協商結果，於一定期間內修改投標文件重行遞送之機會。

＊

第七十六條　本法第五十七條第一款所稱審標，包括評選及洽個別廠商協商。

本法第五十七條第一款應保密之內容，決標後應即解密。但有繼續保密之必要者，不在此限。

本法第五十七條第一款之適用範圍，不包括依本法第五十五條規定採行協商措施前之採購作業。

第七十七條　機關依本法第五十七條規定採行協商措施時，參與協商之廠商依據協商結果重行遞送之投標文件，其有與協商無關或不受影響之項目者，該項目應不予評選，並以重

行遞送前之內容為準。

第七十八條　機關採行協商措施，應注意下列事項：

一、列出協商廠商之待協商項目，並指明其優點、缺點、錯誤或疏漏之處。

二、擬具協商程序。

三、參與協商人數之限制。

四、慎選協商場所。

五、執行保密措施。

六、與廠商個別進行協商。

七、不得將協商廠商投標文件內容、優缺點及評分，透露於其他廠商。

八、協商應作成紀錄。

解說：本法第五十五條規定以最低標決標之採購，依本法第五十三條及第五十四條規定無法決標時，得採行協商措施。

本法第五十六條規定以最有利標辦理採購時之評選決標方式，並規定最有利標之評選辦法，由主管機關定之。

本法第五十七條規定，依本法第五十五條及本法第五十六條之規定採行協商措施者，應依據之辦理原則。

細則第七十六條及第七十七條說明本法第五十七條有關審標、保密之作法，第七十八條則說明採行協商措施應注意之事項。

※

第五十八條　機關辦理採購採最低標決標時，如認為最低標廠商之總標價或部分標價偏低，顯不合理，有降低品質、不能誠信履約之虞或其他特殊情形，得限期通知該廠商提出說

明或擔保。廠商未於機關通知期限內提出合理之說明或擔保者，得不決標予該廠商，並以次低標廠商為最低標廠商。

＊

第七十九條　本法第五十八條所稱總標價偏低，指下列情形之一：

一、訂有底價之採購，廠商之總標價低於底價百分之八十者。

二、未訂底價之採購，廠商之總標價經評審或評選委員會認為偏低者。

三、未訂底價且未設置評審委員會或評選委員會之採購，廠商之總標價低於預算金額或預估需用金額之百分之七十者。預算案尚未經立法程序者，以預估需用金額計算之。

第八十條　本法第五十八條所稱部分標價偏低，指下列情形之一：

一、該部分標價有對應之底價項目可供比較，該部分標價低於相同部分項目底價之百分之七十者。

二、廠商之部分標價經評審或評選委員會認為偏低者。

三、廠商之部分標價低於其他機關最近辦理相同採購決標價之百分之七十者。

四、廠商之部分標價低於可供參考之一般價格之百分之七十者。

第八十一條　廠商投標文件內記載金額之文字與號碼不符時，以文字為準。

解說：本法第五十八條規定機關辦理採購採最低標決標時，如認為最低標廠商之標價偏低至不合理時之處理方式。

細則第七十九條及第八十條則對標價偏低之項目予以定義。

細則第八十條規定廠商投標文件內記載金額以文字為準。

※

第五十九條　機關以選擇性招標或限制性招標辦理採購者，採購契約之價款不得高於廠商於同樣市場條件之相同工程、財物或勞務之最低價格。

廠商亦不得以支付他人佣金、比例金、仲介費、後謝金或其他利益為條件，促成採購契約之簽訂。

違反前二項規定者，機關得終止或解除契約或將溢價及利益自契約價款中扣除。

公開招標之投標廠商未達三家者，準用前三項之規定。

＊

第八十二條　本法第五十九條第二項不適用於因正當商業行為所為之給付。

解說：本法第五十九條規定以選擇性招標或限制性招標辦理採購者，若價款高於廠商於同樣市場條件之最低價格；或廠商以支付他人佣金、比例金、仲介費、後謝金或其他利益為條件，促成採購契約之簽訂時之處理辦法。並規定適用於公開招標之投標廠商未達三家者。本條文在防止廠商不當得利或公務人員收取回扣及政治掮客非法掏空之行為。

細則第八十二條則對正常商業行為所為之佣金、比例金、仲介費、後謝金或其他利益給付予以排除限制。

※

第六十條　機關辦理採購依第五十一條、第五十三條、第五十四條或

第五十七條規定，通知廠商說明、減價、比減價格、協商、更改原報內容或重新報價，廠商未依通知期限辦理者，視同放棄。

＊

第八十三條　廠商依本法第六十條規定視同放棄說明、減價、比減價格、協商、更改原報內容或重新報價，其不影響該廠商成為合於招標文件規定之廠商者，仍得以該廠商為決標對象。

依本法第六十條規定視同放棄而未決標予該廠商者，仍應發還押標金。

解說：本法第六十條規定機關通知廠商說明、減價、比減價格、協商、更改原報內容或重新報價，廠商未依通知期限辦理者，視同放棄。

細則第八十三條則對廠商依本法第六十條規定視同放棄時，若不影響該廠商成為合於招標文件規定之廠商者，仍得以該廠商為決標對象。若視同放棄而未決標予該廠商者，仍應發還押標金。

※

第六十一條　機關辦理公告金額以上採購之招標，除有特殊情形者外，應於決標後一定期間內，將決標結果之公告刊登於政府採購公報，並以書面通知各投標廠商。無法決標者，亦同。

＊

第八十四條　本法第六十一條所稱特殊情形，指符合下列情形之一者：

一、為商業性轉售或用於製造產品、提供服務以供轉售
　　目的所為之採購，其決標金額涉及商業機密，經機
　　關首長或其授權人員核准者。

二、有本法第一百零四條第一項第二款情形者。

三、前二款以外之機密採購。

四、其他經主管機關認定者。

前項第一款決標金額涉及商業機密者，機關得不將決
標金額納入決標結果之公告及對各投標廠商之書面通
知。

本法第六十一條所稱決標後一定期間，為自決標日起
三十日。

依本法第六十一條規定未將決標結果之公告刊登於政府
採購公報，或僅刊登一部分者，機關仍應將完整之決
標資料傳送至主管機關指定之電腦資料庫，或依本法第
六十二條規定定期彙送主管機關。

第八十五條　機關依本法第六十一條規定將決標結果以書面通知各投
標廠商者，其通知應包括下列事項：

一、有案號者，其案號。

二、決標標的之名稱及數量摘要。

三、得標廠商名稱。

四、決標金額。

五、決標日期。

無法決標者，機關應以書面通知各投標廠商無法決標之
理由。

解說：本法第六十一條規定機關辦理公告金額以上採購之招標，除有

特殊情形者外，應於決標後一定期間內之處理規定，無法決標者，亦同。

細則第八十四條列出本法第六十一條之特殊情形。

細則第八十五條規定依本法第六十一條規定將決標結果以書面通知各投標廠商，應包括之事項。

※

第六十二條　機關辦理採購之決標資料，應定期彙送主管機關。

＊

第八十六條　本法第六十二條規定之決標資料，機關應利用電腦蒐集程式傳送至主管機關指定之電腦資料庫。

決標結果已依本法第六十一條規定於一定期間內將決標金額傳送至主管機關指定之電腦資料庫者，得免再行傳送。

解說：本法第六十二條規定決標資料，應定期彙送主管機關。

細則第八十六條規定決標資料應利用電腦蒐集程式傳送至主管機關指定之電腦資料庫。

※

第四章　履約管理

第六十三條　各類採購契約以採用主管機關訂定之範本為原則，其要項及內容由主管機關參考國際及國內慣例定之。

委託規劃、設計、監造或管理之契約，應訂明廠商規劃設計錯誤、監造不實或管理不善，致機關遭受損害之責任。

第六十四條　採購契約得訂明因政策變更，廠商依契約繼續履行反而不符公共利益者，機關得報經上級機關核准，終止或解

除部分或全部契約，並補償廠商因此所生之損失。

第六十五條　得標廠商應自行履行工程、勞務契約，不得轉包。

前項所稱轉包，指將原契約中應自行履行之全部或其主要部分，由其他廠商代為履行。

廠商履行財物契約，其需經一定履約過程，非以現成財物供應者，準用前二項規定。

＊第四章　履約管理

第八十七條　本法第六十五條第二項所稱主要部分，指下列情形之一：

一、招標文件標示為主要部分者。

二、招標文件標示或依其他法規規定應由得標廠商自行履行之部分。

解說：本法第六十三條規定各類採購契約之要項由主管機關定之。委託規劃、設計、監造或管理之契約，應訂明損害之責任。

本法第六十四條規定採購契約得訂明因政策變更，終止或解除部分或全部契約，並補償廠商因此所產生之損失。

本法第六十五條規定契約不得轉包。轉包，指將原契約中應自行履行之全部或其主要部分，由其他廠商代為履行。此條文係防止不肖廠商不勞而獲，而使採購金額不當增加，或轉包廠商為謀求利潤而偷工減料。

細則第八十七條定義本法第六十五條所稱主要部分。

※

第六十六條　得標廠商違反前條規定轉包其他廠商時，機關得解除契約、終止契約或沒收保證金，並得要求損害賠償。

前項轉包廠商與得標廠商對機關負連帶履行及賠償責

任。再轉包者，亦同。

第六十七條　得標廠商得將採購分包予其他廠商。稱分包者，謂非轉包而將契約之部分由其他廠商代為履行。

分包契約報備於採購機關，並經得標廠商就分包部分設定權利質權予分包廠商者，民法第五百十三條之抵押權及第八百十六條因添附而生之請求權，及於得標廠商對於機關之價金或報酬請求權。

前項情形，分包廠商就其分包部分，與得標廠商連帶負瑕疵擔保責任。

＊

第八十九條　機關得視需要於招標文件中訂明得標廠商應將專業部分或達一定數量或金額之分包情形送機關備查。

解說：本法第六十六條規定廠商轉包時，機關之處理辦法。

本法第六十七條規定得標廠商得將採購分包予其他廠商，及分包時得標廠商之處理辦法。

細則第八十九條規定，機關得視需要於招標文件中訂明得標廠商應將專業部分，或達一定數量或金額之分包情形送機關備查。

※

第六十八條　得標廠商就採購契約對於機關之價金或報酬請求權，其全部或一部得為權利質權之標的。

第七十條　機關辦理工程採購，應明訂廠商執行品質管理、環境保護、施工安全衛生之責任，並對重點項目訂定檢查程序及檢驗標準。

機關於廠商履約過程，得辦理分段查驗，其結果並得供驗

收之用。

中央及直轄市、縣（市）政府應成立工程施工查核小組，定期查核所屬（轄）機關工程品質及進度等事宜。

工程施工查核小組之組織準則，由主管機關擬訂，報請行政院核定後發布之。其作業辦法，由主管機關定之。

財物或勞務採購需經一定履約過程，而非以現成財物或勞務供應者，準用第一項及第二項之規定。

解說：本法第六十八條規定採購契約得為權利質權之標的。

本法第七十條規定機關辦理工程採購，應明訂廠商執行品質管理、環境保護、施工安全衛生之責任。本條文除了確保工程品質之目的，尚賦予廠商於施工中之環境保護責任，以及工區內、外相關人員之安全衛生之責任。行政院勞委會即依據此條文制定確保勞工安全之相關辦法。

※第五章　驗收

第七十一條　機關辦理工程、財物採購，應限期辦理驗收，並得辦理部分驗收。

驗收時應由機關首長或其授權人員指派適當人員主驗，通知接管單位或使用單位會驗。

機關承辦採購單位之人員不得為所辦採購之主驗人或樣品及材料之檢驗人。

前三項之規定，於勞務採購準用之。

＊第五章　驗收

第九十條　機關依本法第七十一條第一項規定辦理下列工程、財物採購之驗收，得由承辦採購單位備具書面憑證採書面驗收，免辦理現場查驗：

一、公用事業依一定費率所供應之財物。

二、即買即用或自供應至使用之期間甚為短暫，現場查驗有困難者。

三、小額採購。

四、分批或部分驗收，其驗收金額不逾公告金額十分之一。

五、經政府機關或公正第三人查驗，並有相關品質或數量之證明文書者。

六、其他經主管機關認定者。

前項第四款情形於各批或全部驗收完成後，應將各批或全部驗收結果彙總填具結算驗收證明書。

第九十條之一　勞務驗收，得以書面或召開審查會方式辦理；其書面驗收文件或審查會紀錄，得視為驗收紀錄。

第九十一條　機關辦理驗收人員之分工如下：

一、主驗人員：主持驗收程序，抽查驗核廠商履約結果有無與契約、圖說或貨樣規定不符，並決定不符時之處置。

二、會驗人員：會同抽查驗核廠商履約結果有無與契約、圖說或貨樣規定不符，並會同決定不符時之處置。但採購事項單純者得免之。

三、協驗人員：協助辦理驗收有關作業。但採購事項單純者得免之。

會驗人員，為接管或使用機關（單位）人員。

協驗人員，為設計、監造、承辦採購單位人員或機關委託之專業人員或機構人員。

法令或契約載有驗收時應辦理丈量、檢驗或試驗之方法、程序或標準者，應依其規定辦理。

有監驗人員者，其工作事項為監視驗收程序。

第九十二條　廠商應於工程預定竣工日前或竣工當日，將竣工日期書面通知監造單位及機關。除契約另有規定者外，機關應於收到該書面通知之日起七日內會同監造單位及廠商，依據契約、圖說或貨樣核對竣工之項目及數量，確定是否竣工；廠商未依機關通知派代表參加者，仍得予確定。

工程竣工後，除契約另有規定者外，監造單位應於竣工後七日內，將竣工圖表、工程結算明細表及契約規定之其他資料，送請機關審核。有初驗程序者，機關應於收受全部資料之日起三十日內辦理初驗，並作成初驗紀錄。

財物或勞務採購有初驗程序者，準用前二項規定。

第九十三條　採購之驗收，有初驗程序者，初驗合格後，除契約另有規定者外，機關應於二十日內辦理驗收，並作成驗收紀錄。

第九十四條　採購之驗收，無初驗程序者，除契約另有規定者外，機關應於接獲廠商通知備驗或可得驗收之程序完成後三十日內辦理驗收，並作成驗收紀錄。

第九十五條　前三條所定期限，其有特殊情形必須延期者，應經機關首長或其授權人員核准。

解說：本法第七十一條規定機關辦理工程、財物採購，應限期辦理驗收，承辦採購單位之人員不得為所辦採購之主驗人或樣品及材

料之檢驗人。

細則第九十條規定得採書面驗收，免辦理現場查驗之採購案種類。

細則第九十條之一規定勞務驗收方式。

細則第九十一條規定驗收人員之分工。

細則第九十二條規定廠商通知竣工日期、機關應確定是否竣工及監造單位應辦事項。有初驗程序者，機關應於收受全部資料之日起三十日內辦理初驗，並作成初驗紀錄。

細則第九十三條規定有初驗程序者，初驗合格後，機關應於二十日內辦理驗收。

細則第九十四條規定無初驗程序者，機關應於接獲廠商通知備驗或可得驗收之程序完成後三十日內辦理驗收。

細則第九十五條規定前三條所定期限，其有特殊情形必須延期者之處理辦法。

※

第七十二條　機關辦理驗收時應製作紀錄，由參加人員會同簽認。驗收結果與契約、圖說、貨樣規定不符者，應通知廠商限期改善、拆除、重作、退貨或換貨。其驗收結果不符部分非屬重要，而其他部分能先行使用，並經機關檢討認為確有先行使用之必要者，得經機關首長或其授權人員核准，就其他部分辦理驗收並支付部分價金。

　　　　　　驗收結果與規定不符，而不妨礙安全及使用需求，亦無減少通常效用或契約預定效用，經機關檢討不必拆換或拆換確有困難者，得於必要時減價收受。其在查核金額以上之採購，應先報經上級機關核准；未達查核金額之

採購,應經機關首長或其授權人員核准。

驗收人對工程、財物隱蔽部分,於必要時得拆驗或化驗。

*

第九十六條　機關依本法第七十二條第一項規定製作驗收之紀錄,應記載下列事項,由辦理驗收人員會同簽認。有監驗人員或有廠商代表參加者,亦應會同簽認:

一、有案號者,其案號。

二、驗收標的之名稱及數量。

三、廠商名稱。

四、履約期限。

五、完成履約日期。

六、驗收日期。

七、驗收結果。

八、驗收結果與契約、圖說、貨樣規定不符者,其情形。

九、其他必要事項。

機關辦理驗收,廠商未依通知派代表參加者,仍得為之。驗收前之檢查、檢驗、查驗或初驗,亦同。

第九十七條　機關依本法第七十二條第一項通知廠商限期改善、拆除、重作或換貨,廠商於期限內完成者,機關應再行辦理驗收。

前項限期,契約未規定者,由主驗人定之。

第九十八條　機關依本法第七十二條第一項辦理部分驗收,其所支付之部分價金,以支付該部分驗收項目者為限,並得視不

符部分之情形酌予保留。

機關依本法第七十二條第二項辦理減價收受,其減價計算方式,依契約規定。契約未規定者,得就不符項目,依契約價金、市價、額外費用、所受損害或懲罰性違約金等,計算減價金額。

第九十九條 機關辦理採購,有部分先行使用之必要或已履約之部分有減損滅失之虞者,應先就該部分辦理驗收或分段查驗供驗收之用,並得就該部分支付價金及起算保固期間。

第一百條 驗收人對工程或財物隱蔽部分拆驗或化驗者,其拆除、修復或化驗費用之負擔,依契約規定。契約未規定者,拆驗或化驗結果與契約規定不符,該費用由廠商負擔;與規定相符者,該費用由機關負擔。

解說:本法第七十二條規定機關辦理驗收時應製作紀錄,由參加人員會同簽認。以及驗收結果與契約、圖說、貨樣規定不符時之處理辦法。

細則第九十六條規定驗收紀錄應包含之內容。

細則第九十七條、細則第九十八條及細則第九十九條則規定驗收結果與契約、圖說、貨樣規定不符時之詳細處理細節。

細則第一百條則規定驗收人對工程或財物隱蔽部分拆驗或化驗者,其拆除、修復或化驗費用之負擔依據。

※

第七十三條 工程、財物採購經驗收完畢後,應由驗收及監驗人員於結算驗收證明書上分別簽認。

前項規定,於勞務驗收準用之。

＊

第一百零一條　公告金額以上之工程或財物採購，除符合第九十條第一項第一款或其他經主管機關認定之情形者外，應填具結算驗收證明書或其他類似文件。未達公告金額之工程或財物採購，得由機關視需要填具之。

前項結算驗收證明書或其他類似文件，機關應於驗收完畢後十五日內填具，並經主驗及監驗人員分別簽認。但有特殊情形必須延期，經機關首長或其授權人員核准者，不在此限。

解說：本法第七十三條規定驗收及監驗人員應於結算驗收證明書上分別簽認。

細則第一百零一條規定除符合【公用事業依一定費率所供應之財物】或其他經主管機關認定之情形者外，應填具結算驗收證明書或其他類似文件。至於未達公告金額之採購得由機關視需要填具之。並規定填具時限。

※第六章　爭議處理

第七十四條　廠商與機關間關於招標、審標、決標之爭議，得依本章規定提出異議及申訴。

第七十五條　廠商對於機關辦理採購，認為違反法令或我國所締結之條約、協定（以下合稱法令），致損害其權利或利益者，得於下列期限內，以書面向招標機關提出異議：

一、對招標文件規定提出異議者，為自公告或邀標之次日起等標期之四分之一，其尾數不足一日者，以一日計。但不得少於十日。

二、對招標文件規定之釋疑、後續說明、變更或補充提

出異議者，為接獲機關通知或機關公告之次日起十日。

三、對採購之過程、結果提出異議者，為接獲機關通知或機關公告之次日起十日。其過程或結果未經通知或公告者，為知悉或可得而知悉之次日起十日。但至遲不得逾決標日之次日起十五日。

招標機關應自收受異議之次日起十五日內為適當之處理，並將處理結果以書面通知提出異議之廠商。其處理結果涉及變更或補充招標文件內容者，除選擇性招標之規格標與價格標及限制性招標應以書面通知各廠商外，應另行公告，並視需要延長等標期。

第七十六條　廠商對於公告金額以上採購異議之處理結果不服，或招標機關逾前條第二項所定期限不為處理者，得於收受異議處理結果或期限屆滿之次日起十五日內，依其屬中央機關或地方機關辦理之採購，以書面分別向主管機關、直轄市或縣（市）政府所設之採購申訴審議委員會申訴。地方政府未設採購申訴審議委員會者，得委請中央主管機關處理。

廠商誤向該管採購申訴審議委員會以外之機關申訴者，以該機關收受之日，視為提起申訴之日。

前項收受申訴書之機關應於收受之次日起三日內將申訴書移送於該管採購申訴審議委員會，並通知申訴廠商。

第七十七條　申訴應具申訴書，載明下列事項，由申訴廠商簽名或蓋章：

一、申訴廠商之名稱、地址、電話及負責人之姓名、性別、出生年月日、住所或居所。

二、原受理異議之機關。

三、申訴之事實及理由。

四、證據。

五、年、月、日。

申訴得委任代理人為之，代理人應檢附委任書並載明其姓名、性別、出生年月日、職業、電話、住所或居所。

民事訴訟法第七十條規定，於前項情形準用之。

第七十八條　廠商提出申訴，應同時繕具副本送招標機關。機關應自收受申訴書副本之次日起十日內，以書面向該管採購申訴審議委員會陳述意見。

採購申訴審議委員會應於收受申訴書之次日起四十日內完成審議，並將判斷以書面通知廠商及機關。必要時得延長四十日。

第七十九條　申訴逾越法定期間或不合法定程式者，不予受理。但其情形可以補正者，應定期間命其補正；逾期不補正者，不予受理。

第八十條　採購申訴得僅就書面審議之。

採購申訴審議委員會得依職權或申請，通知申訴廠商、機關到指定場所陳述意見。

採購申訴審議委員會於審議時，得囑託具專門知識經驗之機關、學校、團體或人員鑑定，並得通知相關人士說明或請機關、廠商提供相關文件、資料。

採購申訴審議委員會辦理審議，得先行向廠商收取審議費、鑑定費及其他必要之費用；其收費標準及繳納方式，由主管機關定之。

採購申訴審議規則，由主管機關擬定，報請行政院核定後發布之。

第八十一條　申訴提出後，廠商得於審議判斷送達前撤回之。申訴經撤回後，不得再行提出同一之申訴。

第八十二條　採購申訴審議委員會審議判斷，應以書面附事實及理由，指明招標機關原採購行為有無違反法令之處；其有違反者，並得建議招標機關處置之方式。

採購申訴審議委員會於完成審議前，必要時得通知招標機關暫停採購程序。

採購申訴審議委員會為第一項之建議或前項之通知時，應考量公共利益、相關廠商利益及其他有關情況。

＊第六章　爭議處理

第一百零二條　廠商依本法第七十五條第一項規定以書面向招標機關提出異議，應以中文書面載明下列事項，由廠商簽名或蓋章，提出於招標機關。其附有外文資料者，應就異議有關之部分備具中文譯本。但招標機關得視需要通知其檢具其他部分之中文譯本：

一、廠商之名稱、地址、電話及負責人之姓名。

二、有代理人者，其姓名、性別、出生年月日、職業、電話及住所或居所。

三、異議之事實及理由。

四、受理異議之機關。

五、年、月、日。

前項廠商在我國無住所、事務所或營業所者，應委任在我國有住所、事務所或營業所之代理人為之。

異議不合前二項規定者，招標機關得不予受理。但其情形可補正者，應定期間命其補正；逾期不補正者，不予受理。

第一百零三條　機關處理異議，得通知提出異議之廠商到指定場所陳述意見。

第一百零四條　本法第七十五條第一項第二款及第三款所定期限之計算，其經機關通知及公告者，廠商接獲通知之日與機關公告之日不同時，以日期在後者起算。

第一百零四條之一　異議及申訴之提起，分別以受理異議之招標機關及受理申訴之採購申訴審議委員會收受書狀之日期為準。廠商誤向非管轄之機關提出異議或申訴者，以該機關收受之日，視為提起之日。

第一百零五條　異議逾越法定期間者，應不予受理，並以書面通知提出異議之廠商。

解說：本法第七十四條規定採購案可提出異議及申訴，此項規定在確保雙方之權益。

本法第七十五條規定廠商於採購案各階段，以書面向招標機關提出異議之期限及機關應為事項及期限。

本法第七十六條規定廠商對於公告金額以上採購異議之處理結果不服，可以書面向採購申訴審議委員會申訴。

本法第七十七條規定申訴應具申訴書，及載明事項。

本法第七十八條規定廠商提出申訴，應同時繕具副本送招標機關。採購申訴審議委員會應完成審議時限，及判斷書面處理方式。

本法第七十九條規定申訴不予受理之條件，以避免無理申訴或妨礙採購案件之進行。

本法第八十條規定採購申訴得僅就書面審議；得通知申訴廠商、機關到指定場所陳述意見；得囑託具專門知識經驗者鑑定；並得通知相關人士說明或請機關、廠商提供相關文件、資料；得先行收取必要之費用；其收費標準及繳納方式，由主管機關定之。並規定採購申訴審議規則，由主管機關擬定，報請行政院核定後發布之。

本法第八十一條規定申訴可撤回。

本法第八十二條規定採購申訴審議委員會審議判斷，應以書面附事實及理由，若招標機關有違反者，並得建議招標機關處置之方式。

細則第一百零二條規定廠商依本法第七十五條規定以書面向招標機關提出異議，應以中文書面載明之事項。

細則第一百零三條規定機關處理異議，得通知提出異議之廠商到指定場所陳述意見。以利雙方當場溝通。

細則第一百零四條規定本法第七十五條所定期限之計算方式。

細則第一百零四條之一規定異議及申訴之提起，其日期依據。

細則第一百零五條規定異議逾越法定期間者，應不予受理，並以書面通知提出異議之廠商。

※

第八十三條　審議判斷，視同訴願決定。

第八十四條　廠商提出異議或申訴者，招標機關評估其事由，認其異議或申訴有理由者，應自行撤銷、變更原處理結果，或暫停採購程序之進行。但為應緊急情況或公共利益之必要，或其事由無影響採購之虞者，不在此限。

依廠商之申訴，而為前項之處理者，招標機關應將其結果即時通知該管採購申訴審議委員會。

＊

第一百零五條之一　招標機關處理異議為不受理之決定時，仍得評估其事由，於認其異議有理由時，自行撤銷或變更原處理結果或暫停採購程序之進行。

解說： 本法第八十三條規定審議判斷，視同訴願決定，亦即具有法令效力。

本法第八十四條規定廠商提出異議或申訴者，招標機關評估其事由，認其異議或申訴有理由者，應自行修正。

細則第一百零五條之一規定招標機關處理異議為不受理之決定時，仍得評估其事由，於認其異議有理由時，仍應自行修正。

※

第八十五條　審議判斷指明原採購行為違反法令者，招標機關應另為適法之處置。

採購申訴審議委員會於審議判斷中建議招標機關處置方式，而招標機關不依建議辦理者，應於收受判斷之次日起十五日內報請上級機關核定，並由上級機關於收受之

次日起十五日內以書面向採購申訴審議委員會及廠商說明理由。

第一項情形，廠商得向招標機關請求償付其準備投標、異議及申訴所支出之必要費用。

第八十五條之一　機關與廠商因履約爭議未能達成協議者，得以下列方式之一處理：

一、向採購申訴審議委員會申請調解。

二、向仲裁機構提付仲裁。

前項調解屬廠商申請者，機關不得拒絕；工程採購經採購申訴審議委員會提出調解建議或調解方案，因機關不同意致調解不成立者，廠商提付仲裁，機關不得拒絕。

採購申訴審議委員會辦理調解之程序及其效力，除本法有特別規定者外，準用民事訴訟法有關調解之規定。

履約爭議調解規則，由主管機關擬訂，報請行政院核定後發布之。

第八十五條之二　申請調解，應繳納調解費、鑑定費及其他必要之費用；其收費標準、繳納方式及數額之負擔，由主管機關定之。

第八十五條之三　調解經當事人合意而成立；當事人不能合意者，調解不成立。

調解過程中，調解委員得依職權以採購申訴審議委員會名義提出書面調解建議；機關不同意該建議者，應先報請上級機關核定，並以書面向採購申訴

審議委員會及廠商說明理由。

第八十五條之四　履約爭議之調解，當事人不能合意但已甚接近者，採購申訴審議委員會應斟酌一切情形，並徵詢調解委員之意見，求兩造利益之平衡，於不違反兩造當事人之主要意思範圍內，以職權提出調解方案。

當事人或參加調解之利害關係人對於前項方案，得於送達之次日起十日內，向採購申訴審議委員會提出異議。

於前項期間內提出異議者，視為調解不成立；其未於前項期間內提出異議者，視為已依該方案調解成立。

機關依前項規定提出異議者，準用前條第二項之規定。

第八十六條　主管機關及直轄市、縣（市）政府為處理中央及地方機關採購之廠商申訴及機關與廠商間之履約爭議調解，分別設採購申訴審議委員會；置委員七人至二十五人，由主管機關及直轄市、縣（市）政府聘請具有法律或採購相關專門知識之公正人士擔任，其中三人並得由主管機關及直轄市、縣（市）政府高級人員派兼之。但派兼人數不得超過全體委員人數五分之一。

採購申訴審議委員會應公正行使職權。採購申訴審議委員會組織準則，由主管機關擬訂，報請行政院核定後發布之。

解說：本法第八十五條規定審議判斷指明原採購行為違反法令者，招

標機關應另為適法之處置。廠商得向招標機關請求償付其準備投標、異議及申訴所支出之必要費用。

本法第八十五條之一規定機關與廠商因履約爭議未能達成協議者，得處理之方式。

本法第八十五條之二規定申請調解，應繳納必要之費用；其收費標準、繳納方式及數額之負擔，由主管機關定之。

本法第八十五條之三規定調解成立條件。及機關不同意採購申訴審議委員會建議之處理方式。

本法第八十五條之四規定履約爭議之調解，當事人不能合意但已甚接近者，採購申訴審議委員會應斟酌一切情形，以職權提出調解方案。

本法第八十六條規定採購申訴審議委員會的設立單位及委員會的人數限制與資格。

※第七章　罰則

第八十七條　意圖使廠商不為投標、違反其本意投標，或使得標廠商放棄得標、得標後轉包或分包，而施強暴、脅迫、藥劑或催眠術者，處一年以上七年以下有期徒刑，得併科新臺幣三百萬元以下罰金。

犯前項之罪，因而致人於死者，處無期徒刑或七年以上有期徒刑；致重傷者，處三年以上十年以下有期徒刑，各得併科新臺幣三百萬元以下罰金。

以詐術或其他非法之方法，使廠商無法投標或開標發生不正確結果者，處五年以下有期徒刑，得併科新臺幣一百萬元以下罰金。

意圖影響決標價格或獲取不當利益，而以契約、協議或

其他方式之合意，使廠商不為投標或不為價格之競爭
者，處六月以上五年以下有期徒刑，得併科新臺幣一百
萬元以下罰金。

意圖影響採購結果或獲取不當利益，而借用他人名義或
證件投標者，處三年以下有期徒刑，得併科新臺幣一百
萬元以下罰金。容許他人借用本人名義或證件參加投標
者，亦同。

第一項、第三項及第四項之未遂犯罰之。

第八十八條　受機關委託提供採購規劃、設計、審查、監造、專案管
理或代辦採購廠商之人員，意圖為私人不法之利益，
對技術、工法、材料、設備或規格，為違反法令之限制
或審查，因而獲得利益者，處一年以上七年以下有期徒
刑，得併科新臺幣三百萬元以下罰金。其意圖為私人不
法之利益，對廠商或分包廠商之資格為違反法令之限制
或審查，因而獲得利益者，亦同。

前項之未遂犯罰之。

第八十九條　受機關委託提供採購規劃、設計或專案管理或代辦採購
廠商之人員，意圖為私人不法之利益，洩漏或交付關於
採購應秘密之文書、圖畫、消息、物品或其他資訊，因
而獲得利益者，處五年以下有期徒刑、拘役或科或併科
新臺幣一百萬元以下罰金。

前項之未遂犯罰之。

第九十條　意圖使機關規劃、設計、承辦、監辦採購人員或受機關
委託提供採購規劃、設計或專案管理或代辦採購廠商之
人員，就與採購有關事項，不為決定或為違反其本意之

　　　　　　決定，而施強暴、脅迫者，處一年以上七年以下有期徒
　　　　　　刑，得併科新臺幣三百萬元以下罰金。

　　　　　　犯前項之罪，因而致人於死者，處無期徒刑或七年以
　　　　　　上有期徒刑；致重傷者，處三年以上十年以下有期徒
　　　　　　刑，各得併科新臺幣三百萬元以下罰金。

　　　　　　第一項之未遂犯罰之。

第九十一條　意圖使機關規劃、設計、承辦、監辦採購人員或受機關
　　　　　　委託提供採購規劃、設計或專案管理或代辦採購廠商
　　　　　　之人員，洩漏或交付關於採購應秘密之文書、圖畫、消
　　　　　　息、物品或其他資訊，而施強暴、脅迫者，處五年以下
　　　　　　有期徒刑，得併科新臺幣一百萬元以下罰金。

　　　　　　犯前項之罪，因而致人於死者，處無期徒刑或七年以
　　　　　　上有期徒刑；致重傷者，處三年以上十年以下有期徒
　　　　　　刑，各得併科新臺幣三百萬元以下罰金。

　　　　　　第一項之未遂犯罰之。

第九十二條　廠商之代表人、代理人、受雇人或其他從業人員，因
　　　　　　執行業務犯本法之罪者，除依該條規定處罰其行為人
　　　　　　外，對該廠商亦科以該條之罰金。

解說：本法第八十七條規定由投標前至得標後轉包或分包階段之違法
　　　罰則。

　　　本法第八十八條及本法第八十九條規定提供採購規劃、設
　　　計、審查、監造、專案管理或代辦採購廠商之人員之違法罰
　　　則。

　　　本法第九十條及本法第九十一條規定意圖使機關規劃、設
　　　計、承辦、監辦採購人員或受機關委託提供採購規劃、設計或

專案管理或代辦採購廠商之人員不能依採購法辦理之違法罰則。

本法第九十二條規定廠商之代表人、代理人、受雇人或其他從業人員,因執行業務犯本法之罪者,除處罰行為人外,對該廠商亦科以該條之罰金。

※第八章　附則

第九十三條　各機關得就具有共通需求特性之財物或勞務,與廠商簽訂共同供應契約。

第九十三條之一　機關辦理採購,得以電子化方式為之,其電子化資料並視同正式文件,得免另備書面文件。

前項以電子化方式採購之招標、領標、投標、開標、決標及費用收支作業辦法,由主管機關定之。

第九十四條　機關辦理評選,應成立五人至十七人評選委員會,專家學者人數不得少於三分之一,其名單由主管機關會同教育部、考選部及其他相關機關建議之。

評選委員會組織準則及審議規則,由主管機關定之。

第九十五條　機關辦理採購宜由採購專業人員為之。

前項採購專業人員之資格、考試、訓練、發證及管理辦法,由主管機關會同相關機關定之。

第九十六條　機關得於招標文件中,規定優先採購取得政府認可之環境保護標章使用許可,而其效能相同或相似之產品,並得允許百分之十以下之價差。產品或其原料之製造、使用過程及廢棄物處理,符合再生材質、可回收、低污染或省能源者,亦同。

其他增加社會利益或減少社會成本,而效能相同或相似

之產品，準用前項之規定。

前二項產品之種類、範圍及實施辦法，由主管機關會同行政院環境保護署及相關目的事業主管機關定之。

第九十七條　主管機關得參酌相關法令規定採取措施，扶助中小企業承包或分包一定金額比例以上之政府採購。

前項扶助辦法，由主管機關定之。

第九十八條　得標廠商其於國內員工總人數逾一百人者，應於履約期間僱用身心障礙者及原住民，人數不得低於總人數百分之二，僱用不足者，除應繳納代金，並不得僱用外籍勞工取代僱用不足額部分。

＊第七章　附則

第一百零七條　本法第九十八條所稱國內員工總人數，依身心障礙者權益保障法第三十八條第三項規定辦理，並以投保單位為計算基準；所稱履約期間，自訂約日起至廠商完成履約事項之日止。但下列情形，應另計之：

一、訂有開始履約日或開工日者，自該日起算。兼有該二日者，以日期在後者起算。

二、因機關通知全面暫停履約之期間，不予計入。

三、一定期間內履約而日期未預先確定，依機關通知再行履約者，依實際履約日數計算。

依本法第九十八條計算得標廠商於履約期間應僱用之身心障礙者及原住民之人數時，各應達國內員工總人數百分之一，並均以整數為計算標準，未達整數部分不予計入。

第一百零八條　得標廠商僱用身心障礙者及原住民之人數不足前條

第二項規定者，應於每月十日前依僱用人數不足之
情形，分別向所在地之直轄市或縣（市）勞工主管
機關設立之身心障礙者就業基金專戶及原住民中央主
管機關設立之原住民族就業基金專戶，繳納上月之代
金。

前項代金之金額，依差額人數乘以每月基本工資計
算；不足一月者，每日以每月基本工資除以三十
計。

解說：本法第九十三條為共同供應契約的法源依據，以採購各機關具
有共通需求特性之財物或勞務。

本法第九十三條之一規定採購，得以電子化方式為之。

本法第九十四條規定機關辦理評選，應成立五人至十七人評選
委員會，專家學者人數不得少於三分之一。

本法第九十五條規定機關辦理採購宜由採購專業人員為之。

本法第九十六條規定機關得於招標文件中，規定優先採購取得
政府認可之【環境保護標章】使用許可，而其效能相同或相似
之產品，並得允許百分之十以下之價差。

本法第九十七條規定主管機關得參酌相關法令規定採取措
施，扶助中小企業承包或分包一定金額比例以上之政府採
購，以扶植中小企業。

本法第九十八條規定【得標廠商應於履約期間僱用弱勢者，人
數不得低於總人數百分之二，僱用不足者，除應繳納代金，並
不得僱用外籍勞工取代僱用不足額部分】，以保障弱勢族群之
就業機會。

細則第一百零七條定義本法第九十八條所稱【國內員工總人

數】及【履約期間】。並對本法第九十八條規定【得標廠商應於履約期間僱用弱勢者，人數不得低於總人數百分之二】，為【身心障礙者及原住民之人數，各應達國內員工總人數百分之一】。

細則第一百零八條規定本法第九十八條規定【繳納代金】，之金額及繳納辦法。

※

第九十九條　機關辦理政府規劃或核准之交通、能源、環保、旅遊等建設，經目的事業主管機關核准開放廠商投資興建、營運者，其甄選投資廠商之程序，除其他法律另有規定者外，適用本法之規定。

＊

第一百零九條　機關依本法第九十九條規定甄選投資興建、營運之廠商，其係以廠商承諾給付機關價金為決標原則者，得於招標文件規定以合於招標文件規定之下列廠商為得標廠商：

一、訂有底價者，在底價以上之最高標廠商。

二、未訂底價者，標價合理之最高標廠商。

三、以最有利標決標者，經機關首長或評選委員會過半數之決定所評定之最有利標廠商。

四、採用複數決標者，合於最高標或最有利標之競標精神者。

機關辦理採購，招標文件規定廠商報價金額包括機關支出及收入金額，或以使用機關財物或權利為對價而無其他支出金額，其以廠商承諾給付機關價金為決標

原則者，準用前項規定。

解說：本法第九十九條規定機關辦理政府規劃或核准之交通、能源、環保、旅遊等建設，甄選投資廠商之程序，適用本法之規定。

細則第一百零九條則對本法第九十九條規定，說明得於招標文件規定以合於招標文件規定之得標廠商條件。

※

第一百條　主管機關、上級機關及主計機關得隨時查核各機關採購進度、存貨或其使用狀況，亦得命其提出報告。

機關多餘不用之堪用財物，得無償讓與其他政府機關或公立學校。

第一百零一條　機關辦理採購，發現廠商有下列情形之一，應將其事實及理由通知廠商，並附記如未提出異議者，將刊登政府採購公報：

一、容許他人借用本人名義或證件參加投標者。

二、借用或冒用他人名義或證件，或以偽造、變造之文件參加投標、訂約或履約者。

三、擅自減省工料情節重大者。

四、偽造、變造投標、契約或履約相關文件者。

五、受停業處分期間仍參加投標者。

六、犯第八十七條至第九十二條之罪，經第一審為有罪判決者。

七、得標後無正當理由而不訂約者。

八、查驗或驗收不合格，情節重大者。

九、驗收後不履行保固責任者。

十、因可歸責於廠商之事由，致延誤履約期限，情節
　　重大者。

十一、違反第六十五條之規定轉包者。

十二、因可歸責於廠商之事由，致解除或終止契約
　　　者。

十三、破產程序中之廠商。

十四、歧視婦女、原住民或弱勢團體人士，情節重大
　　　者。

廠商之履約連帶保證廠商經機關通知履行連帶保證責
任者，適用前項之規定。

*

第一百零九條之一　機關依本法第一百零一條規定將其事實及理由通
　　　　　　　　知廠商時，應附記廠商如認為機關所為之通知
　　　　　　　　違反本法或不實者，得於接獲通知之次日起二十
　　　　　　　　日內，以書面向招標機關提出異議；未提出異議
　　　　　　　　者，將刊登政府採購公報。

　　　　　　　　機關依本法第一百零二條規定將異議處理結果以
　　　　　　　　書面通知提出異議之廠商時，應附記廠商如對該
　　　　　　　　處理結果不服，得於收受異議處理結果之次日起
　　　　　　　　十五日內，以書面向採購申訴審議委員會提出申
　　　　　　　　訴。

第一百十條　　廠商有本法第一百零一條第一項第六款之情形，經判決
　　　　　　　無罪確定者，自判決確定之日起，得參加投標及作為決
　　　　　　　標對象或分包廠商。

第一百十一條　本法第一百零一條第一項第十款所稱延誤履約期限

情節重大者，機關得於招標文件載明其情形。其未載明者，於巨額工程採購，指履約進度落後百分之十以上；於其他採購，指履約進度落後百分之二十以上，且日數達十日以上。

前項百分比之計算，應符合下列規定：

一、屬尚未完成履約而進度落後已達前項百分比者，機關應先通知廠商限期改善；屆期未改善者，依逾期日數計算之。

二、屬已完成履約而逾履約期限者，依逾期日數計算之。

第一百十二條　本法第一百零一條第一項第十四款所稱弱勢團體人士，指身心障礙者或其他經主管機關認定者。

解說：本法第一百條規定主管機關、上級機關及主計機關得隨時查核各機關採購狀況，亦得命其提出報告。並規定機關多餘不用之堪用財物，得無償讓與其他政府機關或公立學校。本條文規定政府採購財物得以充分利用，以減少財物浪費。

本法第一百零一條規定機關辦理採購，發現廠商有所列十四種情形之一時，應將其事實及理由通知廠商，並附記如未提出異議者，將刊登政府採購公報，以杜絕不良廠商承包政府採購案。

細則第一百零九條之一說明【機關依本法第一百零一條規定將其事實及理由通知廠商時，應附記廠商如認為機關所為之通知違反本法或不實者，得於接獲通知之次日起二十日內，以書面向招標機關提出異議】，若廠商對該處理結果不服，得【以書面向採購申訴審議委員會提出申訴】，提供廠商申訴之機

會。

細則第一百十條規定本法第一百零一條所列之【犯第八十七條至第九十二條之罪，經第一審為有罪判決者】，亦即本法第七章所列出全部之罰則，【經判決無罪確定者，自判決確定之日起，得參加投標及作為決標對象或分包廠商】，亦即回復廠商參與政府採購案之權利。

細則第一百十一條規定本法第一百零一條所列之【因可歸責於廠商之事由，致延誤履約期限，情節重大者，機關得於招標文件載明其情形】，並對【情節重大者】給予定義。

細則第一百十二條則對本法第一百零一條所稱【弱勢團體人士】給予定義。

※

第一百零二條　廠商對於機關依前條所為之通知，認為違反本法或不實者，得於接獲通知之次日起二十日內，以書面向該機關提出異議。

　　　　　　　廠商對前項異議之處理結果不服，或機關逾收受異議之次日起十五日內不為處理者，無論該案件是否逾公告金額，得於收受異議處理結果或期限屆滿之次日起十五日內，以書面向該管採購申訴審議委員會申訴。

　　　　　　　機關依前條通知廠商後，廠商未於規定期限內提出異議或申訴，或經提出申訴結果不予受理或審議結果指明不違反本法或並無不實者，機關應即將廠商名稱及相關情形刊登政府採購公報。

　　　　　　　第一項及第二項關於異議及申訴之處理，準用第六章

之規定。

第一百零三條　依前條第三項規定刊登於政府採購公報之廠商，於下
列期間內，不得參加投標或作為決標對象或分包廠
商。

一、有第一百零一條第一款至第五款情形或第六款判
處有期徒刑者，自刊登之次日起三年。但經判決
撤銷原處分或無罪確定者，應註銷之。

二、有第一百零一條第七款至第十四款情形或第六款
判處拘役、罰金或緩刑者，自刊登之次日起一
年。但經判決撤銷原處分或無罪確定者，應註銷
之。

機關採購因特殊需要，經上級機關核准者，不適用前
項之規定。

＊

第一百十二條之一　本法第一百零三條第二項所稱特殊需要，指符合
下列情形之一，且基於公共利益考量確有必要
者：

一、有本法第二十二條第一項第一款、第二
款、第四款或第六款情形之一者。

二、依本法第五十三條或第五十四條規定辦理減
價結果，廢標二次以上，且未調高底價或建
議減價金額者。

三、依本法第一百零五條第一項第一款或第二款
辦理者。

四、其他經主管機關認定者。

解說：本法第一百零二條規定廠商對於機關依本法第一百零一條所為
　　　之通知，提出異議之期限；及對異議之處理結果不服，提出申
　　　訴之期限。亦規定刊登政府採購公報之處理方式。

　　　本法第一百零三條規定，依本法第一百零二條規定刊登於政府
　　　採購公報之廠商，不得參加投標或作為決標對象或分包廠商之
　　　期間。惟機關採購因特殊需要，經上級機關核准者，不適用前
　　　項之規定。

　　　細則第一百十二條之一則列出本法第一百零三條第二項所稱
　　　【特殊需要】的情形。

※

第一百零四條　軍事機關之採購，應依本法之規定辦理。但武器、
　　　　　　　彈藥、作戰物資或與國家安全或國防目的有關之採
　　　　　　　購，而有下列情形者，不在此限。

　　　　　　　一、因應國家面臨戰爭、戰備動員或發生戰爭者，得
　　　　　　　　　不適用本法之規定。

　　　　　　　二、機密或極機密之採購，得不適用第二十七條、第
　　　　　　　　　四十五條及第六十一條之規定。

　　　　　　　三、確因時效緊急，有危及重大戰備任務之虞者，得
　　　　　　　　　不適用第二十六條、第二十八條及第三十六條之
　　　　　　　　　規定。

　　　　　　　四、以議價方式辦理之採購，得不適用第二十六條第
　　　　　　　　　三項本文之規定。

　　　　　　　前項採購之適用範圍及其處理辦法，由主管機關會同
　　　　　　　國防部定之，並送立法院審議。

第一百零五條　機關辦理下列採購，得不適用本法招標、決標之規

定。

一、國家遇有戰爭、天然災害、癘疫或財政經濟上有重大變故，需緊急處置之採購事項。

二、人民之生命、身體、健康、財產遭遇緊急危難，需緊急處置之採購事項。

三、公務機關間財物或勞務之取得，經雙方直屬上級機關核准者。

四、依條約或協定向國際組織、外國政府或其授權機構辦理之採購，其招標、決標另有特別規定者。

前項之採購，有另定處理辦法予以規範之必要者，其辦法由主管機關定之。

第一百零六條　駐國外機構辦理或受託辦理之採購，因應駐在地國情或實地作業限制，且不違背我國締結之條約或協定者，得不適用下列各款規定。但第二款至第四款之事項，應於招標文件中明定其處理方式。

一、第二十七條刊登政府採購公報。

二、第三十條押標金及保證金。

三、第五十三條第一項及第五十四條第一項優先減價及比減價格規定。

四、第六章異議及申訴。

前項採購屬查核金額以上者，事後應敘明原由，檢附相關文件送上級機關備查。

第一百零七條　機關辦理採購之文件，除依會計法或其他法律規定保存者外，應另備具一份，保存於主管機關指定之場

　　　　　　　　所。

＊

第一百十二條之二　本法第一百零七條所稱採購之文件，指採購案件
　　　　　　　　自機關開始計劃至廠商完成契約責任期間所產生
　　　　　　　　之各類文字或非文字紀錄資料及其附件。

解說： 本法第一百零四條規定軍事機關之採購適用條件。

　　本法第一百零五條規定機關辦理採購時，得不適用本法招
標、決標規定之狀況。

　　本法第一百零六條規定駐國外機構辦理或受託辦理之採購處理
方式。

　　本法第一百零七條為機關辦理採購之文件備份規定。

　　細則第一百十二條之二說明本法第一百零七條所稱採購之文件
包含內容。

※

第一百零八條　中央及直轄市、縣（市）政府應成立採購稽核小
　　　　　　　組，稽核監督採購事宜。
　　　　　　　前項稽核小組之組織準則及作業規則，由主管機關擬
　　　　　　　訂，報請行政院核定後發布之。

第一百零九條　機關辦理採購，審計機關得隨時稽察之。

第一百十條　主計官、審計官或檢察官就採購事件，得為機關提起訴
　　　　　　訟、參加訴訟或上訴。

第一百十一條　機關辦理巨額採購，應於使用期間內，逐年向主管機
　　　　　　　關提報使用情形及其效益分析。主管機關並得派員查
　　　　　　　核之。

　　　　　　　主管機關每年應對已完成之重大採購事件，作出效益

評估；除應秘密者外，應刊登於政府採購公報。

第一百十二條　主管機關應訂定採購人員倫理準則。

第一百十三條　本法施行細則，由主管機關定之。

第一百十四條　本法自公布後一年施行。

　　　　　　　　本法修正條文（包括中華民國九十年一月十日修正公布之第七條）自公布日施行。

＊

第一百十三條　本細則自中華民國八十八年五月二十七日施行。

　　　　　　　　本細則修正條文自發布日施行。

解說：本法第一百零八條規定應成立採購稽核小組的單位。

　　　本法第一百零九條規定審計機關得隨時稽察機關辦理之採購案件。

　　　本法第一百十條規定就採購事件，得為機關提起訴訟、參加訴訟或上訴之人員。

　　　本法第一百十一條規定機關辦理巨額採購，應於使用期間內，逐年向主管機關提報使用情形及其效益分析。並受主管機關查核。主管機關每年應對已完成之重大採購事件，作出效益評估，及應刊登於政府採購公報。

　　　本法第一百十二條規定主管機關應訂定採購人員倫理準則。

　　　本法第一百十三條規定主管機關應定本法施行細則。

　　　本法第一百十四條規定本法自公布後一年施行。

　　　由於本法之施行須於細則制定完成後始能實施，故於本法公布後，預計以一年時間由主管機關制定細則。

　　　細則第一百十三條規定本細則自中華民國八十八年五月二十七日施行。

第三節　採購人員倫理解析

　　本節將採購人員倫理準則（以下簡稱本準則並以☆表示）與政府採購法（以下簡稱本法並以※表示）相關者並列詳細說明及逐條解說。

☆

第一條　本準則依政府採購法（以下簡稱本法）第一百十二條規定訂定之。

※

第一百十二條　主管機關應訂定採購人員倫理準則。

解說：本準則第一條說明【採購人員倫理準則】制定之依據為本法第一百十二條之規定。

☆

第二條　本準則所稱採購人員，指機關辦理本法採購事項之人員。

　　辦理本法第四條、第五條、第三十九條或第六十三條第二項規定事項之廠商人員，於辦理該等事項時，準用本準則之規定。

※

第四條　法人或團體接受機關補助辦理採購，其補助金額占採購金額半數以上，且補助金額在公告金額以上者，適用本法之規定，並應受該機關之監督。

第五條　機關採購得委託法人或團體代辦。

　　前項採購適用本法之規定，該法人或團體並受委託機關之監督。

第三十九條　機關辦理採購，得依本法將其對規劃、設計、供應或履約業務之專案管理，委託廠商為之。

承辦專案管理之廠商，其負責人或合夥人不得同時為規劃、設計、施工或供應廠商之負責人或合夥人。

承辦專案管理之廠商與規劃、設計、施工或供應廠商，不得同時為關係企業或同一其他廠商之關係企業。

第六十三條　各類採購契約以採用主管機關訂定之範本為原則，其要項及內容由主管機關參考國際及國內慣例定之。

委託規劃、設計、監造或管理之契約，應訂明廠商規劃設計錯誤、監造不實或管理不善，致機關遭受損害之責任。

解說：本準則第二條所稱採購人員，指機關辦理本法採購事項之人員，包含依本法第四條、第五條規定之法人或團體；本法第三十九條、第六十三條規定委託廠商辦理規劃、設計、監造或管理、供應或履約業務之專案管理。

☆

第三條　採購人員應致力於公平、公開之採購程序，提升採購效率與功能，確保採購品質，並促使採購制度健全發展。

※

第一條　為建立政府採購制度，依公平、公開之採購程序，提升採購效率與功能，確保採購品質，爰制定本法。

解說：本準則第三條即為本法第一條開宗明義的宣誓。

☆

第四條　採購人員應依據法令，本於良知，公正執行職務，不為及不

受任何請託或關說。

※

第十六條　請託或關說，宜以書面為之或作成紀錄。

政風機構得調閱前項書面或紀錄。

第一項之請託或關說，不得作為評選之參考。

解說：本準則第四條規範採購人員應依法辦事，任何請託或關說應依
本法第十六條規定辦理。

☆

第五條　採購人員辦理採購應努力發現真實，對機關及廠商之權利均
應注意維護。對機關及廠商有利及不利之情形均應仔細查
察，務求認事用法允妥，以昭公信。

※

第八十四條　廠商提出異議或申訴者，招標機關評估其事由，認其異
議或申訴有理由者，應自行撤銷、變更原處理結果，或
暫停採購程序之進行。但為應緊急情況或公共利益之必
要，或其事由無影響採購之虞者，不在此限。

依廠商之申訴，而為前項之處理者，招標機關應將其結
果即時通知該管採購申訴審議委員會。

解說：本準則第五條規定採購人員對機關及廠商之權利均應注意維
護。依本法第八十四條規定，採購人員即應努力發現廠商提出
異議或申訴之真實面。

☆

第六條　採購人員應廉潔自持，重視榮譽，言詞謹慎，行為端莊。

※

第八十八條　受機關委託提供採購規劃、設計、審查、監造、專案管

理或代辦採購廠商之人員，意圖為私人不法之利益，對技術、工法、材料、設備或規格，為違反法令之限制或審查，因而獲得利益者，處一年以上七年以下有期徒刑，得併科新臺幣三百萬元以下罰金。其意圖為私人不法之利益，對廠商或分包廠商之資格為違反法令之限制或審查，因而獲得利益者，亦同。

前項之未遂犯罰之。

第八十九條　受機關委託提供採購規劃、設計或專案管理或代辦採購廠商之人員，意圖為私人不法之利益，洩漏或交付關於採購應秘密之文書、圖畫、消息、物品或其他資訊，因而獲得利益者，處五年以下有期徒刑、拘役或科或併科新臺幣一百萬元以下罰金。

前項之未遂犯罰之。

解說：本準則第六條規範採購人員的行為標準，本法第八十八條及第八十九條則列出違法的罰則。

☆

第七條　採購人員不得有下列行為：

一、利用職務關係對廠商要求、期約或收受賄賂、回扣、餽贈、優惠交易或其他不正利益。

二、接受與職務有關廠商之食、宿、交通、娛樂、旅遊、冶遊或其他類似情形之免費或優惠招待。

三、不依法令規定辦理採購。

四、妨礙採購效率。

五、浪費國家資源。

六、未公正辦理採購。

七、洩漏應保守秘密之採購資訊。

八、利用機關場所營私或公器私用。

九、利用職務關係募款或從事商業活動。

十、利用職務所獲非公開資訊圖私人不正利益。

十一、於機關任職期間同時為廠商所僱用。

十二、於公務場所張貼或懸掛廠商廣告物。

十三、利用職務關係媒介親友至廠商處所任職。

十四、利用職務關係與廠商有借貸或非經公開交易之投資關係。

十五、要求廠商提供與採購無關之服務。

十六、為廠商請託或關說。

十七、意圖為私人不正利益而高估預算、底價或應付契約價金，或為不當之規劃、設計、招標、審標、決標、履約管理或驗收。

十八、藉婚喪喜慶機會向廠商索取金錢或財物。

十九、從事足以影響採購人員尊嚴或使一般人認其有不能公正執行職務事務或活動。

二十、其他經主管機關認定者。

解說：本準則第七條列出採購人員不得發生的行為。

☆

第八條　採購人員不接受與職務或利益有關廠商之下列餽贈或招待，反不符合社會禮儀或習俗者，得予接受，不受前條之限制。但以非主動求取，且係偶發之情形為限。

一、價值在新臺幣五百元以下之廣告物、促銷品、紀念品、禮物、折扣或服務。

二、價值在新臺幣五百元以下之飲食招待。

三、公開舉行且邀請一般人參加之餐會。

四、其他經主管機關認定者。

前項第一款,價值逾新臺幣五百元,退還有困難者,得於獲贈或知悉獲贈日起七日內付費收受、歸公或轉贈慈善機構。

餽贈或招待係基於家庭或私人情誼所為者,不適用前二項規定。

解說:本準則第八條規範採購人員可接受餽贈或招待的限制條件及處理方式。

☆

第九條 採購人員不接受與職務有關廠商之下列招待,反有礙業務執行者,得予接受,不受第七條之限制。

一、於無適當食宿場所之地辦理採購業務,由廠商於其場所提供與一般工作人員同等之食宿。

二、於交通不便之地辦理採購業務,須使用廠商提供之交通工具。

三、廠商因公務目的於正當場所開會並附餐飲,邀請機關派員參加。

四、其他經主管機關認定者。

前項第一款及第二款,契約規定應由廠商提供者,從其規定;契約未規定者,廠商得向機關請求支付其提供食宿或交通工具所生之必要費用。

解說:本準則第九條規定當採購人員於執行業務時,因受到特定環境因素,若不接受廠商之招待反有礙業務執行者,得予接受,不

受第七條之限制。本條列出可接受之招待項目及處理辦法。

☆

第十條 採購人員發現有違反政府採購法令之情事時,應即採取改正
　　　措施或以書面向有關單位陳述意見。

解說:本準則第十條規定,當採購人員發現有違反政府採購法令之情
　　　事時,應即採取改正措施或以書面向有關單位陳述意見,以採
　　　取必要之補救措施,避免落入有心人所設圈套。

☆

第十一條 機關首長或其指定人員或政風人員應隨時注意採購人員之
　　　　操守,對於有違反本準則之虞者,應即採取必要之導正或
　　　　防範措施。

解說:本準則第十一條規定採購人員操守監督之權責。

☆

第十二條 機關發現採購人員有違反本準則之情事者,應審酌其情
　　　　狀,並給予申辯機會後,迅速採取下列必要之處置:
　　　　一、依公務員服務法、公務員懲戒法、公務人員考績法及
　　　　　其他相關規定處置。其觸犯刑事法令者,應移送司法
　　　　　機關處理。
　　　　二、調離與採購有關之職務。
　　　　三、施予與採購有關之訓練。
　　　　採購人員違反本準則,其情節重大者,機關於作成前項處
　　　　置前,應先將其調離與採購有關之職務。
　　　　機關未依前二項規定處置或處置不當者,主管機關得通知
　　　　該機關或其上級機關另為適當之處置。

解說:本準則第十二條規定機關發現採購人員有違反本準則之情事

時，應採取之處置。

☆

第十三條　採購人員有違反本準則之行為，其主管知情不予處置者，應視情節輕重，依法懲處。

解說： 本準則第十三條規定採購人員有違反本準則之行為，其主管知情不予處置者，應視情節輕重，依法懲處其主管。

☆

第十四條　採購人員操守堅正或致力提升採購效能著有貢獻者，其主管得列舉事實，陳報獎勵。

解說： 本準則第十四條為採購人員有功時的獎勵依據。

☆

第十五條　本準則自中華民國八十八年五月二十七日施行。

解說： 本準則第十五條規定本準則之施行時間，與【政府採購法施行細則】同時。

習題：

（　）1. 我國政府採購法開始實施於民國　(A)86年　(B)87年　(C)88年　(D)89年。

（　）2. 政府採購法的主管機關，為行政院何單位？　(A)交通部　(B)勞委會　(C)營建署　(D)行政院採購暨公共工程委員會。

（　）3. 依政府採購法規定法人或團體接受機關補助辦理採購，其補助金額占採購金額多少以上，且補助金額在公告金額以上者，適用本法之規定，並應受該機關之監督？　(A)25%

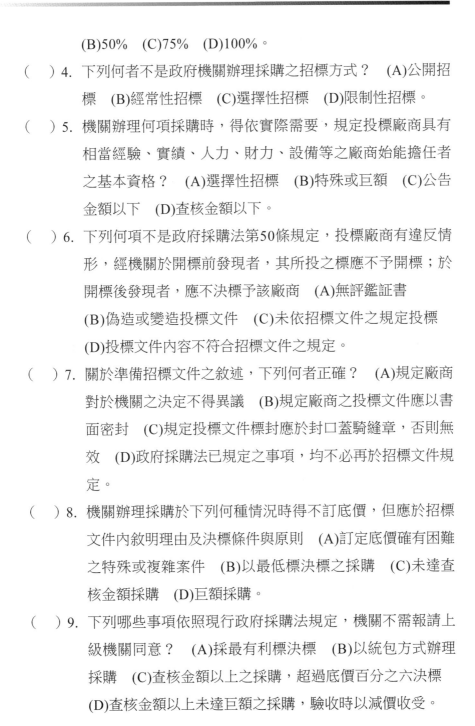

(B)50%　(C)75%　(D)100%。

(　) 4. 下列何者不是政府機關辦理採購之招標方式？　(A)公開招標　(B)經常性招標　(C)選擇性招標　(D)限制性招標。

(　) 5. 機關辦理何項採購時，得依實際需要，規定投標廠商具有相當經驗、實績、人力、財力、設備等之廠商始能擔任者之基本資格？　(A)選擇性招標　(B)特殊或巨額　(C)公告金額以下　(D)查核金額以下。

(　) 6. 下列何項不是政府採購法第50條規定，投標廠商有違反情形，經機關於開標前發現者，其所投之標應不予開標；於開標後發現者，應不決標予該廠商　(A)無評鑑証書　(B)偽造或變造投標文件　(C)未依招標文件之規定投標　(D)投標文件內容不符合招標文件之規定。

(　) 7. 關於準備招標文件之敘述，下列何者正確？　(A)規定廠商對於機關之決定不得異議　(B)規定廠商之投標文件應以書面密封　(C)規定投標文件標封應於封口蓋騎縫章，否則無效　(D)政府採購法已規定之事項，均不必再於招標文件規定。

(　) 8. 機關辦理採購於下列何種情況時得不訂底價，但應於招標文件內敘明理由及決標條件與原則　(A)訂定底價確有困難之特殊或複雜案件　(B)以最低標決標之採購　(C)未達查核金額採購　(D)巨額採購。

(　) 9. 下列哪些事項依照現行政府採購法規定，機關不需報請上級機關同意？　(A)採最有利標決標　(B)以統包方式辦理採購　(C)查核金額以上之採購，超過底價百分之六決標　(D)查核金額以上未達巨額之採購，驗收時以減價收受。

( ) 10.機關基於效率及品質之要求，將工程或財物採購中之設計與施工、供應、安裝或一定期間之維修等併於同一採購契約辦理招標。稱為什麼招標？ (A)統包 (B)公開招標 (C)限制性招標 (D)選擇性招標。

( ) 11.下列何類投標廠商不符合「免收押標金」之條件？ (A)勞務採購 (B)未達查核金額工程 (C)以議價方式辦理之採購 (D)依市場交易慣例，無收取押標金者。

( ) 12.機關辦理選擇性招標，其預先辦理資格審查所建立之合格廠商名單，有效期逾多久者，應逐年公告辦理資格審查，並檢討修正既有合格廠商名單？ (A)1年 (B)2年 (C)3年 (D)4年。

( ) 13.下列何類工程適用最有利標？ (A)同質工程 (B)異質工程 (C)變更設計工程 (D)業主自定。

( ) 14.下列何者屬政府採購正確行為？ (A)依法令規定辦理採購 (B)不同數量之二項以上標的，以單價和決標 (C)私下洽投標廠商協助審查其他廠商之投標文件 (D)不考慮廠商單價是否合理而強以機關預算單價調整廠商單價。

( ) 15.公開招標廢標後大幅修改招標文件後再行辦理招標必須多少家以上廠商投標始得開標？ (A)一家 (B)二家 (C)三家 (D)由機關決定。

( ) 16.有關投標廠商資格規定之?述，下何者不正確？ (A)非特殊或巨額採購，不得訂特定資格 (B)訂定特定資格應先評估廠商家數，及檢討有無不當限制競爭 (C)投標廠商之設立地或所在地，除其他法令另有規定者，不應予以限制 (D)訂定廠商實績時，宜限國內政府部門（政府機關、國營

事業、公立學校），較易查證。

（　）17.下列何者不是共同投標？　(A)允許一定家數內之廠商共同投標　(B)共同投標辦法，由公共工程委員會定之　(C)共同投標廠商應於投標時檢附共同投標協議書　(D)得標後共同具名簽約，連帶負履行採購契約之責。

（　）18.外國廠商之投標資格及應提出之資格文件，機關於招標文件規定應附經公證或認證之中文譯本者，其中文譯本之內容有誤者，以下列何者為準？　(A)中文　(B)原文　(C)有利於機關之解釋　(D)有利於廠商之解釋。

（　）19.關於產品規格之敘述，下列何者不正確？　(A)若規定正字標記，應允許同等品競標　(B)型錄係佐證廠商所報規格，不一定須為正本　(C)公告金額以上之採購，不得指定須為進口品　(D)美國之標準為大多數廠商所遵循，故不必規定允許同等品。

（　）20.招標文件允許投標廠商提出同等品，未規定應於投標文件內預先提出者，得標廠商得於使用同等品前，依契約規定向機關提出同等品什麼相關資料以供審查？　(A)廠牌、價格　(B)功能、效益　(C)標準或特性　(D)以上皆是。

（　）21.依政府採購法規定，下列何者正確？　(A)開標後不公開審標　(B)廠商信用證明限公告日後所取得者　(C)招標文件對親自及郵遞領取訂定不同之截止期限　(D)規定廠商代表於開標當時必須攜帶與投標文件所用相同之印鑑，否則無權出席。

（　）22.機關辦理採購，應訂定底價。底價應依圖說、規範、契約並考量成本、市場行情及政府機關決標資料逐項編列，由

機關首長或其授權人員核定。於開標前定底價是下列何種
招標？　(A)統包　(B)公開招標　(C)限制性招標　(D)選擇
性招標。

(　　)23.合於招標文件規定之投標廠商之最低標價超過底價時，得
洽該最低標廠商減價一次；減價結果仍超過底價時，得由
所有合於招標文件規定之投標廠商重新比減價格，比減價
格不得逾幾次？　(A)一次　(B)二次　(C)三次　(D)四次。

(　　)24.機關依政府採購法規定辦理招標，有幾家以上合格廠商投
標，即應依招標文件所定時間開標決標？　(A)一家　(B)
二家　(C)三家　(D)由機關決定。

(　　)25.機關辦理招標，不得於何時洩漏投標廠商名稱與家數？
(A)開標前　(B)比價前　(C)議價前　(D)決標前。

(　　)26.機關辦理決標時，下列程序何者正確？　(A)比減價格不得
逾3次　(B)合格標僅一家時，減價次數不得逾3次　(C)採
議價方式辦理之購案，廠商減價不得逾3次　(D)採議價方
式辦理之購案，廠商減價不得逾4次。

(　　)27.機關辦理採購採最低標決標時，認為最低標廠商之總標價
或部分標價偏低，顯不合理，有降低品質、不能誠信履約
之虞或其他特殊情形時，下列處置何者最適法？　(A)逕
洽該廠商承諾繳差額保證金後決標　(B)不決標予最低標廠
商，並不發還押標金　(C)不經廠商說明，逕不決標予最低
標廠商，押標金退還　(D)如不擬決標予該廠商，仍須限期
通知該廠商提出說明或擔保。

(　　)28.得標廠商將原契約中應自行履行之全部或其主要部分，由
其他廠商代為履行，是下列何項情形？　(A)分包　(B)轉

包　(C)借牌　(D)以上皆非。

（　）29.某廠商於西元2008年2月27日（星期三）以書面通知監造單位及工程主辦機關當日竣工。監造單位最遲應於何時將竣工圖表送請機關審核？　(A)3月4日　(B)3月5日　(C)3月6日　(D)3月7日。

（　）30.機關辦理工程、財物採購，應限期辦理驗收，並得辦理部分驗收。驗收時應由機關首長或其授權人員指派適當人員主驗，通知什麼單位參加會驗？　(A)承包商　(B)主辦單位　(C)使用單位　(D)監造單位。

（　）31.機關辦理驗收人員分主驗人員、會驗人員、協驗人員，下列何種人員不屬協驗人員？　(A)設計者　(B)監造人　(C)承辦採購單位人員　(D)使用單位人員。

（　）32.機關辦理多少金額以上採購之開標、比價、議價、決標及驗收時，應於規定期限內，檢送相關文件報請上級機關派員監辦？　(A)公告金額以下　(B)公告金額以上　(C)查核金額以下　(D)查核金額以上。

（　）33.依採購法規定，下列事項何者需載明於申訴書？　(A)證據　(B)年、月、日　(C)原受理異議之機關　(D)以上皆是。

（　）34.某廠商以強暴、脅迫方式，使得標廠商放棄得標，可處一年以上七年以下有期徒刑，得併科罰金新臺幣若干？　(A)60萬以下　(B)120萬以下　(C)240萬以下　(D)300萬以下。

（　）35.為達成契約所規定之工程品質目標，如特性、規格、成本、有效性、壽命週期等，為第幾級品管的目的？　(A)一級品管　(B)二級品管　(C)三級品管　(D)以上皆是。

（　）36.工程施工查核機制其目的為藉由工程主管機關之下列何種
程序完成一、二級品管之執行成效？　(A)查核　(B)確認
(C)確保　(D)達成。

（　）37.公共工程施工品質管理作業要點、工程施工查核小組組織
準則、工程施工查核小組作業辦法均依採購法何條文規定
訂定？　(A)50條　(B)52條　(C)70條　(D)72條。

（　）38.公共工程施工品質管理時必須設置查核小組者為下列何單
位？　(A)承包商　(B)監造單位　(C)工程主辦單位　(D)工
程主管機關。

（　）39.依自主檢查表所實施之品管係屬於　(A)一級品管　(B)二
級品管　(C)三級品管　(D)四級品管。

（　）40.縣府水利處主辦之工程，由縣議員前往視察係屬於　(A)一
級品管　(B)二級品管　(C)三級品管　(D)不屬於品管。

（　）41.品管人員取得公共工程品質管理訓練結業證書逾四年者，
若因工作或居住地區未辦理回訓之訓練課程而無法取得最
近四年內之回訓證明，則其品管人員資格之有效性為何？
(A)可延長一年　(B)可延長二年　(C)可延長至當地最先開
訓班結訓時　(D)不得延長。

（　）42.某工程於查核時告知獲得92分優等，惟經鋼筋混凝土結構
鑽心試體試驗結果不合格，其分數應如何修正？　(A)59分
(B)69分　(C)扣20分　(D)扣10分。

（　）43.某廠商查核成績獲得優等，機關得將廠商自受查核為優等
之次日起若干時間內，列為工程採購以最有利標決標之履
約績效評選項目參考　(A)1年內　(B)2年內　(C)3年內
(D)4年內。

（　）44.某工程查核成績列為丙等，下列何人需撤換或可能撤換？
(A)監造單位監工人員　(B)廠商工地負責人　(C)廠商品管
人員　(D)以上皆是。

（　）45.下列何種情事不符機關通知廠商限期更換承包商品管人員
之情形？　(A)未實際於工地執行品管工作　(B)未能確實
執行品管　(C)未及時提報品質計畫　(D)工程施工查核小
組查核列為丙。

（　）46.公共工程施工品質管理作業要點係依據下列何者所訂定？
(A)行政命令　(B)行政程序法　(C)政府採購法　(D)行政院
頒「公共工程施工品質管理制度」。

參考文獻

1.王隆昌，2008：政府採購法及品質管理相關法令，工地主任班教材，行政院公共工程委員會。

2.行政院公共工程委員會，2009：「政府採購統計資料」，取自：//www.pcc.gov.tw/pccap2/TMPLfronted/ChtIndex.do?site=002，2009/7/24。

3.行政院公共工程委員會，2007：「政府採購法」。

4.行政院公共工程委員會，2002：「政府採購法施行細則」。

5.行政院公共工程委員會，1999：「採購人員倫理準則」。

5　電腦及資訊之犯罪

　　資訊科技之發展一躍千里，尤其電腦之應用也越加普遍，因此，有心人士利用電腦進行犯罪之事件更加層出不窮、日新月異。以目前我國之法律觀之，並無特定一部法律規範何謂電腦犯罪並加以裁罰，對於電腦犯罪之類型亦無詳細之規定，而關於一些典型電腦犯罪之型態大多分散規定於相關之法律中，如刑法、兒童及少年性交易防治條例、通訊保障及監察法或個人資料保護法等。本章將就關於電腦犯罪之類型進行探討，希望讀者能藉由本章之閱讀，達成預防犯罪及防止受害之目的。

　　何謂電腦犯罪？在法律上並沒有一明確之定義。在我國刑法於民國92年修正加入第三十六章－妨害電腦使用罪時，即曾對電腦犯罪作一廣義及狹義之定義：廣義的電腦犯罪指凡犯罪之工具或過程牽涉到電腦或網路，即為電腦犯罪；而狹義的電腦犯罪則專指以電腦或網路為攻擊對象之犯罪。由此一立法理由，我們可得知凡是藉由電腦或網路之方法，從事侵犯國家、社會、或他人之行為，即可稱為電腦犯罪。此外，犯罪所侵犯之法益視所受侵害之對象可分為國家法益之侵害、社會法益之侵害及個人法益之侵害。然而，就目前法律規範之樣態及大多實務案件觀之，仍以社會及個人之法益受侵害之情形居多。本章專就上述之法益受侵犯之型態，分為利用電腦詐欺犯罪、利用網路色情犯罪、利用電腦侵犯隱私犯罪、妨害電腦使用罪以及其他

相關之電腦犯罪類型，如：公然侮辱、誹謗、煽惑他人犯罪或販賣不法物品等罪，加以說明。

第一節　利用電腦詐欺犯罪

詐欺罪所侵犯的是財產上的法益，乃是利用詐術或欺罔之手段進行不法財物之取得。而利用電腦詐欺犯罪，顧名思義，就是使用電腦或網路而達成此一犯罪結果之型態。我國刑法第339條規範了普通詐欺罪之定義：

> 意圖為自己或第三人不法之所有，以詐術使人將本人或第三人之物交付者，處5年以下有期徒刑，拘役或科或併科1000元以下罰金。
>
> 以前項方法得財產上之不法利益或使第三人得之者，亦同。
>
> 前二項之未遂犯罰之。

本條法律為保護個人之財產上之法益，其犯罪之型態是利用詐術或欺罔之手段使別人交付財物或造成別人之財物損失，才能構成本罪所處罰之要件。但是何謂「詐術」呢？所謂詐術即是以欺騙之方法，而使人陷於認知錯誤之情狀，二者缺一不可。也就是說，如果使用詐術但卻未令對方陷於錯誤，將不構成本罪之客觀要件。在主觀構成要件部份，必須是行為人有犯意且有不法所有之意圖，如果只是要得到原本屬於自己的財物，即不構成本罪。例如甲欺騙乙說自己得

了重病，須一大筆錢方能醫治，乙明知甲並無得病，卻仍願意給甲錢財，這種情形下，就沒構成詐欺罪。本條第二項又規定，即使沒因此騙取財物卻因此獲得利益時，亦構成詐欺(得利)罪。不過，必須注意的是，在這種情形下，被騙的人必須因而受到損失，才有成罪之可能。若只是單純欺騙之人獲有利益，亦不構成本罪。以下就常見的電腦詐欺型態分類說明。

1.利用電腦設備金融詐欺

此類型之詐欺犯罪為利用具有處理判斷資訊能力之機器或設備施行詐術，以達到獲取不法利益之目的，我國刑法第339-1條至第339-3條所規範的犯罪類型即屬之。包括詐取收費設備財物罪、詐取自動付款設備財物罪、及輸入虛偽指令詐財罪。

(1)詐取收費設備財物罪

刑法第339-1條規定：

> 意圖為自己或第三人不法之所有，以不正方法由收費設備取得他人之物者，處一年以下有期徒刑，拘役或3000元以下之罰金。
>
> 以前項方法得財產上之不法利益或使第三人得之者，亦同。

本條所涉及之案例為以偽造之錢幣或代幣或其它得以達成目的之方法，投入包括自動販賣機、投幣式或插卡式公用電話等需利用錢幣或具有金錢價值之磁片才可以得到等值服務之設備，因而獲取財物或利益之情形。於本條文修正前，對於此類案例之處置，在學說上與

法院實務上之見解南轅北轍。在司法實務上，認為機器是人類手足之延伸，機器雖不具生命，但對於機器施以詐術，依然可以成立詐欺罪。但是，學說卻認為應成立竊盜罪。為消弭如此爭議，本條文因而訂定。需注意的是，本條只處罰故意而不罰過失犯，例如甲不知其為偽幣而投入機器設備因而獲利，即不構成本罪。

(2)詐取自動付款設備財物罪

除了利用收費設備詐取財物外，另一種犯罪型態是對於付款設備施以詐術，而獲取錢財之案例。刑法第339-2條規定：

意圖為自己或第三人不法之所有，以不正方法由自動付款設備取得他人之物者，處三年以下有期徒刑，拘役或10000元以下之罰金。以前項方法得財產上之不法利益或使第三人得之者，亦同。

本條所規範的情形主要是無權使用別人之提款卡或利用其他一切不正之方法輸入自動付款設備而取得別人之財物。如前所述，使用別人之提款卡是否構成詐欺罪，早期實務上及學界上有不同之見解，現已歸於統一適用此法條。不過，無論如何，現在均統一以此法條適用。但我們需注意，如果使用的是自己或別人偽造之提款卡，則將不適用此一法條了，而是適用刑法第201-1條之偽造變造支付工具罪。另外，偽造信用卡或金融卡之偽造行為亦構成此條文之要件。有關偽造變造支付工具罪之型態，將會在下述偽造金融卡犯罪中說明。

(3)輸入虛偽指令詐財罪

刑法第339-3條規定：

　　　　意圖為自己或第三人不法之所有，以不正方法將虛偽資料或不正指令輸入電腦或其相關設備，製作財產權之得喪、變更紀錄，而取得他人財產者，處七年以下有期徒刑。

　　　　以前項方法得財產上不法利益或使第三人得之者，亦同。

　　本條所規範的對象為利用不正當之方法，將虛偽不實之資料或不正確的電腦指令輸入電腦，造成電腦誤判資料或處理錯誤資料，而達成獲取不法利益之目的。所謂不正指令是指依據電腦設定之目的而不應給予的指令。例如竄改程式，使電腦不當執行不該之行為。其輸入的方式可為人工直接輸入，亦可為利用病毒散播之方式。至於財產權之得喪、變更紀錄是指經由上述之方法，而使而本來紀錄於電腦設備中的資料遭到增加、刪除，或塗改，例如更改原存於電腦資料中之存款、將別人之存款資料轉列於自己之帳戶或使銀行多算利息並存於帳戶中。需注意的是，本條規定中之客觀構成要件，是自己或第三人獲得財產上之不法利益。若只是變更資料，但並無人獲取利益，則將不適用本條法律，而可能適用妨害電腦使用罪。另外，觸犯本罪將可能同時觸犯偽造文書罪。刑法第210條規定：

　　　　偽造、變造私文書，足以生損害於公眾或他人，處5年以下有期徒刑。

　　首先，我們先就「文書」在法律上之定義做一說明。文書是指記載某種特定意思之有形物，由內容之表示可得知製作人並能證明特定

之法律關係或事實行為。但是，竄改電腦檔案之資料是否亦為文書之一種呢？在刑法第220條第二項規定：

錄音、錄影或電磁紀錄，介機器或電腦之處理所顯示之聲音、影像或符號，足以表示用意之證明者，亦同。」
第三項規定：「稱電磁紀錄，指以電子、磁性或其它無法以人之知覺直接認識之方式所製成之紀錄，而供電腦處理之用者。

所以，電腦檔案亦可視為文書之一種，我們通稱為準文書。偽造文書分成偽造私文書及偽造公文書二種，差別就再於偽造的客體是否屬於公務員基於職務所做成之文書。而什麼是偽造、變造呢？所謂「偽造」通常是指以別人之名義作成之文書，「變造」是指無權製作人變更或篡改原本已存在之文書內容，包括變更製作名義人在內。除了以別人名義作成文書或篡改文書內容，一但所做成之內容有虛偽、不實之情形時，就構成本罪之另一要件「足以生損害於公眾或他人」了。

2.網路購物詐欺

現今資訊科技發達，多數人之購物型態已由逛街購物逐漸轉成藉由網路上來交易了，此可從電視購物頻道及網站上購物觀之，不勝枚舉。一般正式之電視購物頻道或商業購物網站均為合法經營，應該不會有所謂「詐欺事件」出現。詐欺案件大都發生於私自交易之情形，如透過網路拍賣標得之物件，得標者已經匯款至拍賣者了，但是卻未收到標得之物品，或者是雖收到貨品，但是卻與原先拍賣

公告上之說明有極大差異。在這種情形，明顯已觸犯普通詐欺取財罪，但要追訴原刊登拍賣訊息之人並不容易，因為此人早已逃之夭夭。不過，上述之第二種情形-收到與原先拍賣公告之說明有明顯之差異時，須視刊登者有無故意之情形，若只是過失刊登錯誤或認知錯誤，則可能並無法構成詐欺罪，而只是違反民法上債務不履行中之不完全給付而已。此時，拍賣者只有民事損害賠償責任並不需負擔刑事責任。另外，值得一提的是，在消費者保護法第19條中規定：

> I.郵購或訪問買賣之消費者，對所收到之商品不願買受時，得於收受商品後七日內，退回商品或以書面通知企業經營者解除買賣契約，無須說明理由及負擔任何費用或價款。
> II.郵購或訪問買賣違反前項規定所為之約定無效。
> III.契約經解除者，企業經營者與消費者關於回復原狀之約定，對於消費者較民法第二百五十九條之規定不利者，無效。

我們先來看什麼是郵購買賣及訪問買賣。根據消費者保護法第二條第十項規定：

> 郵購買賣：指企業經營者以廣播、電視、電話、傳真、型錄、報紙、雜誌、網際網路、傳單或其它類似之方法，使消費者未能檢視商品而與企業經營者所為之買賣。

因此，由網路上所為之交易即是郵購買賣之一種，自不待言。依

消費者保護法第19條之規定，凡由網路上購買之商品，於收到貨品七日內；得不附任何理由退還商家且無須負擔任何費用。即使商家於事先已利用定型化契約約定不得退換，此約定是無效的。此外，約定退還商品之方式對購物者之要求不得比民法259條之規定更為不利。

3.偽造金融卡犯罪

鑑於現行塑膠貨幣之逐漸普遍，除了為人民帶來生活消費之便利性，亦有促進經濟發展之功效。但是基於使用之普及性及便利性，偽造之情形亦日與俱增。關於金融卡之犯罪可分為製造階段及行使階段。於行使階段之罪責來說，以詐欺罪論處，已如前所述，在此，將專以介紹製造偽卡之刑責。偽造金融卡犯罪，原先是以偽造文書論處，但是偽造文書之罪責為最重五年以下有期徒刑，對影響社會金融及經濟體系如此重大之偽造金融卡行為而言，稍嫌過輕。因此，刑法於九十年十一月七日增訂本條罪責。刑法第201-1條偽造變造支付工具罪規定：

> I.意圖供行使之用，而偽造、變造信用卡、金融卡、儲值卡或其他相類作為簽帳、提款、轉帳或支付工具之電磁紀錄物，處一年以上七年以下有期徒刑，得併科30000元以下之罰金。
>
> II.行使前項偽造、變造支信用卡、金融卡、儲值卡或其他相類作為簽帳、提款、轉帳或支付工具之電磁紀錄物，或意圖供行使之用，而收受或交付於人者，處五年以下有期徒刑，得併科30000元以下之罰金。

本條法律所規範者，為偽造或行使信用卡、金融卡、儲值卡等通稱塑膠貨幣之物，其刑度相較於詐欺罪或偽造文書罪(均為五年以下有期徒刑)之刑責為重，最高可處七年之有期徒刑。信用卡及金融卡均為現今常用作為金錢流通之工具，一但被盜刷或盜領，除個人財務之損失外，對社會之交易安全亦影響甚鉅，所以會特別增訂此一刑責，以區別普通詐欺罪或偽造文書罪等較輕之罪。犯此等罪嫌之人，其行為亦同時具有詐欺之特性，那是否該再論以詐欺罪呢？在法律上，當一行為觸犯數罪名時，是不會數罪併罰的，而是採用最重的一罪來裁罰，我們稱之為「法條競合」、「想像競合」、「吸收關係」或者基於特別法優於普通法之原則來處置。

第二節　利用電腦網路色情犯罪

利用網路色情犯罪，一般而言有二種情形。一種很常見的網路犯罪型態，就是利用網路上傳或下載一些關於色情、猥褻之圖片或文字。因為網路傳輸速度快且若未加密時，傳輸的資訊內容很快就會變成大家瀏覽的對象。所以，透過網路傳輸猥褻圖片或文字時，很容易就觸犯了刑法第235條之散佈販賣猥褻物品罪了。另一種為利用網路散佈有關性交易的訊息，因而觸犯了兒童及少年性交易防治條例第29條規定。以下就這二種犯罪型態做一說明。

1.散佈販賣猥褻物品罪

刑法第235條規定：

I. 散佈、播送或販賣猥褻之文字、圖畫、聲音、影像或其他物品，或公然陳列，或以他法供人瀏覽、聽聞者，處二年以下有期徒刑，拘役或科或併科30000以下之罰金。

II. 意圖散佈、播送、販賣而製造、持有前項文字、圖畫、聲音、影像及其附著物或其他物品者，亦同。

III. 前二項之文字、圖畫、聲音、影像之附著物及物品，不問屬犯人與否，沒收之。

　　本條所要保護之法益為社會之善良風俗，所以無論是散佈、播送或販賣該等物品或公然陳列，或以他法供人瀏覽、聽聞者，一律加以處罰，以保障他人免於受猥褻物品干擾之自由及保護青少年的發展健全。所謂「散佈」即是以方法將猥褻物品散撥傳佈與公眾，最常見的方法就是利用公告張貼或電腦網路傳送而使不特定人或特定多數人得以知悉該等內容。所以，當我們利用電子郵件傳送猥褻圖片、色情影片或文字給特定多數人或將電子檔案放置於公開之網站任不特定人可下載時，就構成散佈之要件。所謂「播送」指的是將猥褻之文字、圖畫、聲音、影像透過機器設備使其原音原影重現並讓不特人或多數人得以觀賞或聽聞。所以，當我們將該等猥褻物品置於公開網站上，而得以任人任意播放時，即構成本罪。

　　但什麼是「猥褻」呢？「猥褻」是一極度不確定之法律概念，會隨著個人主觀想法及社會因應時代之變遷而有所改變。司法院大法官會議曾對於「猥褻」一詞於釋字407號作過解釋。他們認為，猥褻物品乃指一切客觀上足以滿足或刺激性慾，並引起普通一般人羞恥或厭惡感而侵害的道德感情，有礙社會風化之物品而言。又有關風化

之觀念，常隨社會之發展、風俗之變異而有所不同。至個別案件是否已達猥褻程度，應就具體案情，適用法律。所以，物品是否達猥褻程度，應就具體之情狀及可能產生之負面影響有多大，綜合加以判斷。例如常見之爭議有大學生裸奔（遛鳥）、具藝術性質之色情影片或圖片等，均不易判斷其猥褻程度，或許只能由法官本於社會一般認知而產生心證吧！由以上之說明，我們可以得知，利用網路傳送猥褻物品是違法的，而且最高還可處二年有期徒刑，

　　至於撥打色情電話或色情是訊是否會構成本罪？一般而言，無論是撥打色情電或是進行色情視訊只要是以一對一方式，就不構成散佈或播送之要件，當然就不構成本罪了。

2.利用廣告物等引誘、媒介使人為性交易罪

　　另一種網路色情犯罪類型就是所謂的「援交」。「援交」一詞原名為援助交際，援助交際原是日本中學生為賺取學費而從事性交易之行為，利用自己身體援助男子以解決需求，並從中獲取利益。事實上，這只是一般的性交易行為而已，但現在台灣卻以網際網路之方式傳遞性交易訊息，所以又稱網路援交。

　　「援交」觸犯了什麼罪呢？我們先來看，到底在台灣性交易算不算為違法呢？其實，這常是大家所關心及有爭議的部份的。根據「兒童及少年性交易防治條例」第22條規定：

　　　I.與未滿16歲之人為性交易者，依刑法之規定處罰之。
　　　II.十八歲以上之人與十六歲以上未滿十八歲之人為性交易者。處一年以下有期徒刑，拘役或新台幣十萬元以下之罰金。

III.中華民國人民再中華民國領域外犯前二項之罪者，
不問犯罪地有無處罰之規定，均依本條例處理。

其中第一項之處罰規定於刑法227條：

I.對於未滿十四歲之男女為性交者，處三年以上十年以
下有期徒刑。

II.對於未滿十四歲之男女為猥褻之行為者，處六個月五
年以下有期徒刑。

III.對於十四歲以上未滿十六歲之男女為性交者，處七
年以下有期徒刑。

IV.對於十四歲以上未滿十六歲之男女為猥褻之行為
者，處三年以下有期徒刑。

所以，參照刑法之規定，只要對於未滿十六歲之人有性行為或
有猥褻之行為，就會受到國家法律之制裁。不過本條規範的是雙方自
願之情形，若不是自願而是被強迫的，那就更嚴重了，必須依刑法第
222條第一項第二款規定處置了。那如果性行為對象滿十六歲呢？原
則上，目前並無處罰規範。

至於性交易的規定呢？所謂性交易是指性行為之後有對價關係
之收受，在這種情形之下，根據「兒童及少年性交易防治條例」第
22條規定，十六歲以下以刑法227條規定，十六歲以上十八歲以下以
本條第二項來處罰。那麼與滿十八歲之男女為性交易有無處罰規定
呢？目前只能根據「社會秩序維護法」之規定來處罰。社會秩序維護
法第80條規定：

I.有左列各款行為之一者，處三日以下拘留或新台幣三

　萬元以下罰鍰：

一、意圖得利與人姦、宿者。

二、在公共場所獲公眾得出入之場所，意圖賣淫或媒

　　合賣淫而拉客者。

II.前項之人，一年內曾違反三次以上經裁處確定者，處

　以拘留，得併宣告於處罰執行完畢後，送交教養機構

　予以收容、習藝，期間為六個月以上一年以下。

　　所以根據上述規定，與十八歲以上之人為性交易，只處罰獲取利益之人，一般我們稱之為妓女。第一項第二款又規定，即使並無性交易發生，但是意圖使人為性交易而拉客者，亦有處罰之規定。值得注意的是，本法並無處罰嫖客之規定，所以，一般而言，嫖客是不罰的。

　　由以上法律介紹，我們得知性交易之相關處罰條款。那麼，「網路援交」又是根據什麼處罰？處罰什麼呢？根據「兒童及少年性交易防治條例」第29條規定：

　　以廣告物、出版品、廣播、電視、電子訊號、網際網路或其他媒體，散佈、播送或刊登足以引誘、媒介、暗示或其他促使人為性交易之訊息者，處五年以下有期徒刑，得併科新台幣壹百萬元以下之罰金。

　　第33條規定：

I.廣告物、出版品、廣播、電視、電子訊號、網際網路
或其他媒體，散佈、播送或其他媒體，散佈、播送或
刊登足以引誘、媒介、暗示或其他促使人為性交易之
訊息者，由各目的事業主管機關裁以新台幣五萬元以
上六十萬元以下罰鍰。

II.新聞主管機關對於違反前項規定之媒體，應發佈新聞
並公告之。

　　所以本條例所規範的是利用廣告物、出版品、廣播、電視、電子
訊號、網際網路或其他媒體，散佈、播送或刊登足以引誘、媒介、
暗示或其他促使人為性交易之訊息。當然，利用網路上之公開之聊
天是散佈此等訊息，明顯已經觸犯此罪了。但是，一般大家爭議的
是，本條款規定於「兒童及少年性交易防治條例」，理論上是針對未
滿十八歲之青少年所做的規範。那麼，如果行為人行為時已經滿十八
歲了，那為什麼還要受本法約束呢？對於這個疑義，大法官會議曾於
96年1月26日於釋字第623號做出解釋：

　　憲法第十一條保障人民之言論自由，乃在保障意見之
自由流通，使人民有取得充分資訊及自我實現之機會，包
括政治、學術、宗教及商業言論等，並依其性質而有不同
之保護範疇及限制之準則。商業言論所提供之訊息，內容
為真實，無誤導性，以合法交易為目的而有助於消費大眾
作出經濟上之合理抉擇者，應受憲法言論自由之保障。惟
憲法之保障並非絕對，立法者於符合憲法第二十三條規定
意旨之範圍內，得以法律明確規定對之予以適當之限制，

業經本院釋字第四一四號、第五七七號及第六一七號解釋在案。

　　促使人為性交易之訊息，固為商業言論之一種，惟係促使非法交易活動，因此立法者基於維護公益之必要，自可對之為合理之限制。中華民國八十八年六月二日修正公布之兒童及少年性交易防制條例第二十九條規定：「以廣告物、出版品、廣播、電視、電子訊號、電腦網路或其他媒體，散布、播送或刊登足以引誘、媒介、暗示或其他促使人為性交易之訊息者，處五年以下有期徒刑，得併科新臺幣一百萬元以下罰金」，乃以科處刑罰之方式，限制人民傳布任何以兒童少年性交易或促使其為性交易為內容之訊息，或向兒童少年或不特定年齡之多數人，傳布足以促使一般人為性交易之訊息。是行為人所傳布之訊息如非以兒童少年性交易或促使其為性交易為內容，且已採取必要之隔絕措施，使其訊息之接收人僅限於十八歲以上之人者，即不屬該條規定規範之範圍。上開規定乃為達成防制、消弭以兒童少年為性交易對象事件之國家重大公益目的，所採取之合理與必要手段，與憲法第二十三條規定之比例原則，尚無牴觸。惟電子訊號、電腦網路與廣告物、出版品、廣播、電視等其他媒體之資訊取得方式尚有不同，如衡酌科技之發展可嚴格區分其閱聽對象，應由主管機關建立分級管理制度，以符比例原則之要求，併此指明。

所以說，即使談話對象均已滿十八歲，但是，因為聊天室為不特

定人均可進出參與對話之虛擬空間。因此，除非行為人舉證說明該談話內容只有已滿十八歲之人方得以知悉，否則，即構成本罪之處罰要件。

第三節　利用電腦設備侵犯隱私犯罪

接下來我們要談的是關於「隱私權」之保護。「隱私權」為一人格權，也是憲法上所要保護之人類基本權，自然不容許受國家或他人之侵犯。

目前我國對於隱私權保護之法律分別規定於民法、刑法、通訊保障及監察法和個人資料保護法。民法是針對侵犯別人隱私權時，所必須負擔的損害賠償責任，所做的一般性規定。刑法、通訊保障及監察法和個人資料保護法則是規範對侵犯隱私權行為人之處罰。以下將就這些法律作一簡單說明。

1.民法之規定

民法第195條第一項規定：

　　不法侵害他人之身體、健康、名譽、自由、信用、隱私、貞操或不法侵害其他人格法益而情節重大者，被害人雖非財產上之損害，亦得請求賠償相當之金額。其名譽被侵害者，並得請求回復名譽之適當處分。

上述之身體、健康、名譽、自由、信用、隱私、貞操為專屬個

人之人格法益，是無法取代的一種私權。當此等人格權受到別人不法侵害時，得請求相當之損害賠償，其中包括了隱私權。但何謂「隱私權」呢？「隱私權」係指專屬個人私密而不欲公開之情事而言。所以一旦利用不正當之方法窺視或竊聽別人非公開之活動、言論或談話時，將構成隱私權之侵害，必須負損害賠償之責。除此之外，一些屬個人之電子資訊或信件，亦在隱私權保護之列。

2.刑法之規定

除了民法上規定之損害賠償責任，在刑法上亦規範了特定侵犯隱私權行為之處罰，以下就刑法上關於妨害秘密之類型做討論。刑法第315條規定：

> 無故開拆或隱匿他人封緘信函、文書或圖畫者，處拘役或3000元以下罰金。無故以開拆以外之方法，窺視其內容者，亦同。

本條規範的客體應該是實體之信件，若無正當理由而開拆或隱匿封緘之信函，則應受本條法律之處罰。至於偷看別人電子郵件之內容，是否亦應適用本條呢？刑法第318-2另有規定：

> 無故洩露因利用電腦或其他相關設備知悉或持有他人之秘密者，處二年以下有期徒刑、拘役或5000元以下之罰金。

本罪之重點在於利用電腦或其相關設備知悉或持有被害人之秘

密並洩漏之。例如：使用或維修他人電腦而獲知他人或第三人之秘密資訊，皆於本罪處罰之列。上述法律所處罰的是侵犯個人之隱私，若洩漏的是關於職業上之工商秘密者，則另以刑法第316條至318條處置。刑法第316條規定：

> 醫師、藥師、藥商、助產士、宗教師、律師、辯護人、公證人、會計師或其他職務上佐理人或曾任此等職務人，無故洩露因業務知悉或持有他人之秘密者，處一年以下有期徒刑、拘役或500元以下之罰金。

第317條規定：

> 依法令或契約有首因業務知悉或持有工商秘密之義務而無故洩漏之者，處一年以下有期徒刑、拘役或1000元以下之罰金。

第318條規定：

> 公務員或曾任公務員之人，無故洩露因職務知悉或持有他人之工商秘密者，處二年以下有期徒刑、拘役或2000元以下之罰金。

第318條之一規定：

> 利用電腦或其相關設備犯316至318條之罪者，加重其

刑至二分之一。

　　第316至318條所規範的為某些特殊職業或公務員或雖非此類特別職業之人但因法令或契約規定有守密義務者，因職務上之關係而知悉或持有關於工業或商業上之秘密並洩漏之者，所應受到的刑事處罰。特別是若利用電腦或其相關設備而實施洩漏行為者，需加重其刑至二分之一。要注意的是，為維護國人對於國家公務機關之信任及保護國家之公信力，凡公務員犯此罪者，其刑度均較其他類別職務之人為重。

　　另外，刑法亦有訂定關於偷拍行為之處罰於第315-1條：

　　　　有左列行為之一者，處三年以下有期徒刑，拘役或
　　30000元以下之罰金：
　　　　二、無故利用工具或設備窺視、竊聽他人非公開之活
　　　　　　動、言論或談話或身體隱私部位者。
　　　　三、無故以錄音、照相、錄影或電磁紀錄竊錄他人非
　　　　　　公開之活動、言論或談話或身體隱私部位者。

　　本條第一款之重點為無正當理由而利用工具、設備進行竊聽他人之非公開之活動、言論或談話，所需接受之處罰。依本款之規定，必須有利用另外之輔助設備或工具進行窺視或竊聽，方得以構成本罪。例如：以望遠鏡偷看對面大樓之女子更換衣服、以竊聽器竊聽別人之電話內容等均屬之。若只是用自己本身之視覺器官進行窺視之行為，則不構成本罪，另以社會秩序維護法處置。依社會秩序維護法第83條第一項規定：

故意窺視他人臥室、浴室、廁所、更衣室，足以妨害
其隱私者，處新台幣六千元以下之罰鍰。

而刑法第315-1條第二款之成立要件必須是有影音紀錄之行為，
始足當之。例如：利用針孔攝影機偷拍別人之私密部位或非公開之行
為、利用電話錄音竊錄他人之談話等行為，均是本款之處罰重點。
另外，若意圖營利而提供場所或設備或有散佈、播送、販賣之意圖
者，則依刑法第315-2條之規定加重其刑。刑法第315-2條規定：

> I. 意圖營利供給場所、工具或設備，便利他人為前條行
>   為者，處五年以下有期徒刑、拘役或科或併科50000
>   元以下罰金。
> II. 意圖散佈、播送、販賣而有前條第二款之行為者，亦
>   同。
> III. 明知為前二項或前條第二款竊錄之內容而有製造、
>   散佈、播送、販賣者，依第一項之規定處理。
> IV. 前三項之未遂犯罰之。

由本條之規定可知，即使不是自己所為之竊錄行為，但如果明知
別人將為此竊錄行為而仍販賣與他的話，將可處最高五年之徒刑。還
有，如果偷拍的行為是因為要散佈於大眾或公開播送或販賣的話，亦
將處最高五年之徒刑。

另外，第三項規定，即使不是自己竊錄的，但是若明知其內容為
竊錄而得的，而仍有製造、散佈、播送、及販賣之行為者，亦同。所
以，大家可能會在某商場遇見推銷偷拍光碟之人，這些人若賣的是真

偷拍之光碟,則將觸犯本罪。但有時那些推銷之人販賣之光碟並非真偷拍而得,只是欺騙顧客去購買而已。此時,則構成詐欺取財罪,如前述。

3.通訊保障及監察法之規定

通訊保障及監察法第一條明示:「為保障人民秘密通訊自由不受非法侵害,並確保國家安全,維持社會秩序,特制定本法。」所以通訊保障及監察法之訂定是為了防止人民間之違法監察行為以及某些人濫用國家公權力進行監察行為,嚴重侵害當事人之隱私權以及秘密通訊自由。所謂「監察行為」指的是監督查視人民通訊內容之行為,包含了監聽談話內容、書信及一切藉由有線或無線設備傳遞之訊息,如電子郵件、MSN、即時通等通訊方式,其第三條及規定:

I.本法所稱通訊如下:
　一、利用電信設備發送、儲存、傳輸或接收符號、文
　　　字、影像、聲音或其他訊息之有線及無線電信。
　二、郵件及書信。
　三、言論及談話。
II.前項所稱之通訊,以有事實足認受監察人對其通訊內
　　容有隱私或秘密之合理期待者為限。

所以,只要對上述通訊內容進行監察,及觸犯了本法所規範之罪行。值得注意的是,本法所稱之通訊,並非所有符合上述通訊內容均受保障。其第二項規定,必須是有事實足認受監察人對其通訊內容有隱私或秘密之合理期待者為限,意思是說,其通訊內容必須是主觀

上受監察者明顯認為其為隱私或秘密，而客觀上一般人亦能接受此等認知。這種規定相較於刑法315-1條之妨害秘密罪中之「非公開」規定較為嚴格，所以刑責也較為重。根據通訊保障及監察法第24條規定：

　　違法監察他人通訊者，處五年以下有期徒刑。
　　執行或協助執行通訊監察之公務員或從業人員，假借職務或業務上之權力、機會或方法，犯前項之罪者，處六月以上五年以下有期徒刑。
　　意圖營利而犯前二項之罪者，處一年以上七年以下有期徒刑。

　　所以，一般違反此條法律之人將受五年以下有期徒刑之宣告。但是若是公務員或從事業務之人，不論是執行或協助，將被處以六月以上五年以下之有期徒刑。差別在哪裡呢？若判處六個月以上者，就無法易科罰金了。如果沒有緩刑，則勢必入獄服刑了。除了違法監察他人通訊必須負上述刑責外，洩漏他人之通訊秘密，亦同樣有罪責問題。這種情形規定於第25條、第27條及第28條。通訊保障及監察法第25條規定：

　　明知為違法監察通訊所得之資料，而無故洩露或交付之者，處三年以下以有期徒刑。
　　意圖營利而犯前項之罪者，處六月以上五年以下有期徒刑。

本法第27條規定：

　　公務員或曾任公務員之人因職務知悉或持有依本法或其他法律之規定監察通訊所得應秘密之資料，而無故洩露或交付之者，處三年以下有期徒刑。

本法第28條亦規定：

　　非公務員因職務或業務知悉或持有依本法或其他法律之規定監察通訊所得應秘密之資料，而無故洩露或交付之者，處二年以下有期徒刑、拘役或新台幣20000元以下之罰金。

　　從以上之規定可知，所洩漏或交付之資料依其取得之適法與否，罪責輕重之程度亦有所不同。若洩漏或交付之資料為違法取得時，不論何人，均須受三年以下有期徒刑之宣告。當洩漏或交付之資料為合法取得時，若行為人為公務員或曾任公務員之人，則刑度與前同，為三年以下有期徒刑；若行為人非公務身分，則刑則較輕，為二年以下有期徒刑。

4.電腦處理個人資料保護法之規定

　　對於隱私權的保護，除了上述對個人私密行為以及秘密通訊自由的保護外，還有對個人資料的保護法律。由於電腦科技的進步，資料傳輸及儲存的量日益增大。因此，關於個人資料的處理，均已電腦化且大量紀錄於電腦中。若不管此等資料的流通性，一但遭到有心

人士之盜取，對人民之損害將後患無窮。近年來，詐騙集團行事猖獗，詐欺人民之血汗錢動輒數百至數千萬，咎其原因乃是個人資料保護不周致流入詐騙集團之手中，才讓此等盜賊有機可乘。此外，外面各類廣告常利用電子郵件或其他方式傳送資訊給個人，這是大家常遇見的問題。但是，這些商家怎會知道我們的個人資料呢？有可能就是我們平時不經意因為特定用途而留下了個人資料給某些單位，經由一些不肖人士之盜取或電腦病毒之侵害，造成我們個人資料之外洩。國家為因應此類情形之嚴重性，訂定出「電腦處理個人資料保護法」，以法律規範個人資料保護之範疇，避免隱私權之不斷受侵害。本法主要在於規範特定機關單位關於個人資料之收集、利用及處理之限制及用途，以及處罰之規定。而適用對象只及於公務機關及非公務機關。所謂「公務機關」使指依政府組織法設立之中央或地方機關，而「非公務機關」的意思，依「電腦處理個人資料保護法」第3條第7款規定：

七、非公務機關：指前款以外之左列事業、團體或個人：

(一)徵信業及以蒐集或電腦處理個人資料為主要業務之團體或個人。

(二)醫院、學校、電信業、金融業、證券業、保險業及大眾傳播業。

(三)其他經法務部會同中央目的事業主管機關指定之事業、團體或個人

所以主要有徵信業、醫院、學校、電信業、金融業、證券業、保

險業及大眾傳播業八大行業須受本法之約束。因此，就只有這些機關單位可以合法蒐集個人資料且必須先向主管機關登記並核發執照。但徵信業者或以蒐集或電腦處理個人資料為主要業務之團體或個人則必須經過目的主管機關許可，較為嚴苛。首先，我們來看什麼是個人資料？本法第3條第1款規定：

> 一、個人資料：指自然人之姓名、出生年月日、身分
> 證統一編號、特徵、指紋、婚姻、家庭、教育、
> 職業、健康、病歷、財務情況、社會活動及其他
> 足資識別該個人之資料

有疑問的是，什麼叫做「足資識別該個人之資料」？這又是一不確定之法律概念，必須依當時客觀具體情況判斷。一般而言，該資料只要足以讓一般人在一般情況下均得以辨識該個人之身分，均可稱為「足資識別該個人之資料」。關於個人資料之搜集，必須有特定目的及用途方符合法律之規定。以下就關於「公務機關」及「非公務機關」合法蒐集資料之規定作一介紹。關於「公務機關」，本法第7條及第8條規定

> 第七條　公務機關對個人資料之蒐集或電腦處理，非
> 有特定目的，並符合左列情形之一者，不得為之：
> 一　於法令規定職掌必要範圍內者。
> 二　經當事人書面同意者。
> 三　對當事人權益無侵害之虞者

第八條　公務機關對個人資料之利用，應於法令職掌必要範圍內為之，並與蒐集之特定目的相符。但有左列情形之一者，得為特定目的外之利用：

一　法令明文規定者。

二　有正當理由而僅供內部使用者。

三　為維護國家安全者。

四　為增進公共利益者。

五　為免除當事人之生命、身體、自由或財產上之急迫危險者。

六　為防止他人權益之重大危害而有必要者。

七　為學術研究而有必要且無害於當事人之重大利益者。

八　有利於當事人權益者。

九　當事人書面同意者。

所以，公務機關對我們個人資料之蒐集，必須依法令符合一定之用途。不過，通常公務機關蒐集個人資料只要第7條第3款之規定主張就可以了。不過，第8條也規定了特定用途以外之蒐集，只要符合該條之款項之一，即屬合法。至於「非公務機關」之蒐集與處理則規定於本法第18條及23條：

第十八條　非公務機關對個人資料之蒐集或電腦處理，非有特定目的，並符合左列情之一者，不得為之：

一　經當事人書面同意者。

二　與當事人有契約或類似契約之關係而對當事人權

益無侵害之虞者。

三　已公開之資料且無害於當事人之重大利益者。

四　為學術研究而有必要且無害於當事人之重大利益
　　者。

五　依本法第三條第七款第二目有關之法規及其他法
　　律有特別規定者。

　　第二十三條　非公務機關對個人資料之利用，應於蒐
集之特定目的必要範圍內為之。但有左列情形之一者，得
為特定目的外之利用：

一　為增進公共利益者。

二　為免除當事人之生命、身體、自由或財產上之急
　　迫危險者。

三　為防止他人權益之重大危害而有必要者。

四　當事人書面同意者。

　　所以，無論是「公務機關」或「非公務機關」之個人資料蒐集必
定須符合原先設定之用途，而「非公務機關」還必須事先向主管機關
登記取得執照，方可合法蒐集。至於特定目的以外之利用，則必須滿
足第8條或第23條之規定項目之一，才得以利用。

　　在違反規定時之處罰方面，則訂定於第33條至第35條。第33條
規定：

　　意圖營利違反第七條、第八條、第十八條、第十九
條第一項、第二項、第二十三條之規定或依第二十四條所

發布之限制命令，致生損害於他人者，處二年以下有期徒刑、拘役或科或併科新臺幣四萬元以下罰金。

第34條規定：

意圖為自己或第三人不法之利益或損害他人之利益，而對於個人資料檔案為非法輸出、干擾、變更、刪除或以其他非法方法妨害個人資料檔案之正確，致生損害於他人者，處三年以下有期徒刑、拘役或科新臺幣五萬元以下罰金。

第35條規定：

公務員假借職務上之權力、機會或方法，犯前二條之罪者，加重其刑至二分之一。

其中第33條規定，如果有營利之意圖而違反前述之蒐集或特定用途限制時，應受之刑罰。本條中之「致生損害於他人者」所指的是因犯罪之行為而導致他人損害之發生，且已有損害已經發生為前提，方具本罪之可罰性。同法第34條則是規定對於個人資料檔案為非法輸出、干擾、變更、刪除或以其他非法方法妨害個人資料檔案之正確，而導致別人損害之發生。其中本條之「意圖為自己或第三人不法之利益」之涵義與意圖營利相去不遠，但多一項「意圖損害他人之利益」，以防止那些損人不利己之輩逍遙法外。而公務員若假藉自己職務上之權力、機會或方法犯此行為者，將會將減損人民對國家公務

機關之信任感，嚴重毀損國家之尊嚴及公信力，所以應加重其刑。需注意的是，本法之罪需告訴乃論，也就是說需被害人依法提出告訴，才有可能將行為人論之以法。

第四節　利用電腦設備侵犯名譽犯罪

名譽權益為人格權之一種，為憲法所保障之基本權。我國法律中，除了民法第195條規定不法侵害他人之名譽權須負損害賠償之責外，在刑法也有關於侵害名譽之處罰規定。刑法第309條就規定：

I.公然侮辱人者，處拘役或三百元以下之罰金。

II.以強暴犯前項之罪者處一年以下有期徒刑、拘役或五百元以下之罰金。

本罪成立之要件為以粗鄙之言語舉動侮辱謾罵他人，或其他足以損害他人名譽之行為加害於人，使其有減損社會地位之虞者稱之。所以當我們罵人「畜牲」、「王八蛋」、等不堪言辭時，將會構成侮辱之要件。除此之外，本罪尚必須於公然的情況下實施侮辱行為，才能構成本罪。所謂「公然」，意指不特定人或多數得以共見共聞之情狀。因此，在公共場所或其他多數人聚集之非公共場所對特定人施行侮辱之行為，即是本罪要處罰之標的。刑法第309條第二項還規定，以強迫、暴力之方式實施侮辱行為，加重刑責。在網路發達的今日，我們常以電子郵件或及時通與別人進行聯絡溝通，因其快速又方便，深受一般大眾之喜愛。有時基於一時之衝動，而利用此等方式對

人進行辱罵並傳播於大眾，就必須接受本罪之處罰。例如：以電子郵件罵人粗鄙之字眼，並分別寄送於多數人或利用即時通多方通話時有侮辱之言語。除了侮辱之外，還有一種妨害名譽之情形，即是指摘或傳述足以毀損他人名譽之事，就是我們常講的「誹謗」。刑法第310條規定：

I. 意圖散佈於眾，而只摘或傳述足以會損他人名譽之事者，為誹謗罪，處一年以下有期徒刑、拘役或五百元以下之罰金。

II. 散佈文字、圖畫犯前項之罪者，處二年以下有期徒刑、拘役或一千元以下之罰金。

III. 對於所誹謗之事，能證明其為真實者，不罰。但涉於私德而與公益無關者，不在此限。

一般人常將此罪與公然侮辱罪混淆，所謂「誹謗」與「侮辱」是不同的。「侮辱」是以粗鄙之字言對別人加以羞辱，而「誹謗」則是指摘或傳述一般人所能認知之事實行為或法律行為但卻為不實之指控。例如，造謠生事指摘別人偷竊、嫖妓、偷情等足以毀損他人之社會地位之情勢均屬之。當然，此罪之成立也要具有散布的意圖，始足當之。本條第二項規定，若以文字或圖畫為誹謗之行為，稱為「加重誹謗罪」，罪行當然加重。所以，我們要特別注意未經查證而有貶損他人名譽之事，千萬不要隨便亂講，否則將可能涉及此罪。但若能證明所陳述之事為真實者，不罰，此為本條第三項之規定，不過必須自己負舉證責任。

第五節 妨害電腦使用罪

　　刑法於92年6月25日修正通過，增訂第36章「妨害電腦使用罪」，規範了狹義之電腦犯罪型態的罪責，用以保護個人法益及社會安全法益。刑法第358條規定：

　　　　無故輸入他人帳號密碼、破解使用之電腦之保護措施或利用電腦系統之漏洞，而入侵他人之電腦或其相關設備者，處三年以下有期徒刑、拘役或科或併科100000元以下之罰金。

　　本條處罰之行為有三種，即無故輸入他人帳號密碼、破解使用之電腦之保護措施、利用電腦系統之漏洞三種方式而未經同意使用別人之電腦或其他設備，均在本罪處罰之列。本條文所要保護之法益在於電腦使用之安全，避免個人應秘密之資料外洩或利用別人之電腦系統進行其他犯罪之事實。惟本條並無「致生損害於公眾或他人」之規定，所以一旦無正當理由利用這三種方法入侵別人電腦將構成本罪。刑法第359條規定：

　　　　無故取得、刪除或變更他人電腦或其相關設備之電磁紀錄，致生損害於公眾或他人者，處五年以下有期徒刑、拘役或科或併科200000元以下之罰金。

　　學說上認為，本罪保護之法益主要為電腦使用之安全包括個人

財產、信用及秘密之安全。除了入侵他人電腦而取得、刪除及變更電腦資料為本罪刑罰之構成要件外，若利用病毒程式實施此犯罪行為者，亦該當本罪。另外，本罪以「致生損害於公眾或他人」為要件，說明了本罪之處罰必有對公眾或他人之實際損害發生，本罪方能成立。需注意的是，若無故入侵他人電腦又取得他人檔案時，應同時觸犯358及359條之規定，但是因為本二條規定所保護之法益相同，因此在法律上只論以較重的一罪，稱為法條競合。刑法第360條規定：

> 無故以電腦程式或其他電磁方式干擾他人電腦或其相關設備，致生損害於公眾或他人者，處三年以下有期徒刑、拘役或科或併科100000元以下之罰金。

本條所規範的是利用電腦病毒入侵他人電腦而干擾或破壞該電腦設備。鑑於現在電腦病毒猖獗，如木馬程式、蠕蟲程式等病毒之破壞力強大，可能使電腦容易當機，或毀損電腦檔案，對電腦系統之安全性影響甚鉅。若不以國家刑罰加以遏止，輕則個人財產重大損失，重則國家安全堪慮。除了對利用病毒侵害別人電腦者加以處罰外，對製造此等病毒之人亦應繩之以法，以徹底杜絕電腦病毒之侵害。因此，刑法第362條又規定：

> 製作專供犯本章之罪之電腦程式，而供自己或他人犯本章之罪，致生損害於公眾或他人者，處五年以下有期徒刑、拘役或科或併科200000元以下之罰金。

　　另外，基於保護國家及社會安全，並於刑法第361條規定對公務機關犯第358-360條之罪者，加重其刑至二分之一。

第六節　其他類型之網路犯罪

　　現在電腦網路速度之快，非可想像。一些不法份子常常利用電腦網路在短短數小時之內即可號召成千上百之人加入行列，參與不法行動。這些不法份子更自以為豪的認為自己神通廣大，但殊不知如此已經觸犯刑法第153條之煽惑他人犯罪之行為。刑法第153條規定；

　　　　以文字、圖畫、演說或他法，公然為左列行為之一
　　　者，處二年以下有期徒刑、拘役或1000元以下之罰金：
　　　　一、煽惑他人犯罪者。
　　　　二、煽惑他人違背法令，或抗拒合法之命令者。

　　本條說明如果以文字、圖畫、演說之方式，公然煽動或挑唆不特定人為違法之行為時，將以本罪論處。當然利用網路傳遞訊息糾集眾人為法令不允許之事，亦包括在內。例如：利用網路散播訊息，集結眾人飆車或打架，均為法律所不許，因而構成本罪。另外，亦常見利用網路犯一些非法物品，如槍支、彈砲等，因為在我國法律規定是不許擁有該類物品的。依據「槍砲彈藥刀械管制條例」之規定，未經許可而製造、販賣槍砲、魚槍、子彈、槍砲子彈主要零件、刀械等物品，最重將可處死刑。所以想要在網路上販售商品者，一定要先了解所販賣之物是否為管制品，以免觸法。另外，法律實務上亦曾見有人

於網路上公開販售槍枝,被查獲後發現,刊登者乃開玩笑並無販售槍支之意,且自己本身亦無擁有槍枝。但仍被檢察官以煽惑他人犯罪之罪嫌起訴,原因是於網路上公然販售槍枝,雖無本意,但卻公然挑唆他人為違法擁有槍支之行為,應構成本罪。

習題:

1.何謂電腦犯罪?

2.何謂詐欺?利用電腦詐欺之罪樣態為何?

3.透過網路傳輸猥褻圖片或文字時,觸犯了刑法第235條之散佈販賣猥褻物品罪,此罪之內容為何?

4.目前我國對於隱私權保護之法律,於民法、刑法中之規定為何?

參考文獻

陳櫻琴、葉玟妤、錢世傑、黃于玉，「資訊法律」，華立圖書，
　　2004。

楊智傑，「資訊法」，五南圖書出版公司，2007。

6 學術倫理

事例一：

美國貝爾實驗室（Bell Laboratory）-卅二歲的德裔研究員修恩（Schon）在1998至2001年間至少偽造或修改資料16次，是此一頻獲諾貝爾獎的實驗室77年歷史中科學研究造假的首例。此研究員被貝爾實驗室開除。

事例二：

韓國首爾大學（Soul University）-該校教授黃禹錫，以生物複製技術著名，2005年因先違反科研倫理（卵子來源）遭到調查，後又被發現其發表在Science期刊之複製幹細胞實驗數據造假。檢察官經過好幾個月的調查，以詐欺、濫用公帑及違反學術規範與生命倫理法等罪名，起訴黃禹錫，其中濫用公帑的罪名刑責最重，最高可處十年。該校為此免除他一切公職，韓國政府也取消了授予黃禹錫的「最高科學家」稱號，由原先的民族英雄變成國恥。

第一節　前言

　　人類的文明進程，是跟隨著一連串的思考、創作與傳承而一步步向前邁進。社會與自然科學的發展，隨著經驗的累積，在近代有著極為輝煌的發展與成果，而人類社會的生活方式也隨之快速變動著。而科學研究的成功，除了能帶動社會文明的進步，亦能為個人或團體帶來名譽或財富，在此些動力的刺激下，使得每個領域投入的人力與財力迅速成長，激烈的競爭環境與研究發展多元化，增加了其複雜性。現今人類面臨挑戰的重要課題，除了與大自然之間的平衡共存，避免因過度開發與使用天然資源而造成人為耗竭；人與人之間互動的行為與原則，也不時受到衝擊，而須重新審視或制訂。

　　為了避免外在環境的過度干擾學術研究的公正性與崇高性，學術研究在社會上常被賦予最大的自由，而知識份子自然而然也被視為應具有較高的道德要求標準。所以，學術自由與研究自主性在一個現代民主社會常被視為是一項基本且珍貴的權利與資產，而被細心呵護著，任何侵犯學術自由的行為，總是會被強烈批判。為了維護這促使社會進步的動力與清流，在學術自由保護傘之下的研究人員，對於自身的行為也應當自重，在這基礎之上，且同時應該尊重其他人的研究思維與成果。如此，在學術理論的討論上，才得以在一個公開、公平與公正的平台進行理性的建構與爭辯，共同追求文化與科技的真理，進而在提升人類社會的福祉上做出最大貢獻。

　　當然，科學與文明的發展是無窮無盡的，以今日的成就而言，是數百年前的人類所不能想見的，但未知的天地仍很遼闊。為了確保在追求真理的過程中，每一件所被宣稱的「真相」都是在一個嚴謹的邏

輯思考及求證下被產出，而亦能在最忠於原味的情況下被呈現，學術倫理，便是在對於學術領域之道德層次進行系統思考和進行適當的規範，使得接續的研究能在最穩固的基礎上，像砌磚般往上建構更崇高的文明成就，以防止過多錯誤不實的資訊介入，摧殘先前得來不易的成果。

第二節　現今面臨的問題

在近百年來，隨著通訊與交通科技的進步，學術與研究人員的交流越趨方便與頻繁。各項資料庫的建立也有系統的架構起來，搭配搜尋引擎與日趨強大的運算科技與分析技術，整合各項資源，將原本複雜耗時的工作簡單化；原本只能以書面呈現的資訊，也電子數位化，用更活潑生動的方式，利用劃時代發明的網路科技，以最即時的途徑將其傳達出去。各項學術資源的取得越來越便利，也相對性的造成研究的透明化。不管是自己或是他人的發表的心得或成果，也被更多人所檢視著。

再者，一些尖端科技的研究，往往需要大量的資金、設備與人才的投入，現今研究已邁入整合型領域的時代，不管是地域上的整合或是研究領域上的整合，數目都越來越有增加的趨勢，也越來越受到重視。譬如以醫學工程（Biomedical Engineering）的研究為例，需要結合生物、醫學、工程甚至社會科學知識背景的人才；而各個國家或有不同的宗教信仰及文化忌諱，在參與人員及專長領域多元化的情況之下，溝通的技巧及對各自研究文化的認知差異就相對性重要很多。若整合成功，將可更有效的運用各方專長及資源，完成單領域專長所無

法達到的境界；反之，也有可能因為彼此文化或專業領域認知上的差異再加上溝通上的難度而造成不協調的情形，進而拖累整個進度。

因而，對於上述這些文化或認知差異性，因學術交流越來越積極的今日，亦有必要共同訂定都可接受的道德架構以供遵循，以減少不必要的無意誤會或是嚇阻有意的侵犯情事。

第三節　我國學術倫理規範

有鑑於違反學術倫理會對國家與社會造成侵蝕前進的動力與破壞國家印象，行政院國家科學委員會於民國八十八年十一月第三八四次主管會報通過實施「行政院國家科學委員會學術倫理案件處理及審議要點」；並於民國八十九年四月第三八九次主管會報修訂實施，以規範日益增多之違反學術倫理情事。要點內容如附件一所示。

此學術倫理案件處理及審議要點初步針對下列十四點進行說明或規範：1.立法目的；2.適用範圍；3.受理原則；4.國科會收件窗口、處理原則及保障措施；5.專案學術倫理審議委員會之設置；6.檢舉案件與國科會業務無關之處理；7.書面答辯及保障措施；8.審議委員會之開會及決議；9.處分方式；10.嚴重違反行為之處罰；11.受補助單位之配合義務及責任；12.處分之通知；13.檢舉案件不成立時之處置；及14.施行日期。

而隨著違反學術倫理案件日增，有鑑於上述規範已不足以妥善處理相關事件，在民國九十四年國科會委託中央研究院法律學研究所進行「學術倫理規範之研究」，針對台灣、日本、美國、德國及法國對於學術倫理之規範及案例進行比較及探討，進一步訂定「行政院國家

科學委員會學術倫理案件處理辦法」草案，共計五章四十六條，以供
各界參考遵循。草案詳細內容如附件二所示。

附件一：

行政院國家科學委員會學術倫理案件處理及審議要點

民國八十八年十一月二十五日經國科會第
三八四次主管會報通過實施
民國八十九年四月二十日第三八九次主管會
報修訂實施

一、立法目的

　　行政院國家科學委員會（以下簡稱本會）為處理與本會職掌有關
之學術倫理案件，特訂定本要點。

二、適用範圍

　　申請或取得本會學術獎勵、專題研究計畫或其他相關補助，疑有
違反學術倫理行為者，適用本原則處理。

　　前項所稱違反學術倫理行為，指研究造假、學術論著抄襲，或其
他於研究構想、執行或成果呈現階段違反學術規範之行為。

三、受理原則

　　違反學術倫理案件之檢舉人應用真實姓名及地址，向本會提出附
具證據之檢舉書。本會接獲化名或匿名之檢舉或其他情形之舉
發，非有具體對象及充分舉證者，不予處理。

四、本會收件窗口、處理原則及保障措施

　　本會學術倫理檢舉案件，交由本會綜合處統籌辦理。經初步認定
可能違反學術倫理者，應組成專案學術倫理審議委員會審議。

　　本會進行前項審議程序時，就檢舉人之真實姓名、地址或其他足
資辨識其身分之資料，應採取必要之保障措施。本會對於檢舉案
件在調查中以機密案處理之。

五、專案學術倫理審議委員會之設置

　　專案學術倫理審議委員會（以下簡稱審議委員會）由七至九位
　　委員組成，置主任委員一人，由本會副主任委員兼任之。審議
　　委員，由本會主任委員就本會相關處室主管、各大學之專任教
　　授、研究機構之專任研究員或律師選任之。

六、檢舉案件與本會業務無關之處理

　　檢舉案件經認定其與本會業務無關者，應轉請相關權責單位處
　　理。但被檢舉人適有申請案件在本會進行審查者，本會亦得為適
　　當之處理。

七、書面答辯及保障措施

　　審議委員會為調查前條檢舉案件，應通知被檢舉人提出書面答辯
　　理由。

八、審議委員會之開會及決議

　　審議委員會應有委員四分之三之出席始得開會，出席委員三分之
　　二以上之同意始得就檢舉案件為處分之決議。

　　審議委員會開會時，必要時得邀請檢舉案件當事人或其所屬之單
　　位主管列席說明。

九、處分方式

　　審議委員會就違反學術倫理案件之調查結果，進行審議，如認定
　　違反學術倫理行為證據確切時，得按其情節輕重對被檢舉人作成
　　下列各款之處分建議：

　　(一)停權終身或停權若干年。

　　(二)追回全部或部份研究補助費用。

　　(三)追回研究獎勵費。

　　前項調查或處分之結果得為日後審議被處分人案件之參考。

違反學術倫理行為確定者，本會得視情況函轉相關機關參處。

十、嚴重違反行為之處罰

嚴重違反學術倫理之研究數據造假或抄襲行為，應予終身停權。

十一、受補助單位之配合義務及責任

本會於處理違反學術倫理案件時，除直接調查或處分外，得視需要請被檢舉人所屬學校或研究機構協助調查，並提出調查結果及處分建議送交本會。

被檢舉人所屬學校或研究機構對於違反學術倫理案件因未積極配合調查或其他不當之處理行為，經審議委員會建議，本會得自次年度起減撥本會補助專題研究計畫管理費。

十二、處分之通知

檢舉案件成立之處分，應以書面通知檢舉人、受處分人及其所屬單位，並要求該受處分人所屬單位提出說明，檢討改進，及將對被處分人違反學術倫理行為之懲處情形副知本會。

十三、檢舉案件不成立時之處置

無確切證據足資認定被檢舉人違反學術倫理時，應將調查結果以書面通知檢舉人，並得分別通知被檢舉人及其所屬單位。

十四、施行日期

本要點經提本會主管會報通過後施行，修正時亦同。

附件二

行政院國家科學委員會學術倫理案件處理辦法
（草案）

條號	條文	說明
第一章　總則		
第一條 （立法目的）	為確保國家研究經費妥善運用，積極維護學術倫理，確立違反學術倫理案件客觀公正之處理程序，特訂定本辦法。	一、由於違反學術倫理事件不僅對於學術研究之品質與成果有不良之影響，且嚴重影響學術研究之聲譽，各國紛紛積極採取相關規範與措施以導正或維護其學術研究風氣之良善。 二、行政院國家科學委員會統籌國家研究經費之分配與運用，除積極推動我國學術研究活動外，亦以維護良善學術研究風氣為其任務，以確保國家研究經費正當運用，有效提昇我國學術研究地位與競爭力。為維護學術研究倫理，對於接受國家研究經費卻為違反學術倫理行為者，應為適當之處置。且是否違反學術倫理，對相關人員影響甚大，須透過客觀公正之處理程序加以認定，並充分保障當事者之權利，始合乎法治國原則之要求，乃參酌美國、德國、日本、法國及瑞士對於違反學術倫理案件之處理程序，明確加以規範。 三、本辦法僅就違反學術倫理行為為加以規範，至於其他研究經費不當運用之認定與相關細節，所涉及者為會計或其他規範，與學術研究無關，並非本辦法規範之範圍。

條號	條文	說明
第二條（適用範圍）	I 本辦法適用於申請或執行行政院國家科學委員會（以下簡稱本會）補助案件之研究人員。	一、本辦法以國科會所有之補助案件為規範對象，申請與執行兩個不同階段之活動皆涵蓋於本辦法之適用範圍內。又本辦法應限於與學術研究活動有關之事項始有適用，例如關於研究所所得之數據、資料等，以避免本辦法適用範圍過廣而減損本辦法之實效性。補助案與研究人員之定義另規定於第三條第一款與第三款。
	II 擔任前項案件之審查人，亦適用本辦法。	二、鑑於補助案件之審查人基於其審查申請案件之地位，亦有違反學術倫理行為之可能。為維護良善之學術研究風氣，亦應有加以規範之必要。現行規定第二項僅規範「申請或取得本會學術獎勵、專題研究計畫或其他補助，疑有違反學術倫理行為者」，適用範圍並未及於審查人，並不周延，故本辦法乃參酌美國法之規定，將審查人納入本辦法之適用範圍。
第三條（用詞定義）	本辦法用詞定義如下： 一、補助案件：指由本會提供經費之學術獎勵、專題研究計畫、委託研究計畫及其他補助案件。	一、本辦法所指之補助案件包含各種由本會提供經費之學術獎勵（例如：傑出科技貢獻獎、傑出產學合作獎等）、專題研究計畫、委託研究計畫或其他補助（例如：貴重儀器、研究成果推廣、委辦事項等）。
	二、違反學術倫理行為：指因故意或重大過失違反本辦法第五條或第六條規定之行為。	二、現行規定對違反學術倫理行為規範為「研究造假、學術論著抄襲，或其他於研究構想、執行或成果呈現階段違反學術規範之行為」，然違反學術倫理行為之行為態樣

條號	條文	說明
	三、研究人員：指學術獎勵之申請人及受領人；專題研究計畫、委託研究計畫或其他補助之申請人、執行人及其他因參與該計畫或補助之研究而受有報酬者。	甚繁、內涵不盡相同，難以抽象文字統一定義之，故參酌德國立法例，以類型化方式規範違反學術倫理行為之種類，取代違反學術倫理行為之定義，以減少文詞用語上所可能產生之缺漏與弊端。至於本辦法所指違反學術倫理行為類型與其構成要件則另於專條規範之。 三、本辦法所指「研究人員」因研究經費種類之不同而有所差異。為求其明確，乃依據不同類型而分別規定之。其中專題研究計畫、委託研究計畫或其他補助，除該計畫之主持人或其他列名該計畫者外，另包含未列名但實際參與該計畫執行之人（例如研究助理等），然為避免牽涉過廣而造成參與研究者過重之責任，同時也考慮到本辦法之目的乃在於避免國家研究經費之不當運用。
	四、審查人：指應本會之邀請，評斷補助案件是否給予獎勵或補助，或評斷其執行成果之人。	四、本辦法所指之「審查人」，係專指就補助案件之申請加以審查評斷，並核定是否給予其研究經費之人；就已獲得補助並執行之補助案件，評斷其已執行完成之成果者，亦為此所稱之審查人。
	五、暫時處置：指暫時停權、暫停撥款、暫停研究之進行，或其他為確保公益與他人權益之必要措施。	五、涉嫌違反學術倫理之研究人員於程序未完結前，其補助案件之申請或執行，原則上不因調查或審議而受到影響。然若該申請或執行恐將危害公益或致使他人之權益遭受難以回復之損害時，即有預先防範之必要。是以本辦法乃參酌美國45C.F.R.,sec. 689.3(c)、689.8

條號	條文	說明
	六、暫時停權：指暫時停止補助案件申請之權利。 七、暫停撥款：指暫時停止已核定獎勵或補助款項之撥付。	（a）與我國訴訟法中「定暫時狀態之假處分之規定，另訂「暫時處置」之措施。本辦法所稱之「暫時處置係指「暫時停權」、「暫停撥款」、「暫停研究之進行」，或其他為確保公益與他人權益之必要措施。暫時停權係指暫時停止補助案件申請之權利。暫停撥款則係指暫時停止已核發國科會已核定獎勵或補助該研究人員之研究款項。
第四條（學術研究基本原則）	為避免違反學術倫理行為之發生，學術研究應依循下列原則： 一、學術研究應重視品質，不全然以數量為考慮。 二、學術研究所依據之資料應明確，並應詳細記錄及保存。 三、學術研究應重視原創性及真實性。但於追求原創性及真實性過程中，合理之誤差應予容忍。	一、為建立良好學術研究風氣，並維護學術倫理，於本辦法中規範學術研究活動所應遵守之基本原則，以明確學術倫理之內涵，並作為研究人員行為之依據，以避免違反學術倫理行為之發生。然學術倫理之內涵乃隨時間、地域之不同而有所差異，甚難鉅細靡遺予以羅列，故乃參酌美國、德國、日本、法國與瑞士之規範，就其普遍共通者納入本辦法中，以減少未來適用上之爭議。 二、第一款之規定乃參酌德國與瑞士立法例，聲明學術研究應規定著重研究內容之品質，以矯正時下偏重數量之弊習。 三、第二款之規定乃參酌德國、日本、法國與瑞士立法例，學術研究應以明確之資料作為研究基礎，不得恣意捏造竄改，且研究過程應為適當之記錄並妥善保存，使其得以作為學術研究成果與遵守學術倫理之佐證。

條號	條文	說明
		四、學術研究之目的乃在於發現真實，其研究價值在於原創性，然仍應體認人並非全能，對於追求原創性及真實性之過程中，合理誤差之應予以容忍，以免加諸研究人員過苛之要求，而扼殺其進行學術研究之動力。
	四、學術研究應力求客觀公正，研究經費之來源應注意避免利益衝突。	五、第四款係參酌法國及瑞士立法例，要求學術研究應該秉持客觀公正之立場，不宜受其他因素而為特定目的或取向之研究（例如：接受廠商委託，進行有利於該廠商但卻偏離公正客觀立場之研究），故本辦法特予明訂規範之。
	五、學術研究應注意個人隱私之保護。	六、第五款之規定乃參酌法國及瑞士立法例。研究人員可能因研究需要而接觸他人之隱私（例如進行疾病或基因資訊之研究），應注意個人隱私之保護，除學術研究之外，不得就該個人隱私另用作他途使用或予以洩漏公開之。
	六、學術研究之成果應公開之。但法令另有規定者，不在此限。	七、學術研究成果應受公眾之評價與檢驗，故以公開為原則，以利知識之累積與傳播。然研究成果中涉及個人隱私或基於其他目的而有不宜公開之原因者，則得例外不予以公開。
	七、學術研究之成果為共同著作時，應依貢獻程度按所屬領域學術之慣例依序明確表示著作人之姓名，非必要不得變更之；必要時得以適當方式註明其個別貢獻之部分。	八、學術研究常藉由團隊合作方式進行，其研究成果即涉及共同著作之問題，實務上違反學術倫理行為之案例多因共同著作而發生作者身份認定之爭議。德國、日本、法國及瑞士立法例，皆要求研究成果之著作人應依個別貢

條號	條文	說明
		獻程度按所屬領域學術之慣例以明確方式加以排序，以減少日後因作者身份之不明確而產生紛爭，故本辦法亦於第七款中予以明定之。且著作人之姓名與排序乃攸關學術研究之可靠性與責任分配，除非另有必要，否則原則上不得變更之。此外，為做為排序之依據，以消弭日後可能產生之紛爭，亦得以適當之方式註明各著作人就該學術研究所為之貢獻部分。
第五條（研究人員違反學術倫理之行為類型）	研究人員有下列情形之一者，違反學術倫理：	一、現行規定對違反學術倫理行為，僅規定「研究造假、學術論著抄襲，或其他於研究構想、執行或成果呈現階段違反學術規範之行為」，其類型及構成要件不甚明確。爰為使行為人有預見可能性，爰本次修法欲將其明確化。 二、第一款所謂造假，即英文指稱之Fabrication；第二款所謂變造，即英文指稱之Falsification；第三款所謂剽竊，即英文指稱之Plagiarism，此為美德日等外國立法例，法規上所肯認違反學術倫理行為之類型。在本辦法立法討論時，雖外國立法例對於其違反學術倫理之行為，主要以此三類型（即FFP）為規範對象，然而本辦法認為，為了避免前述三類型過於寬泛、防止不法行為之發生、促進良好學術研究環境、並建立學術研究之行為準則，在此高標準之要求下，另就其他我國曾發生較為重要之違反學術倫理行為類型，加以明文規定。

條號	條文	說明
	一、造假：指虛構不存在之研究資料或研究成果。	三、第一款所謂「造假」，指捏造、虛構研究過程中不存在之研究資料、數據，或以不存在之研究資料、數據做成研究成果。蓋研究首重真實，包括研究過程中之數據或任何資料，以及因此產生之研究成果，此為各國學術倫理相關立法例均提及之基本要求。又，此處及以下所稱研究成果，其意義包含科技基本法所稱研發成果，蓋學術倫理之規範重在學術研究進行中之倫理，而非其後對於研究成果之運用或達發展程度與否。
	二、變造：指誇大、隱匿或不實變更研究資料或研究成果。	四、第二款所謂「變造」，指積極地不實變更或誇大、消極地隱匿研究資料、研究數據或研究成果，例如塗改真實的實驗記錄、變動或刪去研究資料、竄改或排除研究所得數據等等致使研究無法正確反應於研究記錄之行為。如同上述，研究首重真實，此款於第一款之區別在於，「造假」指捏造不存在之資料、數據或成果，而「變造」指將原存在之資料、數據或成果加以不真實的變更、誇大及隱匿，此亦為各國學術倫理相關立法例均提及之基本要求。至於違反與本會約定之事項，例如違反約定之應揭露事項或成果，此不當然為違反學術倫理之行為，故不在本款之規範範圍內，而應另尋求契約之違約規定及處理方法。
	三、剽竊：指為自己或他人研究之目的，使用第三	五、第三款所謂「剽竊」，指為研究的目的，在研究過程中

條號	條文	說明
	人之研究資料或研究成果，並未註明出處。註明出處不當，情節重大，或未適當註明出處而以翻譯代替論著者，以剽竊論。	抄襲、盜用他人之研究構想、過程、成果或文字，卻未妥善為註明，使第三人無從分辨研究成果為何人所有，蓋研究成果不能贈與並且應真實反應研究人員之研究貢獻，未妥善註明他人之貢獻或成果將導致研究成果無法正確歸屬且有害智慧財產權之保護。又，「剽竊」除前述傳統意義下「使用他人研究資料或研究成果而未註明出處」外，本款明確化「未適當註明出處而以翻譯代替論著者」亦為剽竊，蓋不適當地翻譯他人著作只是文字上的更改，仍有剽竊他人研究構想、過程或成果之虞，無法正確反應研究價值或貢獻，至於何程度始認為係不適當之以翻譯代替論著致使無法真實評斷研究價值或貢獻，宜委請各學門就其學術意旨加以個別認定之。此外，註明出處不當，情節嚴重者，以剽竊論，此係本於上述真實反應研究貢獻之意旨，僅為舉證責任轉換之規定。
	四、未經註明而以曾獲本會或其他機關、機構、團體補助之相同內容重複向本會申請補助者；或以向本會或其他機關、機構、團體申請補助中之相同內容重複向本會申請補助者。	六、第四款規定之重複申請，指研究人員對內容相同或類似之研究計畫重複以相同（例如同為該內容相同或類似計畫的研究主持人）或不同身分（例如為該內容相同或類似之計畫的協同主持人），在已向本會、其他機關、機構、團體申請補助或已獲補助後，仍未經註明申請本會計畫之行為。本款規定之目的在於避免申請人就單一研

條號	條文	說明
		究或學術成果為重複申請，導致國家研究經費被不適當的分配。至於何謂「重複」致使國家研究經費有被不適當分配之虞，宜委請各學門就其學術意旨加以各別認定之。
	五、未經註明而重複發表，致研究成果重複計算，影響審查之評斷者。	七、第五款所謂重複發表致研究成果重複計算而影響審查之評斷者，係指研究人員將刊載同一學術成果之數篇文章同時列於其申請計畫書內，做為複數代表作或著作目錄，致使審查積分計算上產生重複，影響審查人員之判斷，而使本會無法為公平公正之判斷。至於何謂「重複」而影響審查之評斷，宜委請各學門就其學術意旨加以各別認定之。
	六、蓄意就著作人姓名為不實之記載者。	八、第六款係規定作者貢獻表現應真實呈現，關於著作人之貢獻表現真實性，實質上雖常認相當於剽竊之問題，但實際上常常涉及研究室掛名倫理而易遭忽略，是故有就其獨立規範予以明確化之必要。其中，蓄意就著作人之姓名為不實之記載，因無法真實呈現對著作之貢獻，如有故意遺漏之情事，實質上相當於對他人著作之剽竊；虛偽不實之增減著作人姓名之行為，基於學術成果不得贈與或私相授受之原則，皆為違反學術倫理之行為而有加以規範之必要。此處對於主觀要件規範為「蓄意」，而非第八條所規定之故意或重大過失，意義在於排除重大過失甚至未必故意之情況，而以
	七、隱匿研究經費來源或其他情事，而有損及研究人員獨立判斷之虞者。	

條號	條文	說明
		明知並有意使其發生為限，限縮處罰之範圍，蓋如上述，實務上可能涉及研究掛名倫理等情事，若非蓄意為不實記載或遺漏而仍予以處罰，似有過嚴之虞。
		九、第七款係規定對有影響研究者獨立判斷之利益衝突情事加以隱匿之行為。蓋學術應具中立性，不應為特定目的或特定結果所影響或受限制，故關於此等具影響性之利益衝突情事，若加以隱匿，將無法發揮學術之價值。
	八、申請或執行補助案件，違反法令經法院判決確定者。	十、第八款係以因申請或執行本會學術獎勵、專題研究計畫或其他補助，致違反法令經判決確定者為規範對象。蓋申請或執行本會計畫之行為，即使不該當前述六款違反學術倫理之情形，若已有其他法令對此行為加以規範，則其違反之嚴重性已達到相當之程度，故仍應納入規範。
	九、其他重大違反學術倫理行為，經本會學術倫理審議委員會委員全體出席並一致決議通過者。	十一、第九款為概括條款。若無構成前述八款對於違反學術倫理行為之規範，則僅能依照補助契約或本款概括條款加以處理。因違反學術倫理行為會隨著科技進步、研究方法變更、甚至學術倫理之道德觀念發展而有不同，前述七款或有未能加以規範之虞，故若有前述七款以外，在學術界所為研究之申請、實行、報告之際，對一般所能接受之共通事項有明顯脫軌且違反學術倫理之行為，得依本款加以處理。

條號	條文	說明
		又為避免此款之不明確性，在程序上要求需經本會學術倫理審議委員會委員全體出席並一致決議通過，而若有做成相關之決定或處分，本會學術倫理審議委員會應公開之。 十二、比較美、法德、日、瑞士等立法例有關學術倫理之規範，本辦法認為有些類型不宜納入規定者，其理由如下：(一)研究經費之不當使用：蓋本辦法所欲規範者係研究之過程及發表，並不規範經費之使用，意即，研究經費使用之問題並非本辦法所欲加以處理者。(二)將研究成果分段發表：將已得到之研究成果分為數個成果加以發表或申請，於倫理上雖有可非難之處，然可能牽涉研究者自由處分研究成果之權利、並且實際上認定不易，因為前述各國立法例對此亦未加以規範，並避免過苛，爰認為現階段暫不予處理。(三)對他人之研究進行破壞或損害：破壞他人研究可由其他法令加以處理，即使有違反學術倫理之虞，亦該當前述第七款，故無規範必要。(四)實驗材料或資訊的錯誤管理：實務上曾將實驗材料或資訊的錯誤管理認為係對資料或數據之造假行為，然而此乃證據之問題，目前在並未對實驗材料或資訊方法課予義務或規範下，此並非獨立一

條號	條文	說明
		項違反學術倫理之行為。(五)研究過程中就安全的不適切管理：關於對安全的不適切管理，其他法令已有規範，又在是否違反學術倫理之判斷或認定上尚有疑問，故不在此作規範。(六)以學會名義而為商業買賣行為：此項係源自日本關於學術倫理之規範，然本辦法係就較為嚴重或實務上經常出現之違反學術倫理作規範，與強調學會運作之日本法有所差異，故不在此對其加以規範。(七)將研究成果用作商業利用：目前實務上對此行為以契約加以規範，又以目前國內現狀是否規範將引起極大爭議，故先予以擱置。(八)侵害隱私：何種行為構成侵害隱私且達到影響學術倫理並不明確，且其他法令已有對隱私之保護，故在此不予規範。(九)無故缺席學會發表：此係源自重視學會運作之日本關於學術倫理之規範，然並非此要點所欲規範者。(十)虐待研究人員：此行為認定上有困難，又其他法令已有規範，故不在此規範。
第六條（審查人違反學術倫理之行為類型）	審查人有下列情形之一者，違反學術倫理： 一、違反第七條規定之應迴避事項。	一、此項為關於審查人行為之規範。除規範申請補助或獎勵之行為人外，因審查人是否為公正適當客觀之判斷，亦會影響學術成果之價值，爰加以明確規範。 二、第一款規範違反本辦法第七條規定應迴避事項之行為，

條號	條文	說明
		主要目的在於使審查人得為公正公平客觀之判斷，以維護學術中立性及充分發揮其價值之功能。
	二、違反依法令規定或與本會約定之保密義務。	三、第二款規範違反依法令規定或與本會約定保密義務之行為，審查人於審查過程中得知他人之著作、構想或其他關於隱私之情事，若違反法令或其與本會約定之保密義務而洩漏之將影響他人權益甚鉅。至於此處與本會約定之保密義務內涵為何，本會宜於契約或其他約定中具體訂定以臻明確。
	三、惡意就研究計畫或研究成果為不實之評價。	四、第三款規範惡意對研究計畫或成果為不實之評價行為，審查行為目的在於對受審查者為適當評價以辨其優劣，若係惡意而為不實評價將使審查機制無法發揮其功能，爰明定之。至於何謂不實之評價，參照大法官釋字三一九號不同意見書，其包括審查程序是否違背法令（如審查人有無符合法定資格要件）、事實認定有無錯誤（如部分漏未評閱或計分錯誤）、有無逾越權限（如一題三十分而給逾三十分）或濫用權力（專斷、將與事件無關之因素考慮在內）等情事。
	四、剽竊審查時所獲悉之第三人申請資料或構想。	五、第四款規範剽竊審查時所接觸第三人申請資料或構想之行為。審查人於審查過程中勢必接觸第三人資料或構想，然不應利用或洩漏作為自己或他人學術發展之基礎，否則亦有不當得利或剽竊第三人構想之虞。

條號	條文	說明
	五、其他重大違反學術倫理行為，經本會學術倫理審議委員會委員全體出席並一致決議通過者。	六、第五款為概括條款。因違反學術倫理行為會隨著科技進步、研究方法變更、甚至社會道德觀念發展而有不同，前述四款或有未能加以規範之虞，故若有前述四款以外，在學術界所為審查之際，對一般所能接受之共通事項有明顯脫軌且違反學術倫理之行為，得依本款加以處理。又，為避免此款之不明確性，在程序上要求需經本會學術倫理審議委員會委員全體出席並一致決議通過，而若有做成相關之決定或處分，本會學術倫理審議委員會應公開之。
第七條（審查人應自行迴避事由）	審查人有下列情形之一者，應自行迴避：	一、本條規定審查人應自行迴避之事由，主要彙整民事訴訟法、刑事訴訟法、行政程序法、各大學招生作業準則、學位考試規則、典試法、考試院命題規則、專利法第四十二條專利審查人員迴避之規定、以及本會相關審查原則。本條目的在於使審查人得為公正公平客觀之判斷，以維護學術中立性及充分發揮其價值之功能，故此處所稱應自行迴避，該審查人應自行退場不參與審查，以維護審查中立。
	一、本人之申請案、本人擔任本年度計畫共同或協同主持人之申請案，或本人擔任整合型研究計畫總主持人或某子計畫主持人之申請案。	二、第一款包括審查人本人之申請案、本人擔任本年度計畫共同或協同主持人之申請案、或本人擔任整合型研究計畫總主持人或某子計畫主持人之申請案。蓋上述之申請案，若審查人不為迴避，則有球員兼裁判之嫌，致使

條號	條文	說明
		無法為公正公平之客觀判斷。可參照本會審查相關原則、本會相關處室審查迴避原則、各大學招生作業準則或學位考試規則等等。
	二、配偶、前配偶、三親等內之血親或姻親，或曾有此關係者之申請案。	三、第二款係規定與審查人有親屬關係者之申請案。至於親屬關係的廣狹，各法規定均有不同，經討論結果，認為不須採至訴訟法之嚴格程度，而採取考試院命題規則有關命題委員之迴避規定及實務上較常採取之方式（例如各大學院校之招生準則、學位授予規則），以三親等為準。
	三、與審查人隸屬於同一系、所、科、組、中心者之申請案。但無具體事證足認審查人之審查顯有偏頗之虞者，不在此限。	四、第三款係參照國科會複審原則，主要係避免因同事情誼影響審查人之公正判斷，原則上審查人對於與審查人隸屬於同一系、所、科、組、中心者之申請案中應自行迴避；此處所稱「系、所、科、組、中心」等單位名稱僅為例示，單位名稱縱非上述所列，然若達到影響公正判斷之審查時，仍應自行迴避。為了避免過嚴，故若無具體事證足認審查人之審查有偏頗之虞者則不在此限。
	四、與審查人有博士論文指導師生關係或五年內有博士後研究指導關係者之申請案。	五、第四款係參照國科會複審原則及國科會生物處審查迴避原則及國科會工程處推薦書面委員注意事項，目的在避免因師生情誼影響審查人之公正判斷。為了避免過嚴，與審查人有博士後研究指導之關係，以五年內為限。
	五、近二年內與審查人曾為智慧財產或成果之共同發明人、共同申請人、	六、第五款係參照國科會複審原則及國科會工程處推薦書面委員注意事項，原注意事項

條號	條文	說明
	共同專利權人或共同著作人之申請案。但無具體事證足認審查人之審查顯有偏頗之虞者，不在此限。	中規定審查人對於近二年內與審查人共同為研究者之申請案應自行迴避，然而學術倫理事件不僅發生於論文或著作之寫作，尚包含其他智慧財產或成果之共同權利歸屬情形，因此本款規定對於「與審查人曾為智慧財產或成果之共同發明人、共同申請人、共同專利權人或共同著作人之申請案」，審查人均應自行迴避。本款規定主要係避免因私交影響審查人為公正判斷。為了避免過嚴，若無具體事證足認審查人之審查有偏頗之虞者則不在此限
	六、本人或其配偶，就該申請案與申請人有共同權利人或共同義務人之關係者。	七、第六款主要參照專利法第四十二條、行政程序法第三十二條、民事訴訟法第三十二條及刑事訴訟法第十七條，主要為訴訟上具有評斷資格者之應行迴避事項，亦為確保公正公平判斷之規定。
	七、現為或曾為該申請人之訴訟代理人或輔佐人者。	八、第七款主要參照專利法第四十二條、行政程序法第三十二條、民事訴訟法第三十二條及刑事訴訟法第十七條，主要為訴訟上具有評斷資格者之應行迴避事項，亦為確保公正公平判斷之規定。
	八、現為或曾為該申請案之證人、鑑定人或檢舉人者。	九、第八款主要參照專利法第四十二條、行政程序法第三十二條、民事訴訟法第三十二條及刑事訴訟法第十七條，主要為訴訟上具有評斷資格者之應行迴避事項，亦為確保公正公平判斷之規定。

條號	條文	說明
	九、現為或曾為申請人之法定代理人、家長或家屬者。 十、其他有具體事證足認審查人之審查顯有偏頗之虞者。	十、第九款主要參照專利法第四十二條、行政程序法第三十二條、民事訴訟法第三十二條及刑事訴訟法第十七條，主要為訴訟上具有評斷資格者之應行迴避事項，亦為確保公正公平判斷之規定。 十一、第十款概括條款係參照行政程序法第三十三條、民事訴訟法第三十三條、刑事訴訟法第十八條，蓋研究活動之方式會隨著科技進步、研究方法變更、對審查人迴避事項之要求亦可能隨著社會道德觀念發展而有不同，故除上述九款之應行迴避規定外，若有具體事證足認審查人之審查顯有偏頗之虞者，審查人仍應自行迴避以維護判斷之公正。
第八條 （違反學術倫理主觀要件）	違反學術倫理行為，非出於故意或重大過失者，不罰。	關於違反學術倫理行為之主觀要件為何，參照美國、德國、日本、法國及瑞士相關規範，本辦法採取故意或重大過失原則。所謂故意，意即知悉此行為係違反學術倫理之行為而有意使其發生；如預見其可能發生，而其結果亦不違反其本意者，亦屬之。所謂重大過失，指一般研究人員皆應知悉或被認定為應知悉，然而顯有所過失而不知的情況，換言之，顯然欠缺一般研究人員之注意義務。

條號	條文	說明
第二章　學術倫理審議委員會		
第九條（名稱及定位）	本會設學術倫理審議委員會（以下稱倫理委員會），審議違反學術倫理案件，並處理其他相關事項。	一、我國現行制度係依據行政院國家科學委員會學術倫理案件處理及審議要點之規定，並未設置審議違反學術倫理案件之常設委員會；而係在個案發生時，才組成功能性的委員會加以審議。然而，在現今學術倫理日益受重視的背景下，為求審議之程序更具可預測性、公正性及透明性，並參酌美國、德國、日本、法國及瑞士之各國立法例，其皆於組織規範中設置審議違反學術倫理案件之常設委員會，故在行政院國家科學委員會學術倫理案件處理要點中，採取常設委員會之組織，處理有關學術倫理事項及違反案件之審議事宜。而於本辦法當中，擬將國家科學委員會稱為「本會」，而將學術倫理審議委員會稱為「倫理委員會」。 二、倫理委員會之執掌如下：(一)審議本會業務處所提違反學術倫理案件，並做成處分案，送交本會。(二)接受本會業務處認為無須進行審議之檢舉案件彙整報告，並承認之。(三)就有關學術倫理事項向本會提出建言。(四)受本會委託提供有關學術倫理之諮詢意見。(五)其他學術倫理相關事宜。
第十條（委員之選任）	1 倫理委員會置委員十一名，其中一名為召集人，一名為副召集人，由委員互選之。委員名單應公布於本會網站。	一、本條第一項規定關於倫理委員會之人數，由於各國規範差異甚大，參酌本會現行體制下係分為五學門，經過討論後認為以十一人為宜；而

條號	條文	說明
		為確保本委員會之獨立性，設召集人及副召集人及一人，由委員間互相選舉產生。而委員會之名單，擬採取訴願審議委員會之公開方式。 二、本條第二項而關於委員之資格及其選任方式部份，討論結果認為現行制度下由國科會副主任委員主持之審議委員會體制，在獨立性方面稍有不足，是故應採取全由會外專家學者組成之委員會體制，而其遴聘方式係由國科會主任委員徵詢各學門召集人意見，自各領域外部學者專家聘任之，係以各相應領域做為分類標準，而不以學門、各處室之名稱做分類標準，各領域之人數為求能公正判斷，是故規定皆不得少於二人，然又因為科教領域之學者多會橫跨其他領域，且實際上發生之案例又較為少，故科教領域之委員特置為一名；又因為違反學術倫理之案件，幾乎皆有涉於法律層面，是故討論結果認為應設法律專業者以便於倫理委員會流程之進行，為恐該法律專業者承受壓力過大，故以二名法律專業者為宜；又因已有二名法律專業者，故於由人文領域遴聘之二名專家學者中，不宜再有法律專業人士。而何謂法律背景，本次討論認為由國科會自行加以認定，若其願意聘任碩乙班、學分班等法律背景人士，亦無妨。
	II 倫理委員會委員由本會徵詢各學門召集人意見後，自會外專家學者中遴聘。其中屬自然、工程、生物、人文領域專業者各二名，科教領域專業者一名，並應有二名具法律背景。	

條號	條文	說明
	Ⅲ倫理委員會委員為無給職。但得依規定酌支費用。	三、違反學術倫理之案件涉及高度道德性,是故做為審議該案件之倫理委員會委員,應本於其於該當領域之學素涵養及高道德聲望加以審議,不宜採有給制;然而仍得依規定酌支費用,此等費用包含車馬費、出席費等。
第十一條(委員之任期)	Ⅰ倫理委員會委員任期二年,得連任一次。第一屆委員中,應有五名委員任期一年。	一、本條第一項係規定關於委員任期,參酌各國立法例,其多係為兩年至四年,且得連選連任;然而為恐委員長期壟斷,故規定為任期二年得連任一次;並決定採取「間隔任期」之制度,使委員間得以經驗傳承。
	Ⅱ委員出缺時,應即依前條第二項之規定補聘之;其任期至原出缺委員任期屆滿時止。補聘之任期逾一年者,視為一任。	二、本條第二項係指在委員會缺額,補足任期原則上雖會減輕主委負擔,惟不補足任期則應可收審議更公正之效;而在採取「間隔任期」之前提下,則委員出缺時,即逕行補足任期即可。蓋間隔任期即可收經驗傳承之效,毋須再由出缺補任使委員之卸任期間不同,而達成前述目的。
第十二條(召集人及執行秘書)	Ⅰ召集人召開倫理委員會會議,並綜理會務。	一、本條第一項係規定召集人之任務,而所謂「綜理會務」,可包含對內主持會議、對外代表倫理委員會等,此則交由國科會為彈性認定。
	Ⅱ召集人因故不能行使職權時,由副召集人代理之;召集人及副召集人均不能行使職權時,由委員互推一人代理之。	二、本條第二項係規定於召集人因請假或因故不能行使職權時,副召集人得發揮其備位之功能,代理召集人召開倫理委員會;然而於副召集人亦因請假或因故不能行使職權時,則由所餘委員共推一

條號	條文	說明
	Ⅲ本會應指派專職人員一名，兼任倫理委員會執行秘書，並應提供人力、經費、空間及其他必要資源，協助倫理委員會處理事務。	人行使召集人之職權。 三、本條第三項關於事務協助機構之規定，討論結果認為行政院國家科學委員會應指定兼任執行秘書一名，而該秘書屬常任編制，其來源係秘書室或綜合處，依國科會內部體制決定之。
第十三條（決議方式）	Ⅰ倫理委員會之決議，應有委員分之二以上出席，以出席委員過半數之同意行之。但依本辦法第三十六條第一項第三款及第四款為終身停權處分者，應有委員三分之二以上出席，以出席委員三分之二以上之同意行之。	一、本條第一項規定關於會議進行方式及決議方式，討論結果認為應依據法律效果強弱而加以區別表決門檻；然而，過高的出席及同意權數，則勢必變相造成賦予少數人否決權，故在經過討論後，認為依情事為一般者或特別嚴重者加以區別，前者以三分之二出席，及出席之半數為門檻；而後者以三分之二出席，出席之三分之二為門檻。本辦法之所以將出席門檻提高至三分之二，係認為違反學術倫理之案件對於當事人影響甚大，為求慎重起見，故要求較一般為嚴格的出席門檻。目前實務上之運作方式，據悉率以全員出席，方召開會議，故本辦法之規定，尚亦難稱其過於嚴格；而所謂情事特別嚴重者，即指本辦法第三十六條第一項第三款及第四款之終身停權者。
	Ⅱ委員於審議案件有行政程序法或本辦法第七條所定情事者，應行迴避；應行迴避之委員不計入前項出席人數。	二、關於委員會審議之迴避規定，除在本辦法第七條已有詳盡的規定，另於行政程序法中亦有規定，故當出席委員有應迴避之情事時，討論結果認為除其行迴避之外，亦不應將該等委員列入出席

條號	條文	說明
		人數當中，以免影響表決之公平性。
第十四條（專案小組）	I 倫理委員會為審議違反學術倫理案件，必要時得組成專案小組。	一、本條第一項係規定倫理委員會如認為有必要時之情況時，例如：案件特別複雜、調查顯有偏頗等，或其他有再為詳細調查必要時，得組成專案小組；此專案小組乃異於調查程序中由各業務處組成之調查小組。
	II 前項專案小組由倫理委員會委員一名及會外之專家學者二名組成，並適用行政程序法或本辦法第七條所定迴避情事。	二、關於本審查小組之組成方式，因為審查小組係？屬於倫理委員會，故由一名委員搭配兩名倫理委員會外之專家加以組成；在此設下，該委員對本案件已有相當之認識，再加以會外專家之意見，期能對案情有更加深入之了解。而本條中之委員，理應有第十三條第二項迴避規定之適用；然則本條中之會外專家，由於亦會對本案為調查，是故實亦有適用迴避規定之需要，然則因專案小組僅做調查並未為判斷，是故僅適用迴避規定，而未就其表決權加以為限制。
	III 專案小組審查結果，應提報倫理委員會審議。	三、本條第三項係規定專案小組就其再為詳細審查之結果，並未有直接審查並做出決定之權限，是故應提報理委員會加以審議。
第十五條（資訊收集）	倫理委員會為執行職務，得以「行政院國家科學委員會學術倫理審議委員會」名義請求其他機關提供資訊；必要時並得對外徵詢意見。	本條規定係為了幫助倫理委員集做成決議之必要資訊，倫理委員會應得以「行政院國家科學委員會學術倫理審議委員會義，請求其他機關為資訊之提供，之所以得以此名義行文之，主要係為了突顯倫理委員會不受干涉公正行事之獨立性；而於必要時，得以公聽會等形式對外徵詢意見。

條號	條文	說明
	第三章　程序 第一節　調查程序		
第十六條 （調查組組成方式）	I 就違反學術倫理案件，本會學術處應依職權或依檢舉，組成調查小組進行調查，並將調查結果提交倫理委員會審議。	一、於調查權之發動，「行政院國家科學委員會學術倫理案件處理及審議要點（以下稱現行規定第三點，僅以依檢舉之方式發動，就未經檢舉之案件即無法予以處理。故本辦法增列調查之發動除被動依檢舉發動之外，亦得主動依職權就違反學術倫理之事項為調查。
	II 調查小組，由本會學術處遴聘與系爭案件學術領域相關之會外學者專家二名，及法律專業人士一名組成；必要時並得請求心理專家一名提供被調查人諮詢協助。	二、現行規定並未有調查小組之設計，本辦法新增之。調查小組之組成，乃由國科會遴聘與係爭案件學術領域相關之會外學者專家二名，以求專業與客觀；又案件之調查事項與方法，多涉及法律層面，故除了係爭案件學術領域專家之外，再增設法律專業人士一名，共同參與調查，以求客觀周延與發現真實。
	III 調查小組之成員，於調查案件有行政程序法或本辦法第七條所定情事者，應行迴避。	三、調查小組為求調查之公正與客觀，因此其成員如有應迴避。
第十七條 （檢舉方式）	檢舉違反學術倫理案件應以書面檢具證據，並附具真實姓名及地址，向本會提出。	參考現行規定第三點前段，規定檢舉所應具備之程式；為求慎重，檢舉應以書面為之，並檢具證據檢舉人之真實姓名及地址，向國科會提出。
第十八條 （得不受理之案件）	I 違反學術倫理案件之檢舉有下列情形之一者，得不予受理：一、不符前條規定。二、檢舉事項顯無理由者。	一、違反學術倫理案件之檢舉，如檢舉方式不合程式，且未有具體事證；或雖合於本辦法第十七條規定之檢舉方式，但檢舉事項為顯無理由者，國科會得不予受理。如檢舉案件雖不合要式規定，

條號	條文	說明
	II 本會學術處依前項擬不予受理之案件，應提交倫理委員會確認。	惟檢舉事項及證據明確且有理由，國科會仍得受理之，或逕以職權發動調查。 二、國科會就不予受理之案件，應提交倫理委員會作確認，參照本辦法第二十九第二項。
	III 違反學術倫理案件涉及非告訴乃論之罪者，本會應移送司法機關偵辦；必要時仍得繼續進行調查或審議程序。	三、案件涉及非告訴乃論之罪者，以非單純之違反學術倫理案件，故參酌45C.F.R.sec.689.5(c)，國科會應移送司法機關偵辦，惟限於涉及非告訴乃論之罪。 四、國科會應移送司法機關偵辦之案件，必要時仍得繼續進行調查或審議程序，不受司法機關偵辦之影響。
第十九條（調查不公開）	I 調查小組所為之調查不公開。	一、違反學術倫理案件之調查程序，在事實未定之前，為避免公開調查可能影響被調查人或特定人、單位等名譽，或影響進行調查，故以調查不公開為原則。
	II 前項之調查，必要時得將進行調查之事實通知被調查人或利害關係人。 III 調查小組就足資辨識檢舉人身分之資料，應予保密。	二、必要時得將進行調查之事實通知被調查人或利害關係人，使其知悉調查情況。 三、參酌現行規定第四點與45C.F.R. sec. 689.5(b)。經檢舉之違反學術倫理案件，調查小組就足資辨識檢舉人身分之資料，例如姓名、地址等，應予保密，以避免檢舉人有擔心遭報復而不予檢舉。
第二十條（調查之方法）	調查小組基於調查事實及證據之必要，得採取下列措施： 一、要求被調查人提出必要之資料、物品或書面答辯。	一、第一款參考行政程序法第四十條與45C.F.R. sec. 689.6（d）(1)、(4)，規定得要求被調查人提出必要之資料、物品或書面答辯。

條號	條文	說明
	二、請求被調查人所屬學術機構協助調查。	二、第二款係參考現行規定第十一點，鑑於有時調查小組於資料取得困難之情形，得請求被調查人所屬之學術機構協助調查。國科會宜於申請規則與契約中明定各研究機構「配合調查義務」。以建立學術慣例與標準。
	三、通知被調查人、利害關係人或其他有助於調查之人到場陳述意見。	三、第三款參考行政程序法第三十九條。基於調查證據與發現真實之必要，得通知被調查人、利害關係人或其他有助於調查目的之相關人士到場陳述意見。
	四、通知相關人員到場實施勘驗。但不能通知到場者，不在此限。	四、第四款參考行政程序法第四十二條，調查小組為瞭解事實真相，不論由何原因發動調查，均得對待證事實之人、地、物實施勘驗。
	五、送鑑定或審查。	五、第五款參考行政程序法第四十一條。基於調查之必要，得將調查資料送交具有專業知識或特別經驗之人或單位鑑定或審查。
	六、訪談、訪查。	六、第六款規定訪談、訪查亦為調查方法之一，主要係考量違反學術倫理案件之特殊性，於進行調查時往往須以訪談、訪查作為調查手段，故增列行政程序法第六節中所無的訪談、訪查，以合乎違背學術倫理案件調查之實際需要。
第二十一條（調查之期限）	調查小組應於組成後二個月內完成調查，必要時得延長一個月。	一、鑑於調查期間不宜過長，時間越長，越難以證明事實。再者，為避免冗長調查造成被調查人與有關單位、調查小組之負累，故縮短調查之期限為二個月，但為求發現真實，必要時得延長一個月。

條號	條文	說明
		二、參考45 C.F.R. sec. 689.(e)，亦有調查期限之規定。
第二十二條（暫時處置）	I 調查小組認為調查案件對於公益或他人權益有急迫且不可回復之重大損害之虞者，得報請本會主任委員為暫時處置。本會主任委員應於二週內作成決定。 II 本會主任委員作成暫時處置前，應給予被調查人陳述意見之機會。	一、參考45 C.F.R. sec. 689.3(c)與689.8(a)之規定。違反學術倫理之行為若對於公益或他人權益有立即不可回復重大損害之虞者，若仍依一般調查程序處理，顯然緩不濟急。為避免造成公益或他人權益之立即不可回復之重大損害，參酌美國立法例，增列暫時處置之規定。暫時處置的定義，請參照本辦法第三條第五款。 二、就制度設計而言，有權作成暫時處置者，得選擇交由國科會或倫理委員會為之。鑑於如由倫理委員會作成暫時處分，必須召開委員會作出決議，國科會再依決議內容作成暫時處置，程序上較為冗長，與暫時處置乃對於公益或他人權益有急迫且不可回復之重大損害之虞之特性有所出入。故本辦法規定直接交由國科會於二週內作出暫時處置，避免公益或他人權益有急迫且不可回復之重大損害發生。 三、暫時處置就被調查人而言，其內容屬於不利益，是故在作成決議前，應當依行政程序法第一〇五條規定給予被調查人陳述意見之機會，以符合正當程序之精神。
第二十三條（暫時處置之再議）	I 被調查人不服前條暫時處置者，得以書面向倫理委員會申請再議。再議之審議期間，原暫時處置效力	一、暫時處置之內容，就被調查人而言屬於不利益，除於作成暫時處置前給予被調查人陳述意見之機外，暫時處置作成後，如被調查人不服，

條號	條文	說明
	不中斷。 II 倫理委員會應於收受申請書後二週內作成決議。	亦應提供其救濟途徑。故本辦法規定被調查人不服暫時處置者，得以書面向倫理委員會申請再議。倫理委員會應於收受申請書二週內作成決議。
	III 前項決議，不得聲明不服。	二、為求暫時處置之早日確定與安定性，被調查人不得再對倫理委員會就暫時處置之決議聲明不服。
第二十四條（職權調查證據）	調查小組應依職權調查證據，不受檢舉內容之拘束；對被調查人有利及不利事項一律注意。	參考行政程序法第三十六條。
第二十五條（論理法則與經驗法則）	調查結果應斟酌全部陳述與調事實及證據之結果，依論理及經驗法則判斷有無違反學術倫理之情事。	一、本條規定調查小組採證之法則。 二、參考行政程序法第四十三條。調查結果應斟酌被調查人、利害關係人與有助調查目的之相關人士等之全部陳述及一切調查證據所得之結果，本於客觀之論理及經驗法則，判斷有無違反學術倫理之情事。
第二十六條（調查結果一：無違反學術倫理之情事）	I 案件經調查後認為無違反學術倫理之情事者，調查小組應將調查報告提交倫理委員會確認。 II 依第二十二條所為之暫時處置，自倫理委員會依前項作成確認時起，失其效力。	一、案件經調查後，即使調查小組調查認為案件並無違反學術倫理之情事者，調查小組亦應將調查結果製作成調查報告，提交倫理委員會確認。 二、參考45 C.F.R. sec. 689.9(b)之規定，於調查期間作成之暫時處置，自倫理委員會確認相對人無違反學術倫理情事之決議作成時起，失其效力。 三、如倫理委員會認為本條案件確有違反學術倫理之情事，

工程倫理

條號	條文	說明
		而未就調查報告予以確認，原有暫時處置效力自無本條第二項之適用，其效力繼續。
第二十七條（調查結果二：違反學術倫理）	I 案件經調查後認為有違反學術倫理之情事者，調查小組應將調查報告送達被調查人，並提交倫理委員會審議。 II 前項調查報告，應記載事實、證據及理由。	案件經調查後，認為有違反學術倫理之情事者，調查小組應將調查報告分別送交給當事人與提交倫理委員會審議。其主要目的在於使當事人知悉調查之結果與倫理委員會以調查報告作為審議之基礎。是故於第二項規定，調查報告，應記載事實、證據及理由。
	第二節　審議程序	
第二十八條（充分審議與不受理之確認）	I 就本辦法第二十六之調查報告或本會學術處認定不受理之案件，倫理委員會得不經討論逕以決議確認；倫理委員會決議不予確認之案件，得請本會原學術處續為調查，或依本辦法第十四條第二項組成專案小組調查。專案小組之調查，準用本辦法第十九條、第二十條與第二十四條至第二十七條規定。 II 就本辦法第二十七條之調查報告，倫理委員會應經充分審議後作成決議。	一、倫理委員會，就內容為認定案件並無違反學術倫理之情事之調查報告或國科會學術處認定不受理之案件，如案件明顯不具爭議性，或明顯無違反學術倫理情事者，並不具討論實益，故得不經討論而逕以決議確認。惟倫理委員會仍得就內容為認定案件並無違反學術倫理之情事之調查報告或國科會學術處認定不受理之案件進行審議。倫理委員會如認為調查報告有瑕疵或案件有受理必要等情事，必要時得請國科會原學術處續為調查或由倫理委員會依本辦法第十四條第二項組成專案小組重為調查。調查之進行，係由調查小組為之，但倫理委員會於必要時，得組成專案小組重為調查，以求發現真實。專案小組重為調查，其調查之程式與方法，與調查小組相同。 二、倫理委員會，就內容為認定案件有違反學術倫理之情事

372

條號	條文	說明
		之調查報告，應經充分審議後，作成決議。本項規定強調審議應當「充分」，不得僅為形式審議。
第二十九條（應通知陳述意見或舉行聽證）	I 倫理委員會擬依前條第二項作成對相對人不利之決議前，應通知相對人陳述意見或舉行聽證。 II 前項聽證，得不公開之。	一、倫理委員會作成之決議，為國科會處分之依據；依行政程序法第一百零二條以下之立法精神，應於處分作成前，給予相對人參與程序之機會，亦即陳述意見或舉行聽證。 二、基於違背學術倫理事件之特殊性，聽證得不公開之。
第三十條（斟酌意見）	倫理委員會之決議，應斟酌全部陳述與調查事實及證據之結果，依論理及經驗法則判斷有無違反學術倫理之情事，並將其決定及理由載明於紀錄。	一、本條規定倫理委員會之決議除應斟酌全部陳述與調查事實及證據之結果，依論理及經驗法則客觀判斷案件有無違反學術倫理情事，並記載於決議記錄之外；更強調倫理委員會應就其斟酌全部陳述之決定與理由亦應「載明」於紀錄；決定理由應載明之要求，乃避免紀錄有缺漏或省略，以力求周延與客觀，且相對人亦可明確知悉其陳述有無經倫理委員會充分審議。二、斟酌之真意，應包含「充分審議（adequate consideration）」與「回應（response）」。
第三十一條（不同意見或協同意見）	倫理委員會委員對於決議有不同意見或協同意見者，得要求將其意見列入前條紀錄。	一、倫理委員會以審議方式作成決議，並非所有列席委員均持同一見解，是故應賦予不同意見或協同意見之委員提出不同意見或協同意見之權利，其他法規如公平交易委員會會議規則，亦有類似之規定。

條號	條文	說明
		二、倫理委員之不同意見或協同意見，原則不對外公開。惟基於尊重參與審議委員之意見，提出不同意見或協同意見之委員，亦得要求將其不同意見或協同意見載入決議紀錄。
第三十二條（審議期限）	倫理委員會應於收受調查報告後二個月內作成決議，必要時得延長一個月。	倫理委員會應於收受調查報告後二個月內作成決議，使狀態早日確定，但必要時得延長一個月。配合本辦法第二十一條可知，調查與審議程序期限最長時間為半年。
第三十三條（無違反學術倫理之決議）	I 倫理委員會認定相對人無違反學術倫理之情事者，本會應通知檢舉人；必要時並應通知相對人或利害關係人。	一、倫理委員會之決議，認定相對人無違反學術倫理之情事者，國科會應依其決議，除通知相對人外，基於學術倫理案件之特殊性，亦應通知檢舉人與相關單位。參考現行規定第十三點，亦有類似規定。
	II 依本辦法第二十二條所為之暫時處置，自前項決議作成時起，失其效力。	二、參考45 C.F.R. sec. 689.9 (b)之規定，於調查期間作成之暫時處置，自倫理委員會認定相對人無違反學術倫理情事之決議作成時起，失其效力。
	III 倫理委員會作成第一項決議時，得併建議本會採取回復相對人名譽之必要措施。	三、若於調查、審議期間，曾使相對人名譽受到損害，倫理委員會於作成認定無違反學術倫理之決議時，得併建議國科會採取必要之措施回復相對人名譽。回復名譽之必要措施，可不拘泥於形式，諸如公告、精神慰撫、登報等均是。
第三十四條（違反學術倫理之決議）	I 倫理委員會認定相對人有違反學術倫理之情事者，本會應按決議內容作成書面處分，送達受處分人、	一、倫理委員會之決議，認定相對人有違反學術倫理之情事者，國科會應依決議內容作成書面處分，除依行政程序

條號	條文	說明
	檢舉人、受處分人所屬學術機構及其他相關單位。 II 前項決議應載明下列事項：一、相對人違反學術倫理之事實及證據。二、處罰之種類及理由。三、陳述及答辯之要旨。四、參與審議委員之姓名。	法有關書面行政處分送達有關規定外，亦應送達予檢舉人，受處分人所屬學術機構以及其他相關單位。 二、參考現行規定第十二點與45C.F.R. sec. 689.9(C)之規定。 三、倫理委員會認定相對人有違反學術倫理之情事之決議，應記載相對人違反學術倫理之具體事實及證據、處罰之種類與理由、斟酌全部陳述之具體回應、參與審議委員之姓名，以明確提供國科會作成處分所需之項目與內容。
第三十五條（處分上網公告）	本會應將違反學術倫理之處分，全文上網公告。但有涉及第三人隱私、國家機密或公開有害公益者，得全部或一部不公開。	違反學術倫理之處分，除依行政程序法及本辦法送達之外，應將全文上網公告，除配合資訊公開外，其目的亦有警惕與端正學術研究風氣。但有涉及第三人隱私、國家機密或公開有害公益者，國科會得經裁量後，選擇全部公開或一部不公開。
	第四章　罰則	
第三十六條（研究經費裁處與處罰種類及其法律效果）	I 就違反學術倫理之行為，倫理委員會應視情節輕重，為下列處分之決議：	一、對於違反學術倫理行為之研究人員或審查人，基於維護學術倫理健全發展目的之考量，倫理委員會得視個案情節輕重，依本條所設之各種處罰種類及效果，對研究人員或審查人為處分之決議，故本條第一項之處分主要係針對研究人員或審查人所設。查現行規定於處分方式之規定中，除研究經費爭議處分方式外，僅有停權終身或若干年之規定（參見行政院國家科學委員會學術倫理案件處理及審議要點九、

條號	條文	說明
		十）。於規定上有處分效果落差過大以及停權年限不明確之處，易生違反學術倫理行為之研究人員無法預見法律效果之弊。爰此次修法針對處罰效果種類部分，參考德、美（45 C.F.R. sec.689）、法國（教育法典L.952-8）以及斟酌我國固有立法例而新增「書面申誡」、「出具擔保」以及「禁止擔任審查人」之處罰種類並保留「停權處分」之處罰，俾使之「輕所當輕，重所當重」以符合「比例原則」。
	一、書面申誡。 二、出具擔保。命行為人於受領或一至三年內申請本會補助時，應取得所屬學術機構出具之擔保，確保其研究行為符合學術倫理規範。 三、一年以上五年以下之停權；情節重大者，得停權至八年以下；情節特別嚴重者，得終身停權。	(一)第一款新增「書面申誡之處分種類，即德文所稱Ruge，係參考德國研究協會、美國國科會（45C.F.R. sec.689.3）之立法例增設，屬於較輕微之處分種類。 (二)第二款新增「出具擔保」之處分種類，此係參酌美國國科會（45C.F.R. sec.689.3）所設。蓋於違反學術倫理行為情形尚非嚴重時，仍得以附條件方式准允研究人員申請補助，以免矯枉過正，反有礙學術研究之發展。 (三)第三款將現行規定中「停權若干年」修法確立停權處分期間為一至五年，情節重大時得加重至八年，特別嚴重時才予以終身停權處分。除符合法律效果明確化外，更使處分效果符合比例原則。至於處分年限之規定，除參考各國立法例外，且斟酌我國實務處分年限之慣例累積，經過相關學者討論

條號	條文	說明
	四、禁止擔任審查人一年以上五年以下；情節重大者，得加重至八年以下；情節特別嚴重者，得終身禁止。	後始認上開年限規定為妥；關於「終身停權」部分應注意本辦法第十三條中決議門檻之規定。 (四)針對第四款「禁止擔任審查人」之新增立法，係將本辦法規範範圍擴張至審查人身上，除參考法國、瑞士立法例外，經草案小組討論後，亦決定將審查人列為本辦法規範之主體（參見本辦法第六條）。蓋我國現行規定並無針對審查人有處罰相繩，致審查人徒有義務卻無法律效果相映，尚若審查人於審查過程中有違反學術倫理行為時，於現行法下，反無處罰之法源基礎。故此次修法增設審查人違反學術倫理行為之處罰。 　至於處分年限部分之說明，同上述(3)之說明。
	II 已核定之補助，經認定違反學術倫理者，除前項第一款、第二款情形者外，應予撤銷或終止補助，並得命返還已撥付經費之全部或一部。	二、本條第二項之處分主要係針對補助所設。查現行規定僅規定研究人員違反學術倫理行為時，得追回全部或部分研究補助費用、研究獎勵費用（參見行政院國家科學委員會學術倫理案件處理及審議要點九）。對於尚未核撥部分之研究經費並無詳細規定，致生規範漏洞或為終止核撥處分，卻苦無法源基礎。經草案小組參考現今實務作法並討論後，認為除本辦法第三十六條第一項第一、二款之處分尚屬輕微而有裁量空間得不命返還外，其餘同條第三、四款之處分，即應命研究人員或審查人返還系爭研究經費。至於研究經費之返還程序，行政

條號	條文	說明
	III作成第一項之決議時，得併要求行為人為更正之聲明。	程序法第一百二十七條已有詳細規定，應適用該條規定；倘若研究人員對系爭應返還研究經費之數額有爭議時，得逕向高等行政法院起訴，以解決雙方間之紛爭。 三、於現行制度下，違反學術倫理行為之研究人員於受停權處分後，對於系爭違反學術倫理之研究成果，並無須為更正之行為，恐誤導學術界或社會大眾對學術成果之理解，故本條第三項特參考德國研究協會立法例規定，並經草案小組討論後，決定增設更正聲明之規定以防誤解。
第三十七條（裁處原則）	違反學術倫理行為之處罰，得併為裁處。但其處罰種類相同，如從一重處罰已足以達成目的者，不得重複裁處。	此條係仿照行政罰法第二十四條第二項規定所設，查前條第二項之各類處罰效果中，如處罰種類不同，且單一之法律效果無法達成維護學術倫理目的時，得合併同項中性質不相牴觸之法律效果於同一處分中，以符本辦法之規範意旨。
第三十八條（追究時效）	I本辦法之追究時效，於十年內未調查而消滅。 II前項期間自違反學術倫理行為發生之日起算。但行為有繼續之狀態者，自行為終了之日起算。	查現行規定中並無追究時效之規定，易致調查小組、專案小組或倫理委員會動輒追究十餘年前之案件，不僅於物證上難以查證，縱是當事人也難以回憶行為時之具體情境，有違追究之正當性與經濟性。 此次修法時，經由學者介紹日本學術界對於違反學術倫理行為「追溯時效」之探討，經草案小組討論後，決定引進此種制度。惟「追訴時效」為我國刑法上之法治用詞，為區別兩者不同，決定以「追究時效」為本辦法之用語。至於追究時效之制度，宜與

條號	條文	說明
		本辦法第一之四條第二款中學術研究依據資料之保存制度相符，應值注意。
第三十九條（加重處分及減免處分事由）	Ⅰ違反學術倫理而有下列情形之一者，倫理委員會得加重其處分：	一、查現行規定中並無規定違反學術倫理行為之研究人員或審查人受處分前，倫理委員會應考量之加重、減免事由，致處分結果與學術研究人員或審查人之法感情相悖，有失個案正義之虞。此次修法參酌美國國科會45C.F.R. sec.620.860，將「加重事由」及「減免事由」分別規定。 二、加重處分部分之規定：本條第一項係屬列舉規定，不得增設其他種類之加重處分事由，否則對違反學術倫理行為之研究人員或審查人之保障明顯不足。
	一、違反本辦法規定一次以上。	(一)本條第一項第一款係參考美國國科會45C.F.R. sec.620.860並經草案小組討論後，認為倘若研究人員或審查人違反學術倫理行為一次以上時（含一次），難謂其係偶發事件，甚或有故意累犯之虞，為求學術倫理之健全發展，宜加重處分使之警惕。 一、系爭行為屬可受該專業領域或社會大眾公評之範圍。
	二、對國科會或所屬學術機構造成嚴重損害。	(二)本條第一項第二款係參考美國國科會45C.F.R. sec.620.860並經草案小組討論後，認若研究人員或審查人違反學術倫理之行為致其所屬學術機構受到嚴重傷害時（如名譽、大眾對該機構研究之信賴降低……等）亦得對該研究人員或審查人為加重處分之考量。

工程倫理

條號	條文	說明
	三、惡意阻擾調查或審議程序之進行。	(三)本條第一項第三款之立法係經由草案小組討論後決定增設。蓋惡意阻擾調查或審議程序之進行，易造成調查小組或倫理委員會需花費更多時間、精神上成本來調查或審議系爭案件，且基於學術研究人員之學術操守本應盡量配合程序之進行為是，故將惡意阻擾調查或審議程序之進行列為加重處分事由之一。 三、本條第二項不同於前項規定係屬於例示規定，於同條第二項第五款設有概括減免事由的規定，既屬減免事由自係有利於行為人之規定，故得不同於前項加重事由而為概括規定，以助個案正義之追求。
	II 違反學術倫理而有下列情形之一者，倫理委員會得減免其處分：	(一)本條第二項第一款係參考日本立法例所增設，蓋若系爭研究行為係屬於大眾或該專業領域可受公評之範圍時，孰是孰非尚在未定之數，故應予倫理委員會裁量空間判斷是否為減輕或免除處分。
	二、違反行為係屬單一事件。	(二)本條第二項第二款之立法，係相對於前項第一款之規定。蓋學術研究人員之培養不易，若違犯行為僅屬偶發之單一事件，且無重複違犯之虞，自得由倫理委員會裁量是否為減輕或免除處分。
	三、對國科會或所屬學術機構之影響係屬輕微者。	(三)本條第三款之立法係相對於前項第二款之規定。蓋若研究人員或審查人違反學術倫理行為致其所屬學術機構僅有輕微之名譽或其他損害時，由於不生嚴重危害於其所屬學術機構，亦無生其他損害之可能，故倫

條號	條文	說明
		理委員會得決議是否減輕或免除其處罰。 (四)本條第二項第四款係相對於前項第三款之規定所設。蓋研究人員或審查人一旦於調查或審議程序進行中，坦承其行為，充分配合且有悔改之意時，不僅可迅速結案，亦得使調查小組或倫理委員會將精神、資源運用在其他需要詳細斟酌之違反學術倫理案件，故應由倫理委員會對其為減輕或免處處罰之處分決議。
	四、於調查或審議程序進行中，坦承其行為，充分配合且有悔改之意。	
	五、有其他具體事證足認應減免處分者。	(五)本條二項既為概括條款，僅須於倫理委員會認有其他具體事證足認應減免處分，並於書面中為具體說明減輕或免除處罰事由，即得為減免處分。蓋若無須於書面中具體說明減免事由時，易生減免浮濫之情形，反有礙學術倫理之健全發展。
	第五章　附則	
第四十條 （保密條款）	Ⅰ依本辦法規定受理檢舉、參與調查或審議程序之人，就所接觸資訊有予以保密之必要者，應予保密。	一、違反學術倫理之行為，就學術研究領域而言屬相當惡劣之行逕，是故對於被調查人將有嚴重影響其名譽之虞。參酌各國立法例，其皆於相關法規中制定保密條款，目的即為確保在該項事實被確認前，被調查人將不會受到社會不當之評價；另一方面，保密條款之設置，亦可保護告發人，使其得以免於不當壓力及輿論之威脅及壓迫。而此保密條款之適用對象，應包含在此一接受檢舉至決定做出之過程中，所有受理檢舉、參與調查或審議程序之人；其對於所接觸之相關資訊且有予以保密之必

條號	條文	說明
	II 本會對於檢舉人或受邀參與程序者,必要時併得提供保護措施。	要者,應予保密。 二、本條第二項係參考德國立法例,特別強調檢舉人之身分保密規定,並且對於其他可能參與程序者身分亦列為保障主體。國科會認必要時,得積極地提供其他保護措施,以求學術研究之正面發展。例如:國科會對檢舉人或其他可能參與程序者之研究活動,應於相當期間內注意使其不受刻意報復或不公平對待。
第四十一條(審中之申請案不因調查而停止)	被調查人於本會待審之其他申請案,不因依本辦法所為調查或審議程序之進行,停止其審查。	本條係參考美國國科會(NSF45C.F.R.sec.689.7(b)之規定。因本條不停止審查之案件事後有牽連應注意是否有附款93條之適用。此外,就計畫執行同意書、申請注意事項之規定,應全面配合檢討修正。
第四十二條(調查人所屬學術機構未積極配合調查之不利益)	被調查人所屬學術機構未能確實配合依本辦法所為調查程序,或干擾、阻礙調查程序者,本會得依調查小組或倫理委員會之建議,視情節輕重減撥其次年度後之專題研究計畫管理費。	本條係和第二十條第二款所相應之配套規定,係要求國科會明訂「配合調查義務」;蓋就違反學術倫理行為之調查,除被調查人之配合外,所屬研究機關亦居於協助之重要角色,是故賦予國科會得依調查小組或倫理委員會之建議,視情節輕重減撥其次度後之專題研究計畫管理費。而關於此等義務,討論結果認為應僅限於調查程序,蓋因審
第四十三條(精神關懷)	被調查人因本辦法之調查或審議致生精神困擾者,本會得建請其所屬學術機構提供精神諮商或治療。	本條係參酌日本法之規定;蓋受調查及審議程序對於從事研究之人員而言,實則係一種對其專業能力相當不信任之作法,是故極可能使被調查人產生精神上困擾。因此,基於確保被調查人學術研究能力之考量,本辦法賦予國科會得建請其所屬單位提供精神諮商或治療。

條號	條文	說明
第四十四條（改進方案之提出）	處分人所屬學術機構應將其針對該違反學術倫理行為之處置知會本會，並提出為防範相同或類似行為再度發生之改進方案。	對於違反學術倫理之行為，本辦法規範之對象實僅限於申請國科會補助之案件；然而對於確保學術研究之品質，做為研究指標之國科會實不能輕忽自己之職責，故應以國科會為中心，並要求各學術研究機構配合國科會，建構出完整的對應網絡；為建制此網絡，本辦法爰要求受處分人所屬學術機構應將其所為之處置狀況知會國科會，並要求其提出相關之防範改進方案。希以國科會為中心，各學術研究機構為輔助，為防範違反學術倫理行為之發生，共同努力。
第四十五條（過渡條款）	I 本辦法施行日前已受理檢舉而尚未進入調查程序之違反學術倫理案件，應依本辦法進行調查及審議程序。 II 本辦法施行日前已進入調查程序而尚未完成調查之違反學術倫理案件，按原調查程序完成調查後，依本辦法第二十七條或第二十八條規定辦理。 III 本辦法施行日前已調查完畢之違反學術倫理案件，應依本辦法第二十七條或第二十八條規定辦理。	一、本條係規範本辦法及行政院國家科學委員會學術倫理案件處理及審議要點之過渡條款。此係依據程序從新；實體原則從新，然當事人得選擇從舊。 二、本條第一項係規定在本辦法施行日前已受理檢舉而尚未進入調查程序之案件，蓋因其僅係受理檢舉，仍尚未至調查及審議階段，是故依本辦法之立法精神，關於調查及審議階段應適用本辦法。此係因本辦法對於當事人之保護，無論於程序或上實體上都較舊要點明確且厚實，故應使其適用新法規定。 三、本條第二項係規定在本辦法施行日前已進入調查階段之案件，關於原調查程序，為恐變更調查方式造成更多程序上之不利益；故規定仍依原調查程序作成調查報告，然而關於審議之程序，由於本辦法對此方面賦予更加厚實之保障，是故審議仍應

條號	條文	說明
		由倫理委員會依本辦法第二十七條或第二十八條為之。原調查程序依舊，僅須其最後提出調查報告。處罰效果新法較舊法新，舊法僅有停權和終身停權兩種，實體構成要件方面，新法也較舊法輕。 四、本條第三項係規定在本辦法施行日前已調查完畢之違反學術倫理案件，由於本辦法對審議程序方面賦予更加厚實之保障，故審議仍應由倫理委員會依本辦法第二十七條或第二十八條為之。
	IV倫理委員會按前三項程序，為認定違反學術倫理行為並作成處分之決議者，應適用第五條及第三十六條規定。但當事人得請求適用行為時之行政院國家科學委員會學術倫理案件處理及審議要點。	五、本條前三項之規定，皆在處理有關程序方式之規定，然而就實體而言，並未為相關之處理；是故在第四項，即以實體從新從輕為原則。蓋就處罰效果而言，新法較舊法輕，舊法僅有停權及終身停權、追回全部或部份研究補助費及追回研究獎勵費等三種類型，並未若新法中之規範明確，故新法對於當事人而言實屬較有利；而關於實體構成要件方面，新法也較舊法輕。唯此並非否定當事人不得選擇舊法下之實體要件為其審議之標準，蓋之所以在實體上依從新從輕原則適用新法，無疑係認為此對當事人而言實屬有利，然而若當事人有反對意見而欲適用舊法時，本辦法亦尊重當事人之決定。
第四十六條（施行日）	本辦法自發布日施行；行政院國家科學委員會學術倫理案件處理及審議要點自同日失效。	未特定明確日期，發布日如何決定由國科會自己認定之，唯國科會應確保適當之宣導日。

習題：

（　　）1. 下列哪一個選項不是前哈佛大學校長Derek Bok在大學教了沒一書，所提的大學生需培養之具備條件之一？　(A)溝通能力　(B)道德推理的能力與實踐的意　(C)賺錢能力　(D)迎接全球化社會的能力。

（　　）2. 下列哪一個選項不是企業主挑選員工首重之三大特質？　(A)工作態度　(B)學歷　(C)責任感　(D)學習精神。

（　　）3. 如何才能成為老闆最愛的員工？　(A)抱怨問題而不是解決問題　(B)把事情做的好而不是只是做好　(C)把不知道的事先提出問題再去學習　(D)消極面對問題而直接為失敗找藉口。

（　　）4. 下列哪一個選項不是提昇人際關係良方？　(A)記得別人名字　(B)多談別人感興趣的事　(C)大量的讚美　(D)保持笑容與熱忱。

（　　）5. 下列哪一種態度不能幫助在工作場所建立人脈？　(A)樂於向前輩請教經驗　(B)後輩提供善意的幫助　(C)積極爭取自己福利　(D)樂觀幽默。

（　　）6. 下列哪一選項不是新鮮人五要之一？　(A)工作努力以赴，態度要親切　(B)對事力求表現，說話要苛薄　(C)事前全力以赴，事後要分功　(D)關心整體利益，團隊要合作。

（　　）7. 台灣哪一個政府機構負責監督違反學術倫理之行為？　(A)立法院　(B)新聞局　(C)國科會　(D)法務部。

（　　）8. 下列哪一選項不屬於研究者違反學術倫理之行為？　(A)造假　(B)人身傷害　(C)剽竊　(D)類似成果重複發表。

（ ）9. 寫作報告或論文時，何謂不當之抄襲行為？ (A)整句或整段照抄別人文章 (B)按原意重新整理寫出一句或一段文章 (C)適當加註參考出處 (D)先徵詢原作者之同意。

（ ）10.在整理實驗數據時，何為違反學術倫理之情事 (A)加註實驗圖片上之更動 (B)有統計意義的實驗數據 (C)隱藏不佳之實驗數據或以軟體修飾實驗照片 (D)附比例尺之實驗照片。

7　環境倫理

序言

　　二次世界大戰後，由於工業化生產而造成的空氣、水、土壤及廢棄物污染，使人類首次意識到人為活動會對環境造成傷害。早在1962年，美國作家卡森的知名小說〈寂靜的春天〉中，已描寫殺蟲劑對空氣、水以及野生動物的迫害。後人形容該書是美國環境運動的起始。在此之後，美國國會於1963年通過空氣清潔法案，1965年通過固體廢棄物法案，1966年通過水資源法案，1969年更兩度通過美國國家環境政策法案。其立法目的摘錄於下：「美國國會認為人類活動對自然環境所有成員的互相關係產生嚴重影響……，更認為恢復和維持環境品質的人類福利和發展具有特別的重要性。」

　　聯合國在1972年於瑞典斯德哥爾摩召開人類環境會議。會議中發表了「人類環境宣言」，摘錄部分重要內容如下：「人類是環境創造的，也是環境的主要改造者。若能明智地運用此一能力，不僅人類得享開發之利益，也有機會改善生活品質，反之，會給人類本身帶來難以估計的災難。」

第一節　回顧工程倫理

由於本書適用於大學工程科系二年級以上的學生使用，各位的通識課或基本科目一定有英文與數學等。但是關於倫理課程學的就少了，特別對於土木、環境、水保等須以大型工程施作於土地上的科系而言，環境大地的運作原則不可不知。因此簡單來說工程倫理在於：

(1)道德爭議與決策

(2)工程與道德兩難

(3)難題、議題、爭論

各人的成長背景、興趣與所學專長不同，自然而然對同一件事情的看法也不同，也就有你同意我不同意的難題，如果工程施作者不顧一切照圖施工，不可避免地會引來議論或爭論。各執己見的後果就是群眾的抗爭，這是大家不願見到的。

如果我們仔細看看大自然所擁有的價值：

(1)維生的價值

(2)經濟的價值

(3)娛樂的價值

(4)科學研究的價值

(5)美感的價值

(6)生物多樣化價值

(7)歷史文化的價值

(8)性格塑造價值

(9)穩定與自發的價值

(10)辯證的價值

上述的大自然十大價值中，「維生」就是維持生物生存的基本能力；「經濟」就是農作生產帶來利潤；「娛樂」就是遊玩的空間，如溪谷海邊的垂釣活動。「科學」研究就不用多說。「美感」指的是生動、自然山景、鳥語景色。「生物多樣性」指的是自然演化造成的許多物種繁榮生存的世界。「歷史文化」是指過去的歷史文物或古蹟遺跡的存在；「性格塑造」指的是天然或生存環境對人的影響；「穩定與自然的價值」是指天然的景象，如水往下流等亙古不變的現象；「辯證的價值」是指驗證的實現，例如曾有科學家預言了彗星在200年後將會回來，對於100年前的人而言，200年後彗星回不回來，誰知道，但歷史資料留下來給後世人們去驗明。

隨著網際網路的發達與普及與跨界應用盛行，商業行為早已經超越國界，因此全球化已是現在式，但一昧地全球化就沒有問題嗎？還是有的，主要有以下五點常見爭議來源：

1.跨國公司的管理問題

2.相對價值的衝突

3.應盡的國際權利與義務

4.道德測量的標準

5.國內外技術轉移的適用與法規問題

圖7.1　黑暗中的燭光給人溫暖，一如大自然給人穩定的性格塑造

第二節　環境的議題

　　環境議題蓋能源使用、人口成長、野地和物種保存、空氣汙染、水汙染、有害廢棄物、資源保護、大氣層和氣候變遷。

　　當代的環境倫理大師為柯倍德和羅斯頓，他們認為環境倫理是人對自然的道德關係，其理論應涵蓋：

　1.解釋標準究竟是什麼

　2.解釋人對誰或東西負責

　3.說明這些責任是正當的

　　環境倫理學的研究主題

　　(1)人對自然應有理念

　　(2)人對萬物應有看法

　　(3)人對眾生應有態度

所謂自然資源，可分為：

(1)無匱乏性資源：風力、潮汐、太陽能、水力、原子能、地熱等。

(2)可匱乏性資源：地力、作物、湖泊、人力、礦物、原油等。

而經營保育生態環境的社會目標可分為：

(1)為保存生態系統之功能

(2)為保存生態結構

(3)為成全人類利益

　　1988年，聯合國環境規劃署與世界氣象局共同設立氣候變化專利委員會，該委員會在1990年提出關於氣候變遷的問題是全球性的，須以全球性公約處理。進而催生了1997年的京都議定書以限制二氧化碳排放的增長。目前此一議題確定以全球排放量交易方式處理。這個看起來可行的方法，存在著兩個須思考的問題：如何準確測量各國的CO_2排放量。若貧困的國家利用排放量交易帶來的好處來改善國內經濟，是美事一件，反之，則變成獨裁者的金庫。因此如何防止是法律的執行問題。二次世界大戰後，同盟國於紐倫堡設立審判戰犯的國際軍法庭，法庭規章中指出對於下列三種罪行有管轄權：破壞和平罪、戰犯罪、違反人道罪。而無論這些行為在所發生國內是否違法，均為罪行。企業和政府一樣，對民眾的生活扮演極重要的角色，並對環境造成巨大影響，然而，除非有利可圖，否則倫理學難以落實到企業上。國外的個案如聯合化學公司在維吉尼亞州的工廠被控蓄意排放十氯酮，最終被判1320萬美元罰款。法官認為被告聲稱一切都是無知且無意疏失是不成立的。故企業從業人員需注意事項：

　1.當道德決策變複雜時，它就不再是絕對的對或者錯！

　2.不要利用複雜性來逃避應負的責任

3.認知到環保決策上舉證責任將轉移到那些希望引進改變的人身上

4.思考要長遠，至少要十年

5.施予別人的風險應該降低於你能接受的

第三節　環境權

所謂「環境權」是指為後代子孫使用環境的權力預做準備。在國內，中華民國憲法在當初制訂時並未有環境權的概念成形。在現在，已經有許多國家將環境權的概念納入憲法當中。因此，在1995年增修條文時，在第18條條文中，已納入環境權的意思，但不夠明確。後來在2000年通過的「環境基本法」中才將完整的環境權宣示。此外國內學者葉俊榮教授認為應將環境權定性為參與環境決策的決策權。

在國外，環境基本法通常是準憲法位階。也就是說當許多的法令與環境基本法衝突時，幾乎視同違憲。聯合國對於環境權之定義如下：「身為人類我們分享同一世界（生態圈），對環境的顧慮需跨越國界」。作者認為在國內，對環境的顧慮首重於確保經濟發展，環境議題不應也不該是政治的議題。

圖7.2　盛夏的花草格外翠綠，但20年後還能這樣美麗嗎？

圖7.3　遭雨水沖蝕後裸露的山坡地，常導因於人們過度使用土地

第四節　環境基本法的條文與說明

第一條　為提升環境品質，增進國民健康與福祉，維護環境資源，追

求永續發展，以推動環境保護，特制定本法。本法未規定者，適用其他法律之規定。

說明：有關環境保護事項，應優先適用本法之規定。本法未規定者，適用其他法律之規定，爰於本條末句訂明。

第二條　本法所稱環境，係指影響人類生存與發展之各種天然資源及經過人為影響之自然因素總稱，包括陽光、空氣、水、土壤、陸地、礦產、森林、野生生物、景觀及遊憩、社會經濟、文化、人文史蹟、自然遺蹟及自然生態系統等。

永續發展係指做到滿足當代需求，同時不損及後代滿足其需要之發展。

說明：人為影響之自然因素，包括景觀及遊憩、社會經濟、文化及人文史蹟等。水係指以任何形式存在之地面水及地下水，海洋亦包括在內；濕地係動植物棲息環境之一，屬於自然生態系統之一環。

第三條　基於國家長期利益，經濟、科技及社會發展均應兼顧環境保護。

但經濟、科技及社會發展對環境有嚴重不良影響或有危害之虞者，應環境保護優先。

說明：經濟、科技及社會發展已開創臺灣地區之繁榮富足，而環境保護在於確保國民的豐富生活內涵，提昇生活環境品質。因此，環境保護與經濟、科技及社會發展應兼籌並顧。但經濟、科技及社會發展對環境有嚴重不良影響或危害之虞者，應對環境保護優予考慮。

第四條　國民、事業及各級政府應共負環境保護之義務與責任。

環境污染者、破壞者應對其所造成之環境危害或環境風險負

　責。

　　前項污染者、破壞者不存在或無法確知時，應由政府負

　責。

說明：環境保護不能僅依賴政府，應由全體國民、事業與政府協同合

　　　作，也唯有全民參與，環境保護始得克竟全功。為符合公平正

　　　義，同時貫徹污染者負責原則，原由民眾共同承擔之環境污染

　　　責任，在污染者確認後，應向污染者追償，要求其負責。

第五條　國民應秉持環境保護理念，減輕因日常生活造成之環境負

　　　荷。消費行為上，以綠色消費為原則；日常生活上，應進行

　　　廢棄物減量、分類及回收。

　　　國民應主動進行環境保護，並負有協助政府實施環境保護相

　　　關措施之責任。

說明：國民消費行為及日常生活，均會帶來環境負荷，故應落實綠

　　　色消費及廢棄物減量、分類及回收工作，以減少廢棄物之產

　　　生。

第六條　事業進行活動時，應自規劃階段納入環境保護理念，以生

　　　命週期為基礎，促進清潔生產，預防及減少污染，節約資

　　　源，回收利用再生資源及其他有益於減低環境負荷之原

　　　（材）料及勞務，以達永續發展之目的。

　　　事業應有協助政府實施環境保護相關措施之責任。

說明：事業之生產活動，應自規劃階段納入環境保護理念，以生命週

　　　期為基礎，促進清潔生產。

第七條　中央政府應制（訂）定環境保護相關法規，策定國家環境保

　　　護計畫，建立永續發展指標，並推動實施之。

　　　地方政府得視轄區內自然及社會條件之需要，依據前項法規

及國家環境保護計畫，訂定自治法規及環境保護計畫，並推動實施之。

各級政府應定期評估檢討環境保護計畫之執行狀況，並公布之。

中央政府應協助地方政府，落實地方自治，執行環境保護事務。

說明：環境保護工作內容龐雜，有賴中央及地方政府共同努力，中央政府制（訂）定法規、策定計畫，與各相關部會及地方政府共同推動，爰於第一項及第二項明訂。第三項規定各級政府應定期評估檢討其環境保護計畫之執行，以肯定績效或作為修正法規及計畫之參考。地方政府係實際擔負執行工作，更是環境保護工作落實推行的關鍵，中央政府應協助地方政府，方能達到預期效果。

第八條　各級政府施政應納入環境保護優先、永續發展理念，並應發展相關科學及技術，建立環境生命週期管理及綠色消費型態之經濟效率系統，以處理環境相關問題。

說明：提升環境保護之科學及技術，可使環境保護相關問題，以科學技術之方法解決。

第九條　各級政府應普及環境保護優先及永續發展相關之教育及學習，加強宣導，以提昇國民環境知識，建立環境保護觀念，並落實於日常生活中。

說明：環境意識模糊，直接形成對污染行為不自覺或過猶不及之反應。各級政府應普及環境教育及舉辦相關活動，建立國人對環境正確之價值判斷與行為模式。不僅要知，更應身體力行。

第十條　各級政府應由專責機關或單位規劃、推動辦理及輔導有關環

境保護事務。

各級政府應寬列環境保護經費，並視實際需要合理分配之。

說明：環境保護工作涉及各級政府及各相關政府部門之業務，需共同合作協調才能完成。故各級政府應設環境保護機關，各相關機關需設環境保護專責單位辦理或輔導有關環境保護事務。我國政府環境保護經費與先進國家相較比例偏低，地方政府尤以偏遠及特殊地區更為明顯，因此應寬列環境保護經費，並視實際需要合理分配，實屬必要。

第十一條　各級政府得聘請環境保護有關之機關、團體代表及學者專家備供諮詢。

各級政府得邀請有關民眾與團體共同參與加強推動環境保護工作。

說明：環境問題經緯萬端，環境保護工作必須整合科學技術、行政管理及國家資源，並調合民眾意向，方得以順利推展。因此政府得聘請環境保護有關之機關、團體代表及學者專家備供諮詢，使環境保護工作更週詳，推動更有效。

第十二條　中央政府應推動地球永續發展相關之國際合作與技術協助、工程技術及試驗研究，並公開相關資訊，以利國民、事業運用；地方政府亦得視需要辦理之。

說明：中央政府需主導國際合作及試驗研究等工作，引進先進國家之環境保護成果，以利我國環境保護工作迎頭趕上世界水準。地方政府為配合中央政府推動國際環境保護合作事務、工程技術及試驗研究，得依地方特性及需求，辦理地方性地球環境保護相關之國際事務。

環境是跨越國界，有些更是相互影響的，例如溫室效應、臭氧層破壞等。對於開發中國家，我國有必要協助其改善當地環境生態，促進環保外交。

第十三條　中央政府應辦理環境保護專業訓練，建立環境保護專業人員資格制度，以提升環境保護工作品質。

事業應依環境保護相關法規設置環境保護專責單位或人員，並訂定環境保護計畫實施之。

說明：中央政府應有環境保護人員教育與訓練之責，以提升工作人員素質，且環境保護工作有其專業性，非經特別教育、訓練之人員無法勝任，在環境保護工作日趨重要之際，有建立環境保護專業人員資格制度之必要。事業生產過程中，所產生之廢氣、噪音、惡臭、廢水、廢棄物等，佔環境污染總量的大宗，業者應本其社會責任設置專責單位或人員，綜理環境保護有關工作。

第十四條　法院為審理環境保護糾紛案件，得設立專庭或指定專人辦理。

說明：為因應日趨複雜之環境保護糾紛事件，保障國民合法權益，參照道路交通管理處罰條例規定，明定法院得視需要設立專庭（專門法庭）或指定專人辦理環境保護糾紛案件。

第十五條　各級政府對於轄區內之自然、社會及人文環境狀況，應予蒐集、調查及評估，建立環境資訊系統，並供查詢。

前項環境資訊，應定期公開。

說明：各級政府對於環境資訊系統等有關資料之蒐集、調查及評估為推展環境保護工作之基礎，為建立環境資訊系統，應收集轄區內自然、社會及人文環境資料，以有效掌握環境狀況，並供查

詢；且應定期公開環境資訊。

第十六條　各級政府對於土地之開發利用，應以高品質寧適和諧之環
　　　　　境為目標，並基於環境資源總量管制理念，進行合理規劃
　　　　　並推動實施。

　　　　　前項規劃，應優先考慮環境保護相關設施。

說明：土地及其孕育之資源，為人類及其他生物賴以維生之基礎，為
　　　使人類生活得以合理發展，自然獲得適當調適，各級政府對
　　　於土地開發利用應禁止不當使用，以保億萬年之生機。環境保
　　　護相關設施，係指為改善環境而建設之相關硬體設備，如垃圾
　　　掩埋場、焚化廠、污水處理廠（場）、隔離綠帶、公園等設
　　　施。

第十七條　各級政府為維護自然、社會、人文環境，得視自然條
　　　　　件、實際需要及兼顧原住民權益劃定區域，採取必要之措
　　　　　施或限制人為活動及使用。

　　　　　各級政府應視土地使用及人為活動限制程度，予以補償及
　　　　　回饋。

說明：為維護生態系統之平衡、自然界基因庫之完整，並保存社會及
　　　人文環境資源及景觀，各級政府得視自然條件及實際需要，
　　　分別劃定限制發展區，採取必要之保護、管理措施或限制人為
　　　活動。目前政府規劃之各類型保護區總面積約佔台灣陸域面積
　　　的19%，往往忽略原住民權益，而限制其活動及使用。為採取
　　　必要之措施或限制人為活動及使用，對受限制者而言，其權益
　　　相對也受到限制，政府機關應視限制程度給予適當的補償及回
　　　饋。

第十八條　各級政府應積極保育野生生物，確保生物多樣性；保護森

林、潟湖、濕地環境，維護多樣化自然環境，並加強水資
　　　　源保育、水土保持，及植被綠化工作。

說明：多樣化自然資源及生物多樣性，為自然保育重要之一環，各級
　　　　政府應自發且積極保存其轄區內野生生物、森林、潟湖及濕地
　　　　等自然環境，以維護生態環境之完整。

第十九條　各級政府對非再生性資源，應採預防措施予以保護；對於
　　　　　已超限或瀕臨極限利用之稀有資源，應定期調查評估，並
　　　　　採改善或限制

說明：各級政府對於非再生性資源及瀕臨絕滅之珍稀生物，基於環境
　　　　保護之需要，應採預防措施保護之。

第二十條　各級政府應積極採取各種措施，保護海洋環境、強化海岸
　　　　　管理，並防制地下水超限利用、地層下陷及海岸侵蝕。

第二十一條　各級政府應積極採二氧化碳排放抑制措施，並訂定相關
　　　　　　計畫，防止溫室效應。

說明：由於全球二氧化碳大量排放，導致全球氣候驟變，對生態造成
　　　　重大影響，各級政府有責任抑制二氧化碳之排放，以防止對自
　　　　然環境造成傷害。

第二十二條　各級政府應積極研究、建立環境與健康風險評估制
　　　　　　度，採預防及醫療保健措施，降低健康風險，預防及減
　　　　　　輕與環境有關之疾病。

說明：人體健康與環境息息相關，各級政府應積極研究、建立環境
　　　　與健康風險評估制度，採預防及醫療保健措施，降低健康風
　　　　險，預防及減輕與環境有關之疾病。

第二十三條　政府應訂定計畫，逐步達成非核家園目標；並應加強核
　　　　　　能安全管制、輻射防護、放射性物料管理及環境輻射偵

測，確保民眾生活避免輻射危害。

說明：過去曾發生輻射異常事件，引起紛爭，且電磁爐、通訊設備、高壓電線等產生之非游離輻射所引起之健康影響，均應建立制度，採取防制措施。

第二十四條　中央政府應建立環境影響評估制度，預防及減輕政府政策或開發行為對環境造成之不良影響。

說明：中央政府有關機關應建立環境影響評估制度，使政府政策或開發行為於規劃時，即能充分分析其對環境可能之影響，並經由居民參與，廣納意見，發揮環境保護之效果。

第二十五條　中央政府應視社會需要及科技水準，訂定階段性環境品質及管制標準。

　　　　　　地方政府為達成前項環境品質標準，得視其轄區內自然及社會條件，訂定較嚴之管制標準，經中央政府備查後，適用於該轄區。

　　　　　　各級政府應採必要措施，以達成前二項之標準。

說明：環境保護工作艱鉅，非一蹴可及，須分階段性實施，故於第一項明定中央政府有關機關應視客觀條件，訂定階段性環境品質及管制標準，以保障國民健康。環境問題與地方關係密切，為因應地方特性，使環境品質與污染防治、自然保育管制標準能因地制宜，爰於第二項明定地方政府得視轄區內自然及社會條件，訂定較嚴之管制標準，經中央政府備查後，適用於該轄區。為達到前項之目標，各級政府均應採必要措施，爰於第三項明定之。

第二十六條　中央政府對於環境污染行為，應建立事前許可、機動查核及事業自動申報制度，以有效管制污染源。

中央政府對於稀有資源及自然與文化資產之利用，應
建立事前許可、管制及稽查制度，以有效保育自然資
源。

說明：為確保環境品質，中央政府有關機關應依環境品質標準，視轄
區內自然界之自淨能力及污染總量之容許程度，建立污染源
事前許可、機動查核及事業自動申報制度，以有效管制污染
源；對於稀有資源及自然與文化資產，中央政府有關機關除了
建立事前許可制度之外，亦應管制及稽查，以有效保育自然資
源。

第二十七條　各級政府應建立嚴密之環境監測網，定期公告監測結
　　　　　　果，並建立預警制度，及採取必要措施。

說明：為掌握環境品質及生態，各級政府應選擇適當地點設立監測
站，建立連線作業，完成全國性環境監測網，並定期公告監測
結果。另中央政府對地方政府建立之環境監測站及公告監測結
果，應進行定期或不定期查核；而對於公害之發生，各級政府
應建立預警制度，及採取必要因應措施。

第二十八條　環境資源為全體國民世代所有，中央政府應建立環境污
　　　　　　染及破壞者付費制度，對污染及破壞者徵收污染防治及
　　　　　　環境復育費用，以維護環境之永續利用。

說明：污染者付費制度，在使造成環境污染之社會（或外部）成本
內部化，其效果一方面使污染防治及環境復育之費用公平負
擔，再者可使污染減量，並提高社會整體利益，此制度已廣
為先進國家採用。目前社會各界已有污染者付費的觀念，但對
於濫墾、濫伐，濫葬、盜採砂石等環境破壞者都無法有效抑
制，浪費資源層出不窮，因此應徵收環境復育費。

第二十九條　行政院應設置國家永續發展委員會，負責國家永續發展
　　　　　　相關業務之決策，並交由相關部會執行，委員會由政府
　　　　　　部門、學者專家及社會團體各三分之一組成。

說明：國家永續發展委員會應扮演擬定國家永續發展政策之角色，並
　　　協調各部會落實執行委員會決議，因此行政院應將現今的國家
　　　永續發展委員會與行政院經濟建設委員會合併，主委仍由副院
　　　長兼任，成員除重要部會首長外，並應由各學術單位和民間生
　　　與著重之人士分配比例出任，改變現今花瓶與樣板角色。

第三十條　　中央政府為有效整合及推動維護環境資源之政策及相關事
　　　　　　務，應設置環境資源專責部會。

說明：為建構完整的環境體系，並讓環境相關事權能統一統籌規劃與
　　　管理，中央政府應設置環境資源專責部會，以有效整合及推動
　　　維護環境資源政策及相關事務。

第三十一條　中央政府應依法律設置各種環境基金，負責環境清
　　　　　　理、復育、追查污染源、推動有益於環境發展之事
　　　　　　項。

說明：基於空氣、水、土壤、廢棄物等相關污染問題，中央政府應設
　　　置各類環境基金，基金由政府編列預算與事業者繳納費用組
　　　成，負責環境清理、復育、追查污染源、推動有益於環境發展
　　　之事項。

第三十二條　各級政府應加強環境保護公共建設，提升環境品質，並
　　　　　　對受益者或使用者徵收適度費用。事業應加強興建相關
　　　　　　環境保護處理設施。

說明：過去由於普遍忽略環境保護之重要性，致環境保護公共建
　　　設，如都市下水道、截流設施、污水處理廠（場）、垃圾衛生

掩埋場、垃圾焚化廠等均不敷使用,造成河川污染及廢棄物污染等,故應儘速規劃建設,以改善生活環境。環境保護公共建設完成地區,不僅能解決該區之環境問題,並能提升該區之生活品質,故應對該環境保護公共建設受益者或使用者徵收適度費用。環境品質之提昇,除建設污水下水道、垃圾焚化廠、掩埋場等公共建設外,亦應由事業興建廢棄物固化處理、熱解等設施,全面解決污染物。

第三十三條　中央政府應建立環境糾紛處理制度,加強糾紛原因鑑定技術及舉證責任之教育訓練及研究發展,提供適當糾紛處理機制。

中央政府應建立環境相關之緊急應變、損害賠償、補償及救濟制度。

說明:為使政府、事業及國民得以公平地解決環境糾紛,有必要建立法制化之環境糾紛處理制度,以適當之糾紛處理機制,解決問題。於環境糾紛中之受害者應有合理管道申訴;各級政府亦應以合理之調處、調解及裁決方式仲裁,使受害者得以迅速獲得賠償、補償及救濟。公害因素錯綜複雜,基於預防及危機排除原則,中央政府應建立環境相關之緊急應變制度。

第三十四條　各級政府疏於執行時,人民或公益團體得依法律規定以主管機關為被告,向行政法院提起訴訟。

行政法院為判決時,得依職權判令被告機關支付適當律師費用、監測鑑定費用或其他訴訟費用予對維護環境品質有具體貢獻之原告。

說明:為督促政府能徹底執行環境保護工作,各級政府疏於執行時,人民或公益團體得以主管機關為被告,向行政法院提起訴

訟。

第三十五條 中央政府應獎勵環境保護學術及研究機構充實設備、延攬及培訓人員、引進先進科技、整合研究資源，加速環境保護科技示範計畫及研究發展。

說明：環境保護無論學術方面或實際工作，均為科技合。我國啟蒙較遲，為求迎頭趕上先進國家之水準，應從設備投資、人才延攬、培訓及技術引進等方面積極進行，俾建立本土化的環境保護科技。環境範圍甚廣，影響因子亦多，亟賴產、官、學、研加以協調整合，避免不必要之設備及研究。同時，應進行環境保護科技示範計畫，有效落實解決我國環境保護問題。

第三十六條 各級政府應採優惠獎勵措施，輔導環境保護事業及民間環境保護團體發展，及鼓勵民間投資環境保護事業。
　　　　　中央政府應輔導、管理環境保護事業，以提昇環境保護工程、服務品質。

說明：環境保護工作範圍廣泛，所需人員、技術、資金及設備，均非政府所能獨力負擔，爰明定由各級政府訂定獎勵或輔導措施，並鼓勵民間參與投資環境保護事業，以協助推動環境保護工作。

第三十七條 各級政府為求資源之合理有效利用及因應環境保護之需要，對下列事項，應採適當之優惠、獎勵、輔導或補償措施：

1.從事自然、社會及人文環境之保護。

2.研發清潔生產技術、設備及生產清潔產品。

3.研發資源回收再利用技術。

4.再生能源之推廣及應用。

5.研發節約能源技術及設置節約能源產品。

6.製造或設置污染防治設備。

7.為環境保護目的而遷移。

8.提供土地或其他資源作為環境保護之用。

9.從事環境造林綠地。

10.其他環境保護有關事項。

說明：為加速推展環境保護工作，各級政府對於從事環境保護相關工作、開發環境保護技術或提供土地或其他資源供環境保護之用者，應予適當獎勵。

第三十八條　各級政府應採行必要措施，以促進再生資源及其他有益減低環境負荷之原（材）料、製品及勞務之利用。

各級政府之採購，應以再生資源製品及環境保護標章產品為原則。

說明：為有效利用再生資源及推廣使用符合「省資源、低污染、可回收」之環境保護標章產品，各級政府應採行必要措施全面推廣。

第三十九條　各級政府應確實執行環境保護相關法規，對於違反者，應依法取締、處罰。

說明：對於違反環境保護相關法規者，雖經輔導仍無法改善至合於管制標準者，各級政府為維護全體國民之利益，應依法取締、處罰。

第四十條　為促使國民、事業及各級政府深植環境保護理念，共同關懷環境問題，特訂定六月五日為環境日。

說明：六月五日為聯合國環境日，為宣示我國推動環境保護之決心，特宣示六月五日為環境日。

第四十一條　本法自公布日施行。

第五節　環境污染歷史事件回顧

　　歷史上有名的污染事件很多，最廣為人知的是酸雨、煙霧以及戴奧辛及重金屬污染。以台灣為例，北台灣的雨的pH值為4.9至5.2。而北美洲的雨pH為3.9至4.3。相對於正常雨水的pH值5.6，目前世界許多地方的雨水均偏酸，就是俗稱「酸雨」。台灣曾發生米糠油汙染事件，其元凶就是多氯聯苯。無獨有偶地，日本也發生相似的Kanemi公司事件。

圖7.4　這是天黑或是沙塵暴？

圖7.5　屏東科技大學校內雨量監測站，能提供氣象局第一時間的雨量資料

　　2007年4月環保署公佈台灣汙染最重河流的前三條分別為

1.台南二仁溪

2.台南鹽水溪

3.高雄阿公店溪

　　環保署的研究推出二仁溪的汙染源頭主要是生活汙水（43%）、養豬廢水（40%）、工業廢水（9%）。而鹽水溪的汙染源主要是事業廢水（65%）、生活汙水（23%）、養豬廢水（11%）。阿公店溪的汙染源主要是養豬廢水（69%）、生活汙水（25%）、事業廢水（3.5%）。由此可見若能全面普及民生汙水下水道，對於二仁溪、鹽水溪與阿公店溪的汙染程度大幅降低有極重要的貢獻。此外，全台灣最乾淨的三條河為：

1.宜蘭蘭陽溪

2.台東卑南溪

3.花蓮和平溪

　　2007年7月二仁溪流域巡守隊人員發現二仁溪二岸共遭人非法傾倒長達6公里之廢爐渣及鋁渣。此巡守隊為2007年6月成立。在此之

前2006年先成立大湖、文賢河川巡守隊，2007年4月再成立舟山筏隊。這是民間環保志工常見的貢獻方法。2009年7月，台南社會大學公布二仁溪流域的沙油沙土分析報告，發現重金屬（鋁、砷、銅、鉻、鎘）超過土壤水質標準數百倍。水利署第六河川管理局表示當地估計約有16萬噸的廢棄物，會編到預算處理。這是一件典型的廢棄物非法處置汙染水質的個案。

2009年六月初，高雄縣潮寮地區發現有怪異味道，致使數十多人送醫，所幸無人傷亡。環保署在調查後公佈元凶為設於大發工業區的廢棄物處理廠。為此，高雄縣縣長楊秋興表示將依照環保署建議的勒令停工。由於該公司有政府的資金挹注成立，因此，被外界認為是環保署近10年來唯一一次的行使行政處分權。該焚化廠為經濟部工業局在全台灣為處理事業廢棄物而輔導設立的，單日處理量可達94噸，為台灣南部最大事業廢棄物焚化廠。這是一件由於處理廢棄物衍生的空氣汙染事件，進而造成公眾的衛生安全問題，十分典型的例子。

圖7.6　大發工業區焚化廠外觀

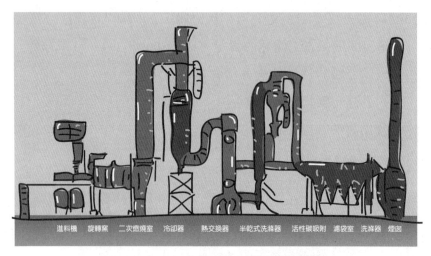

進料機　旋轉窯　二次燃燒室　冷卻器　熱交換器　半乾式洗滌器　活性碳吸附　濾袋室　洗滌器　煙囪

圖7.7　大發工業區焚化廠處理流程設計

圖7.8　二仁溪沿岸污染現況

圖7.9　二仁溪沿岸污染現況

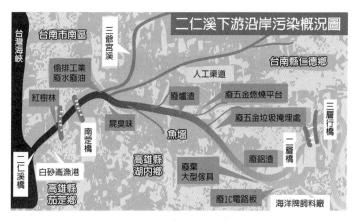

圖7.10　二仁溪沿岸污染分怖圖

圖7.11　二仁溪沿岸污染現況

之前我們用了兩個由於廢棄物處理不當引發的空氣汙染事件與河川水質汙染事件。為什麼台灣的廢棄物處理為成立引發環境汙染的不定期炸彈呢？因為台灣以製造業為發展重點，所以工廠事業廢棄物的量自然很大。根據環保署的統計（2000年），有害事業廢棄物一年約147萬噸，但只有80噸得以妥善處理。環保署官員認為，主要在於作為廢棄物處理法源的廢棄物清理法以前的刑責不足，致使市場機制無法建立。因此，我們認為發展工業發展的同時也需兼顧事業廢棄物的處理。

第六節　科技評價機制

1995年美國政府成立技術評價辦公室，針對科技應用對社會與環境效用的研究。國內關於科技評價方面的官方單位為總統府的科技諮詢委員會與教育部科技顧問室。

行政院於1979年頒佈「科學技術發展方案」，並於同年在教育、經濟、交通及國防四部成立「科技顧問室」。教育部之科技顧問室在同年六月四日奉行政院台六十八忠授五字第三五二一號函核准成立。1980年二月聘請台灣大學汪群從教授為首任顧問，至1988年八月十七日奉行政院台七十七教字二三四三五號函核定主管職稱改稱為顧問兼主任。1990年感於人文社會科學與科技同樣重要，經報行政院於八月十六日，奉行政院台七十九教字二三七三六號函核定，將「科技顧問室」改稱為「顧問室」。

科技顧問室於初創時，主要任務為配合行政院「科學技術發展方案」，推動有關科技人才培育工作。六十九年行政院聘請多位外籍科

技顧問，定期召開科技顧問會議，有關教育問題建議，亦由科技顧問室負責與有關業務司協調推動。七十二年行政院頒佈「加強培育及延攬高級科技人才方案」，科技顧問室更肩負此一方案之規劃，增加大學科技系所招生人數，延攬及培育師資，捐募國防與重點科技獎學金與高教司共同落實推行。

國家經濟發展仰賴科技，但當科技發展至一定程度時，則當同時加強人文社會科學，方能使科技發展的成果對社會福祉有所貢獻。科技顧問室工作重點自七十八年起，自科技而擴及人文，使工作展開另一新頁。人文社會類系所之設備較科技類相差甚巨，故以建立所需基本教學設備為主，編列經費補助各校建立教學所需基本工具，如個人電腦及視聽設備等。目前各大專學校科技及人文社會科系儀器設備多已具相當基礎，故自1992年度起，在設備充實方面，則以目標導向為主，根據教育部政策規劃制訂發展目標，再根據各校自我發展特色，作其全盤性規劃。

行政院的科技顧問室所做的，是立即性的針對產業所面臨的問題提出對策；但總統府的科技諮詢委員會所做的，不論在海洋領域、國防領域及生物科技領域，都可以向總統提出建言，讓總統對科學發展領域有所思考，作為長期政策推動的依據。因此主要是針對非立即性的、長期的問題，兩者並無衝突及重疊。科技諮詢委員會運作的目的有二，一是針對行政院執行的政策提出建議，二是針對行政院該做但是還沒提出的政策提出建言，期盼在立法技術上有方法可以讓這個組織繼續運作。

第七節　總統府科技諮詢委員會設置要點

第一條　為提昇國家競爭力，強化國防安全，促進永續發展，特依總
　　　　統只是設置科技諮詢委員會（以下稱本委員會），適時提供
　　　　總統相關之諮詢與建議。

第二條　本委員會之任務如下：

一、研議國家科技發展政策。

二、研議國家科技資源之運用與整合。

三、研議國家科技發展組織及人才培育。

四、其他總統指示項目。

第三條　本委員會設置下列各組：

一、基礎科學

二、尖端科技

三、國防科技

四、海洋科技

五、智識科技

六、科技資源整合

七、高科技園區開發

八、科技與永續發展

九、科技法規研議

十、科技人才培育

十一、科技與人文倫理

十二、兩岸科技交流

第四條　本委員會置主任委員會一人，由副總統擔任之，並得置副主

　　　　任委員一至二人；各小組置委員三至五人，其中一人為召集
　　　　人，就各相關領域傑出人是聘任之。

　　　　本委員會置執行長一人，秘書室主任一人，秘書若干人，
　　　　綜理行政業務，其人選得由相關行政機關人員專（兼）任
　　　　之。

第五條　本委員會每三個月召開一次全體會議；主任委員認為有必要
　　　　時，得召開臨時會議。各組室需要得隨時召開工作會議。

第六條　本設置要點得視需要修訂，並由主任委員簽請總統核定
　　　　之。

第七條　本設置要點自發佈日施行之。

　　例如現在很紅的奈米相關產品的安全性，或基因改造作物的安
全性，或者是新的工程科技的安全性與可靠度，均應在充分的事先評
估後，再大膽地予以推廣使用。日本的環境相關研究成果就有一個
環境理學研究所作為推廣平台，台灣這部分做的還不夠。一個國家
的研究成果須能實際加以應用，才有輸出至其他國家的說服力。結果
現況是，政府部門不敢用，民間公司不想用，許多好的技術就被埋沒
了。新的技術或產品如果是來自審慎的思考及充分的時間測試，在後
來的應用上，相對風險會降低，這就做萃取及應用知識。

　　身為工程師，須有判斷目前使用中的各項技術是否有害環境，並
能主動尋找替代工程技術，以改進原有的缺點，所以上述的推廣平台
就成了一個重要的資訊來源。

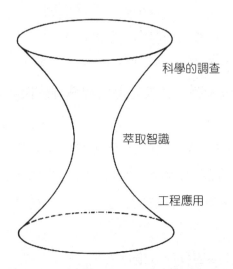

科學的調查

萃取智識

工程應用

圖7.12　科學研究到工程應用的過程

圖7.13　知識應用的過程如流水一般，由上而下流佈

第八節　國內外環境倫理研究概述

以下我們將介紹幾個對於環境倫理的科學論點：

一、科學的偏見

　　主張此一論點的國內如陳慈美教授認為「無倫理的科學是盲目的，無科學的倫理是空洞的」。比方說國內多數理工科系學生須選修藝術、人文、地理、哲學、宗教、人生的通識課，以培養其人文關懷之情感。然而鮮少有人文及社會科學院學生願意去旁觀物理、化學、微積分。

　　再者，執此一論點的學者也提出「科學家未必客觀」的說法。所謂科學研究係指進行一連串的有意義的系統化研究，以了解系統的運作方式及原理；例如研究為何梅花只在冬季開花等。此一論點提供人們去思考全盤以科學思維運作的現在社會，有無風險。

圖7.14　盛開的來自人工栽培好？還是野生的較佳？

圖7.15　山區瀑布是夏日的清涼，也是雨季時的疏洪道

圖7.16　屏東科技大學校門口雨季淹水情況

二、自然哲學史觀

　　1979年有一本專門報導研究環境倫理的期刊問世了，該期刊中收錄許許多多的研究成果。而美國前副總統Gore近年大力鼓吹「全球暖化」議題，而大受注目。他提出「地球環境處於平衡中」的論點。對於執此一論點的學者與人們，大自然是無法被操控的，因此

盡力去保持平衡狀態下的地球是極重要的。否則地球帶來的災害更多,更無法估計。

圖7.17 溪流中的石塊總能激起小小的浪花

圖7.18 美麗絢爛的落日情景

三、以情感為中心的倫理

此一述求的學者較多,如美國的教授Singer提出的動物解放論以

及美國前總統雷根的「知覺的動物有天生的價值」。古中國老子也說：「天地不仁以萬物為芻狗」。在在均流露極度的感性述求，但生命的維生系統不能不顧啊？

圖7.19　面對鳥禽，人類能不能無私慾

圖7.20　面對魚蝦，人類能不能無私慾

四、以生命為中心的倫理

承上節所云，如果訴（諸）求只在感情面，對於生命而言，就不只是一個個體。例如慈濟的證嚴法師提出的對生命的呵護，以及Dr. Schweizer提出的對生命的尊重。

圖7.21　野地裡共生的花草

五、以生態為中心的倫理

Gallicott博士建議以生態取代生命，並替代或取消舊社會以人為導向的責任。而Leopold博士也提出人類有提升生態系統健康的義務。二位學者的說法，恰合乎一句西方俚語：貴族的義務。也就是生活好的人如果能主動幫助生活不佳的人，那麼社會是一片和諧，對大自然何嘗不是如此。

六、以人類為中心的倫理

Kant博士提出警告：無情且殘忍的對待有知覺動物會轉而無理的待人。以人類為中心之環境研究，大多以第四紀為對象，其內容如下：

(1)未來地球表層系統發展預測

(2)地球表層之演化現象

(3)表層內部與表層相互作用

(4)生活環境之維護與改善

第九節　環境倫理的共識

國內學者馮滬祥教授曾於1980年提出三個經濟發展與環保的平衡共識，以現在的觀點看還是相當的完整的論述：

1.環保與經濟發展並重：經濟與環境保護宜並重發展。

2.環保與法治並重：環境保護需建立在法治的基礎上。

3.人文與自然環境並重：環境的保存也包含了人文古蹟的部份。

此外，李界木教授也曾在1983年提出台灣發展綠（環保）的策略，以達成經濟與環境共生發展的策略：

一、制定以市場為基礎的政策：如仿照美國空氣清潔法的空氣排放交易。

二、民營化：如汙水場開放民營。

三、課環境稅：將環境稅納入經濟活動中，如垃圾非由全民共同負擔。

四、區域協調與汙染容量管制：如整治自然區域河流，需以流域作整
　　區的汙染容量單位。

五、投資技術革新：政府應投資能源相關研發

六、以稅則鼓勵防治：如工廠改用較無毒的清潔劑，可以稅則來加以
　　鼓勵。

七、都市開發考慮生態：區域計畫與建設開發宜對個別環境制出環境
　　計劃。

　　再者如歐盟的進口產品，如會對當地環境造成污染的，需課以生
態稅（ecological Tax），最典型如再生包裝材的使用。但部分國內商
品，內容物原本就不用CFC，卻在標籤上打上「無CFC」字樣。根據
美國學者的研究指出，個人使用交通工具的決定，主要受政府支援的
政策影響。最後李界木教授提出五種必作的活動：

　1.我們必須控制所有破壞環境的活動

　2.我們要更嚴厲管理資源

　3.我們必須穩定人口成長

　4.我們必須減少和消除貧窮

　5.我們必須確信性別平等

　　國內自1998年起，由中央研究院為主的「永續台灣2011研究團
隊」針對台灣永續發展相關的社會、經濟、環境、自然各個領域，深
入分析北、中、南、東與離島各縣市的發展課題。若以區域分北、
中、南、東與離島的界定及發展建議如下：

北區	台北縣市、桃園縣、新竹縣市	親水與生態的都會
中區	苗栗縣、台中縣市、南投縣、彰化縣、雲林縣	綠色生態旅遊的新桃花之源
南區	嘉義縣市、台南縣市、高雄縣市、屏東縣	生態工業城
東區	宜蘭縣、花蓮縣、台東縣	守望春山碧海的故鄉
離島	金門、馬祖	生態文化的海上明珠

國內學者周儒教授在綜合不同價值觀及國外論點後，提出永續發展的思考價值觀點如下：

1.我們人類是自然的一份子

2.人類應扮演和其他自然界分子合作的角色

3.首要目標是分享地球有限的資源

4.沒有任何人、企業或國家享有對地球有限資源無限度使用之權力

5.經濟掛帥的觀點是錯誤的

6.要對地球產生愛、喜悅和瞭解

而要落實環境倫理，首重培養國民的環境責任感。國內外學者近年提出的數個拯救地球計劃，雖看似困難，但如果有心難保日後不會成功：

(1)引水至沙漠減緩地表沙漠化

(2)復育臭氧層

(3)上升氣流型風力發電

(4)二氧化碳貯存

第十節　結語

　　在臺灣許多的環保議題與國際同步如節能減碳。因此一般民眾感受到的是到傳統廟宇上香時，金紙剩下一小疊。台電公司會自動幫民眾比較今年度的用電與去年同期相較增加或減少。在幼稚園中小小孩已經可以跟大家說北極熊的家不見了以及地球在發燒等溫室氣體造成的全球暖化現象問題。這是好的開始，雖然有點晚，但還不至於太遲。

習題：

(　)1.我們分享同一個環境，一個共同的生態圈，對該環境的急切顧慮必須增加而成為一個跨越國界的共識，因此許多領域的思考者開始探索一個新的分析應用倫理，稱為　(A)環境倫理　(B)學術倫理　(C)資訊倫理　(D)生命倫理。

(　)2.酸雨的定義為雨的　(A)pH < 1.0　(B)pH > 14.0　(C)3 < pH < 7　(D)pH = 7。

(　)3.目前環境權的法規源於　(A)民法　(B)刑法　(C)環保署組織條例　(D)環境基本法。

(　)4.「Environmental ethics」為　(A)環境友善　(B)環境決定　(C)環境法　(D)環境倫理。

(　)5.下列何種學說代表以生命為中心的倫理　(A)動物解放　(B)對生命的呵護　(C)知覺動物的價值　(D)天地不仁以萬物為芻狗。

（　）6.馮滬祥教授提出的環境倫理三個共識不包含以下何者　(A)環保　(B)經濟　(C)國防　(D)法治

參考文獻

余達心等「台灣環境倫理與生態靈修的實踐」，生態關懷協會出版，1998。

李界木著，「還我生態權」，前衛出版社出版，1995年。

「每年67萬噸有害廢棄物去向……天知道」，2000年7月19日，民生報A4版。

「二仁溪沙洲重金屬超標數百倍」，2009年7月8日，自由時報，A9版。

「二仁溪廢爐渣鋁渣堆岸六公里」，2007年7月10日，自由時報，A9版。

「二仁溪全台汙染最嚴重河川」，2007年4月自由時報，A9版。

「潮寮毒害追凶，環署點名大發焚化廠」，2009年1月8日，自由時報，A3版。

馮滬祥著，「環境倫理學」，台灣學生書局印行，2002年二刷。

Rolston, Holmes III 原著，王瑞香譯，「環境倫理學」，國立編譯館，1996年初版。

彼得・辛格原著，李尚遠譯，「我們只有一個世界，」商周出版社，2003年初版。

袁中新主編，「環境倫理與科學」，巨流圖書公司，2000年9月二版。

「綠色藍圖－邁向台灣的地方永續發展」，蕭新煌、蔣本基、紀駿傑、朱雲鵬、林俊全編著。天下遠見出版能份有限公司，2005年6月第一版。

顏正平著，「生活環境學」，牛頓開發教材書出版，2001年第一版。

習題解答

第一章

一、

1. 倫理學爲判斷行爲之是非與善惡的學問。

2. 倫理學爲裁判道德行爲的學問。

3. 倫理學爲研究人之行爲品格的學問。

4. 倫理學爲研究人生本務的學問。

5. 倫理學爲研究道德價值判斷的學問。

6. 倫理學爲研究人生理想目標的學問。

7. 倫理學爲研究人生一般實踐生活的學問。

8. 倫理學爲研究人生的意義及價值的學問。

9. 倫理學爲研究至善生活或人生最高目的的學問。

10. 倫理學爲研究善惡、道德原理、道德判斷及關於行爲的學問。

二、

一般而言：「道德」泛指個人行爲與思想的規範（自律）；「倫理」指群體所共同訂定之行爲思想準則（自律）；「法律」則指道德與倫理的基本要求和最低標準（他律）。其特性爲道德與法律是個人與團體自律，法律、規範是他律；因此倫理也等於群體。因此，「倫理」與「道德」的區分常常因人而異，混淆不清。〔倫理〕：倫是人倫，理是物理，世間萬物的條理，稱爲倫理。《新書·時變》「『商君』違禮義，棄倫理」。人類道德的原理。在儒家以爲，人際關係中所共同遵守的規範，

便是倫理。也就是人倫（人的常道常理〈孟子・藤文公上〉「使『契』爲司徒，教以人倫。父子有親、君臣有義、夫婦有別、長幼有序、朋友有信」）。《禮記・樂記》「凡音者生於人心者也，樂者通倫理者也。」從語源學的觀點來看，「ethics」與「morals」（morality），或「ethical」與「moral」這兩對英文字，確實可以把它們視爲同義字，因爲前者源出於希臘字「ethos」，後者源出於拉丁字「mores」，兩者皆意指習慣（habit）與風俗（customs）。認爲「道德」與「倫理」各有所指，英文（morals；morality）泛指一個社會中人之各種行爲規範、價值意識和品德觀念的總和。道德意示「任何由特殊原因所產生的（倫理）原則」，倫理則是指「一般道德問題的有系統的評論」。

三、

1. 有些問題不能在守則的條文中處理。

2. 有些規範在執行上有困難；社會大眾會認爲專業協會或公會對某些規範或守則的執行不夠嚴謹。

3. 無法在制定規範或守則的過程中，有系統地顧及所有當事人的權益。

4. 在法庭上，有可能產生與專業規範或守則相衝突的判決結果。

5. 可能發生與專業倫理規範或守則相關的衝突：例如專業倫理規範與一般倫理之間、專業規範與機構政策之間等問題。專業倫理規範或守則無法產生有效解決這些衝突的機制。

6. 由於專業倫理規範或守則是針對已發生過的事情做共識性的處理，對新興的問題則缺乏處理的能力。

四、

第一條：善盡個人能力、強化專業形象。

第二條：涵蘊創意思維、持續技術

成長。

第三條：發揮合作精神、共創團隊
　　　　績效。

第四條：維護雇主權益、嚴守公共
　　　　誠信。

第五條：體察業主需求、達成工作
　　　　目標。

第六條：公平對待包商、分工達成
　　　　任務。

第七條：落實安全環保、增進公共
　　　　福祉。

第八條：重視自然生態、珍惜地球
　　　　資源。

五、

（一）「價值」的倫理兩難

（二）「義務」的倫理兩難

（三）「德性」的倫理兩難

（四）「結構」的倫理兩難

總的來說，倫理困境的思考並不是
用來判斷哪個工程師誰有或沒有倫
理，而是用來則提醒自己是否該做
的事沒做到，不該做的事卻不經意
或是毫無意識般地做了。若從系統

觀點來看，倫理議題的分析更重要
的是，了解到任何一個與服務對象
有關的決策都是受到機構、專業、
政策與個人、社會五者相互牽制的
影響與保障。工程師如何同時符合
五項要求，能保障服務對象的權益
和符合社會工作倫理的規範，是受
到相當大的考驗。

六、

1. 專業知識與案主權益的衝突；

2. 職責和期望的衝突；

3. 徵求同意的困境；

4. 意義含糊和不確定；

5. 保密和隱私權的高漲；

6. 有限資源的分配；

7. 案主興趣和工作者興趣的衝突；

8. 不作價值判斷；

9. 專業關係的有限性；

10. 有效處理方法的選擇；

11. 同事關係的衝突等。

第二章

1.(B)　2.(C)　3.(D)　4.(C)　5.(B)

6.(A)　7.(C)　8.(B)　9.(C)　10.(B)

第三章

1.(B)　2.(C)　3.(D)　4.(A)　5.(B)

6.(A)　7.(B)　8.(D)　9.(B)　10.(B)

11.(C)

第四章

1.(C)　2.(D)　3.(B)　4.(B)　5.(B)

6.(A)　7.(B)　8.(A)　9.(B)　10.(A)

11.(B)　12.(A)　13.(B)　14.(A)　15.(C)

16.(D)　17.(B)　18.(B)　19.(D)　20.(D)

21.(A)　22.(B)　23.(C)　24.(C)　25.(A)

26.(A)　27.(D)　28.(B)　29.(D)　30.(C)

31.(D)　32.(D)　33.(D)　34.(D)　35.(A)

36.(B)　37.(C)　38.(D)　39.(A)　40.(D)

41.(D)　42.(B)　43.(B)　44.(D)　45.(C)

46.(C)

第五章

一、

何謂電腦犯罪？在法律上並沒有一明確之定義。在我國刑法於民國92年修正加入第三十六章-妨害電腦使用罪時，即曾對電腦犯罪作一廣義及狹義之定義：廣義的電腦犯罪指凡犯罪之工具或過程牽涉到電腦或網路，即為電腦犯罪；而狹義的電腦犯罪則專指以電腦或網路為攻擊對象之犯罪。由此一立法理由，我們可得知凡是藉由電腦或網路之方法，從事侵犯國家、社會、或他人之行為，即可稱為電腦犯罪。

二、

我國刑法第339條規範了普通詐欺罪之定義：意圖為自己或第三人不法之所有，以詐術使人將本人或第三人之物交付者，處5年以下有期徒刑，拘役或科或併科1000元以下罰金。

以前項方法得財產上之不法利益或使第三人得之者，亦同。

前二項之未遂犯罰之。

本條法律為保護個人之財產上之法益，其犯罪之型態是利用詐術或欺罔之手段使別人交付財物或造成別人之財物損失，才能構成本罪所處罰之要件。但是何謂「詐術」呢？所謂詐術即是以欺騙之方法，而使

人陷於認知錯誤之情狀，二者缺一不可。也就是說，如果使用詐術但卻未令對方陷於錯誤，將不構成本罪之客觀要件。在主觀構成要件部份，必須是行為人有犯意且有不法所有之意圖，如果只是要得到原本屬於自己的財物，即不構成本罪。

1. 利用電腦設備金融詐欺

此類型之詐欺犯罪為利用具有處理判斷資訊能力之機器或設備施行詐術，以達到獲取不法利益之目的，我國刑法第339-1條至第339-3條所規範的犯罪類型即屬之。包括詐取收費設備財物罪、詐取自動付款設備財物罪、及輸入虛偽指令詐財罪。

2. 網路購物詐欺

現今資訊科技發達，多數人之購物型態已由逛街購物逐漸轉成藉由網路上來交易了，此可從電視購物頻道及網站上購物觀之，不勝枚舉。一般正式之電視購物頻道或商業購物網站均為合法經營，應該不會有所謂「詐欺事件」出現。詐欺案件大都發生於私自交易之情形，如透過網路拍賣標得之物件，得標者已經匯款至拍賣者了，但是卻未收到標得之物品，或者是雖收到貨品，但是卻與原先拍賣公告上之說明有極大差異。不過，上述之第二種情形—收到與原先拍賣公告之說明有明顯之差異時，須視刊登者有無故意之情形，若只是過失刊登錯誤或認知錯誤，則可能並無法構成詐欺罪，而只是違反民法上債務不履行中之不完全給付而已。此時，拍賣者只有民事損害賠償責任並不需負擔刑事責任。

3. 偽造金融卡犯罪

鑑於現行塑膠貨幣之逐漸普遍，除了為人民帶來生活消費之便利性，亦有促進經濟發展之功效。但是基於使用之普及性及便利性，偽造之情形亦日與俱增。關於金融卡之犯罪可分為製造

階段及行使階段。於行使階段之罪責來說，以詐欺罪論處，已如前所述，在此，將專以介紹製造僞卡之刑責。僞造金融卡犯罪，原先是以僞造文書論處，但是僞造文書之罪責爲最重五年以下有期徒刑，對影響社會金融及經濟體系如此重大之僞造金融卡行爲而言，稍嫌過輕。因此，刑法於九十年十一月七日增訂本罪責。

三、

本條所要保護之法益爲社會之善良風俗，所以無論是散佈、播送或販賣該等物品或公然陳列，或以他法供人瀏覽、聽聞者，一律加以處罰，以保障他人免於受猥藝物品干擾之自由及保護青少年的發展健全。所謂「散佈」即是以方法將猥藝物品散撥傳佈與公衆，最常見的方法就是利用公告張貼或電腦網路傳送而使不特定人或特定多數人得以知悉該等內容。所以，當我們利用電子郵件傳送猥藝圖片、色情影片或文字給特定多數人或將電子檔案放置於公開之網站任不特定人可下載時，就構成散佈之要件。所謂「播送」指的是將猥藝之文字、圖畫、聲音、影像透過機器設備使其原音原影重現並讓不特人或多數人得以觀賞或聽聞。所以，當我們將該等猥藝物品置於公開網站上，而得以任人任意播放時，即構成本罪。

四、

1. 民法之規定

民法第195條第一項規定：不法侵害他人之身體、健康、名譽、自由、信用、隱私、貞操或不法侵害其他人格法益而情節重大者，被害人雖非財產上之損害，亦得請求賠償相當之金額。其名譽被侵害者，並得請求回復名譽之適當處分。

上述之身體、健康、名譽、自由、信用、隱私、貞操爲專屬個人之人格法益，是無法取代的一

種私權。當此等人格權受到別人不法侵害時，得請求相當之損害賠償，其中包括了隱私權。但何謂「隱私權」呢？「隱私權」係指專屬個人私密而不欲公開之情事而言。所以一旦利用不正當之方法窺視或竊聽別人非公開之活動、言論或談話時，將構成隱私權之侵害，必須負損害賠償之責。除此之外，一些屬個人之電子資訊或信件，亦在隱私權保護之列。

2. 刑法之規定

除了民法上規定之損害賠償責任，在刑法上亦規範了特定侵犯隱私權行為之處罰，以下就刑法上關於妨害秘密之類型做討論。刑法第315條規定：無故開拆或隱匿他人封緘信函、文書或圖畫者，處拘役或3000元以下罰金。無故以開拆以外之方法，窺視其內容者，亦同。

本條規範的客體應該是實體之信件，若無正當理由而開拆或隱匿封緘之信函，則應受本條法律之處罰。至於偷看別人電子郵件之內容，是否亦應適用本條呢？刑法第318-2另有規定：無故洩露因利用電腦或其他相關設備知悉或持有他人之秘密者，處二年以下有期徒刑、拘役或5000元以下之罰金。本罪之重點在於利用電腦或其相關設備知悉或持有被害人之秘密並洩漏之。例如：使用或維修他人電腦而獲知他人或第三人之秘密資訊，皆於本罪處罰之列。上述法律所處罰的是侵犯個人之隱私，若洩漏的是關於職業上之工商秘密者，則另以刑法第316條至318條處置。刑法第316條規定：醫師、藥師、藥商、助產士、宗教師、律師、辯護人、公證人、會計師或其他職務上佐理人或曾任此等職務人，無故洩露因業務知悉或持有他人之秘密者，處一年以下有期徒刑、拘役

或500元以下之罰金。第317條規定：依法令或契約有首因業務知悉或持有工商秘密之義務而無故洩漏之者，處一年以下有期徒刑、拘役或1000元以下之罰金。第318條規定：公務員或曾任公務員之人，無故洩露因職務知悉或持有他人之工商秘密者，處二年以下有期徒刑、拘役或2000元以下之罰金。第318條之一規定：利用電腦或其相關設備犯316至318條之罪者，加重其刑至二分之一。

第316至318條所規範的為某些特殊職業或公務員或雖非此類特別職業之人但因法令或契約規定有守密義務者，因職務上之關係而知悉或持有關於工業或商業上之秘密並洩漏之者，所應受到的刑事處罰。特別是若利用電腦或其相關設備而實施洩漏行為者，需加重其刑至二分之一。要注意的是，為維護國人對於國家公務機關之信任及保護國家之公信力，凡公務員犯此罪者，其刑度均較其他類別職務之人為重。另外，刑法亦有訂定關於偷拍行為之處罰於第315-1條：有左列行為之一者，處三年以下有期徒刑，拘役或30000元以下之罰金：

二、

無故利用工具或設備窺視、竊聽他人非公開之活動、言論或談話或身體隱私部位者。

三、

無故以錄音、照相、錄影或電磁紀錄竊錄他人非公開之活動、言論或談話或身體隱私部位者。

本條第一款之重點為無正當理由而利用工具、設備進行竊聽他人之非公開之活動、言論或談話，所需接受之處罰。依本款之規定，必須有利用另外之輔助設備或工具進行窺視或竊聽，方得以構成本罪。例如：以望遠鏡偷看對面大樓之女子更換衣服、以竊聽器竊聽別人之電

話內容等均屬之。若只是用自己本身之視覺器官進行窺視之行為，則不構成本罪，另以社會秩序維護法處置。依社會秩序維護法第83條第一項規定：故意窺視他人臥室、浴室、廁所、更衣室，足以妨害其隱私者，處新台幣六千元以下之罰鍰。

而刑法第315-1條第二款之成立要件必須是有影音紀錄之行為，始足當之。例如：利用針孔攝影機偷拍別人之私密部位或非公開之行為、利用電話錄音竊錄他人之談話等行為，均是本款之處罰重點。另外，若意圖營利而提供場所或設備或有散佈、播送、販賣之意圖者，則依刑法第315-2條之規定加重其刑。刑法第315-2條規定：

1. 意圖營利供給場所、工具或設備，便利他人為前條行為者，處五年以下有期徒刑、拘役或科或併科50000元以下罰金。

2. 意圖散佈、播送、販賣而有前條第二款之行為者，亦同。

3. 明知為前二項或前條第二款竊錄之內容而有製造、散佈、播送、販賣者，依第一項之規定處理。

4. 前三項之未遂犯罰之。

由本條之規定可知，即使不是自己所為之竊錄行為，但如果明知別人將為此竊錄行為而仍販賣與他的話，將可處最高五年之徒刑。還有，如果偷拍的行為是因為要散佈於大眾或公開播送或販賣的話，亦將處最高五年之徒刑。另外，第三項規定，即使不是自己竊錄的，但是若明知其內容為竊錄而得的，而仍有製造、散佈、播送、及販賣之行為者，亦同。所以，大家可能會在某商場遇見推銷偷拍光碟之人，這些人若賣的是真偷拍之光碟，則將觸犯本罪。但有時那些推銷之人販賣之光碟並非真偷拍而得，只是欺騙顧客去購買而已。此時，則構成詐欺取財罪，如前述。

第六章

1.(C) 2.(B) 3.(B) 4.(C) 5.(C)

6.(B) 7.(C) 8.(B) 9.(A) 10.(C)

第七章

1.(A) 2.(C) 3.(D) 4.(D) 5.(B)

6.(C)

索引

新書主打推薦

擊點滑鼠　學習科技日文一把罩

快速讀懂日文資訊（基礎篇）—科技、專利、新聞與時尚資訊

作　　者　汪昆立
ＩＳＢＮ　978-957-11-6262-1
書　　號　5A79
出版日期　2011/05
頁　　數　272
定　　價　420元

本書簡介

◎收錄各種適合初學者之日文學習網站，點滑鼠即可輕鬆學日文。

◎循序漸進，讓你輕鬆突破學習日文四大難關。

◎助詞用法、動詞變化到長句解析，全部化整為零，難不倒你。

◎適合所有日文學習初階者。

理工人必讀微積分寶典

普通微積分
Brief Applied Calculus

作　　者　黃學亮
ＩＳＢＮ　978-957-11-6310-9
書　　號　5Q08
出版日期　2011/06
頁　　數：272
定　　價：450元

本書簡介

　　本書主要針對研習專業課程需以微積分作為基礎工具之科系學生編寫。

　　微積分對許多學生來說總有莫名的恐懼感，因此本書編寫時儘量避免使用艱澀論述，而以口語化敘述代之，期能消除傳統數學教材難以卒讀之感。

　　不斷練習是學習數學的必要手段，因此本書包含多元的題型演練及解說，以使讀者培養微積分基本應用能力，亦蒐集一些具啟發性的問題及例題供讀者砥礪微積分實力之用。

理工人必備
嚴選寫作工具書

研究資料如何找？
Google It！

作　　者　童國倫　潘奕萍
I S B N　978-957-11-5799-3
書　　號　5A76
出版日期　2009/12
頁　　數　288
定　　價　650

本書特色

◎著重Google能為學術研究者帶來哪些變化和幫助。

◎適合社會人文與自然科學各學科領域的大學生、研究生或研究人員閱讀參考。

本書簡介

撰寫Google的工具書不少，但是絕大部分都是Google的各項零星功能，本書則著重於Google能為學術研究者帶來哪些變化和幫助。附錄是期刊排名資料庫JCR以及ESI，由於許多人對於搜尋到的大量資料不知該透過何種工具進行篩選，在填寫各項研究成果表格時也常常不知如何進行，因此特別將這兩個資料庫的操作方式和意義加以說明，希望讀者能夠得到滿意的答案。

科技英語論文寫作
Practical Guide to Scientific English Writing

作　　者　俞炳丰
校　　訂　陸瑞強
I S B N　978-957-11-4771-0
書　　號　5A62
出版日期　2009/07
頁　　數　372
定　　價　520

本書特色

從實用角度出發，以論述與實例相結合的方式介紹科技英語論文各章節的寫作要點、基本結構、常用句型、時態及語態的用法、標點符號的使用規則，常用詞及片語的正確用法以及指出撰寫論文時常出現的錯誤。

本書簡介

本書的英文例句和段落，摘自於許多學者的專著和五十餘種不同專業領域國際學術期物上的論文。附錄中列有投稿信函、致謝、學術演講和圖表設計及應用的注意事項等。適用於博士生、研究生、高中教師和研究院所的科學研究人員，還可用於對國際學術會議參與人員的培育。

國家圖書館出版品預行編目資料

工程倫理／黃武章等著.
--初版.--臺北市：五南，2011.08
面；　公分
ISBN 978-957-11-6339-0 (平裝)
1.工程　2.專業倫理
198.44　　　　　　100012632

5F52

工程倫理
Engineering Ethics

作　　者 ―	李錦育　李柏旻　趙志燁　林金炳　楊榮華
	洪廷甫　黃武章
發 行 人 ―	楊榮川
總 經 理 ―	楊士清
主　　編 ―	王正華
責任編輯 ―	金明芬
封面設計 ―	郭佳慈
出 版 者 ―	五南圖書出版股份有限公司

地　　址：106台北市大安區和平東路二段339號4樓
電　　話：(02)2705-5066　傳　　真：(02)2706-6100
網　　址：http://www.wunan.com.tw
電子郵件：wunan@wunan.com.tw
劃撥帳號：01068953
戶　　名：五南圖書出版股份有限公司
法律顧問　林勝安律師事務所　林勝安律師
出版日期　2011年 8 月初版一刷
　　　　　2018年 8 月初版四刷
定　　價　新臺幣480元